THE ART AND CRAFT OF
FEATURE WRITING

—·珍藏版·—

《华尔街日报》
是如何讲故事的

[美] 威廉·E. 布隆代尔 William. E. Blundell ◎著
徐扬 ◎译

CONTENTS 目录

引　言…001

第1步　怎么找到好故事…001

- ★ 靠阅读"窃取"思想。
- ★ 千万不要过多指望那些高层人士，依靠"中间人"！
- ★ 与其按照一个已经形成的思路去采访某人，不如坐下来和人聊天。
- ★ 交谈时"奉承"对方，而不是威胁对方。这种奉承将让你随心所欲。
- ★ 专家是指那种知道123种恋爱方法，却根本不认识任何女人的人，事实上，读者一般对他们态度冷淡。

第2步　好故事该如何构思…027

- ★ 在开始采访一个故事之前以及整个报道过程之中，你都要考虑你自己对于这个故事的感觉。如果你对故事的主要方面或者发展情况感到可笑、怀疑或者愤怒的话，试着明确是什么因素导致你产生了这样的感觉。跟着你的感觉走，记住你对它们的分析，因为这些感觉将很可能把你的报道和写作引入你没有预料到的新领域。

第3步　让故事吸引人的元素…050

- ★ 曾经有人说，在《读者文摘》上刊登的最理想的故事，应该叫这样的标题：《我在FBI工作时如何与狗熊发生关系并找到了上帝》，这个故事确实不错，包括了许多具有高度戏剧性的元素。
- ★ 如果记者能够深入到双方的底层去挖掘信息的话，他的故事将拥有一种强烈的市井特质，这是坐在办公室里的人永远无法提供的。
- ★ 我发现好的作家一般都会使用三个证据来说明观点。
- ★ 太多的记者都没有把他们自己看作是讲故事的人，而当成了其他人，比如律师或学者。

第4步　计划与执行…080

- ★ 我的计划方式，就我个人而言，具有相当高的成功率，它让我的工作更加有效，也让我的故事更加出色……

目录 CONTENTS

第 5 步　组织材料和结构…107

★在我阅读每篇采访记录和文件资料时，我都会把这些资料里面的信息挖出来，然后依次放到我准备好的 6 个盒子里……

第 6 步　处理导语、数据和引语的诀窍…144

★那些真正精彩的故事，完全可以开门见山，直入主题，让故事本身来抓住读者，而根本不需要在导语中做广告。

★太多的数据无异于毒药。

★虽然我希望作者们不必愚蠢到必须引用太空宇航员的话，才能确定明天的太阳是从东方升起的，但是确实有的时候，有的作者会像条件反射一样，非要借助别人的口，才能说出一些完全没有必要的结论，或者完全可以由他自己说出的结论。

第 7 步　让字和句抓住眼球…178

★如果他的打字机中蹦出的尽是一些诸如"问题、情况、反应或者利益"这样的抽象名词，他应该立刻停下来，问问自己能不能用更具体、更形象的词语来取代这些抽象词语。

★一个善于谈话的记者，不论他要写些什么，他都会问自己一个问题：我和朋友聊天的时候是这样说的吗？

★一定要记住：如果读者问的是时间，你不用告诉他们钟表的制作原理。

第 8 步　万字以上的长篇故事…213

★所有被称为伟大的故事，都来自伟大的创意，几乎在所有伟大的故事创意中，都有一种人性的展现。

第 9 步　如何有效地修改…249

★如果因为害怕冒犯读者而改变自己的表达方式，去迎合一屋子的人，而不是某个具体的人，再多的写作技巧和策略都没用！

附录　样文…257

引 言

★ 人们永远在思考哪些元素让一个故事从本质上变得有趣；如何在瞬间吸引观众的注意力；如何安排故事情节，让故事具有持续的吸引力；以及如何让故事深深刻在人们的记忆之中。

★ 因为我们的注意力总是放在了读者对信息的需求上。于是，我们忽视了一个所有读者最普遍的要求，一个所有要求中最基本的要求：给我讲一个故事，看在老天爷的份上，让它有趣一点！

《华尔街日报》是如何讲故事的

许多冗长枯燥的会议曾经占据了我相当多的时间。每次当我在会议上开小差做起白日梦时，一个衣冠不整、脾气古怪的人物就会走入我的梦中，他叫梅尔·布克斯坦（Mel Bookstein）。他只生活在我的想象中，但是他的遭遇却非常真实。布克斯坦是一位面临着很多麻烦的记者，更糟糕的是，他不知道该如何从困境中解脱出来。

在我的想象中，他通常是蜷缩在一把椅子上，盯着墙上的装饰画发呆，几个一次性塑料杯零散地摆在桌上，旁边是一堆没有头绪的资料。他正在准备的稿件现在只是一些没有用的残骸：毫无关系的文件、找不出任何信息的采访记录、记录着未成形想法的简短笔记。

即便这些堆成山的材料真的能够形成一个故事，他也不知道这个故事在哪里。在看过所有的材料之后，他惟一确定的事情就是，有太多的信息还没有找到。由于缺少一个明确的故事主题，他不知该如何下笔，因为他根本不知道该从哪里开始。于是，饱受困扰的他，静静地坐在那里等待午餐，还有一个更加明媚的下午，结果只会再次发现——时间也是他的敌人，而不是朋友。

从事写作的人有谁没有遭遇过这样的情况吗？至少我自己是深有体会。我非常明白他的沮丧和焦虑，以及他面对一个故事却找不到正确处理方式的失落。有这种感受的远远不止我一人，当我向成百上千的记者和作者们讲述写作技巧时，我也在他们身上一次又一次地看到了同样的症状。

有一句话说得好：优秀的写作从来都是痛苦的产物。如果你没有受伤，你就没有尽力。不过这种痛苦应该是有回报的，这种回报就是创作完成后，从一篇成功作品中产生的深切满足感。令人遗憾的是，许多作者体会到了痛苦，却很少得到这种满足。

本书的宗旨就是要让这样的痛苦少一点，让最后的快乐多一点。我们将提供一种全新的、系统的、循序渐进的指导方法，告诉大家如何把真实的故事变成优秀的报道。这本书的前身，是一本没有正式出版过的内部刊物，它是《华尔街日报》（Wall Street Journal）的内部教材，用于培训那些从事特稿写作的记者，尤其是那些为头版提供特稿报道的记者们。不要被《华尔街日报》的牌子吓倒，这本书里的内容其实和经济新闻报道无关（只有一小部分引例涉及经济新闻报道），这本书也不是专门为《华尔街日报》的记者们准备的。这本书要讲的，是在新闻写作中困扰着广大记者的中心问题，它的对象是所有从事非虚构类作品写作的人——新闻记者、专栏作者、纪实作家，还有你和我。

我们如何才能让其他人对我们感兴趣的真相也产生兴趣呢？这是问题的关键。我们中的有些人，就像我自己，在不同的国家和地区之间穿梭，写着不同的人和事。还有一些人，停留在一个地方，专注于某一类故事。但是我们所有人都承担着一种责任，一种常常被我们忽略了的责任，这就是我们既是事实的提供者，更是故事的讲述者。如果我们没有做好这两件事，就没有人理睬我们的作品。

这样，我们的关注点就和有史以来所有故事讲述者的关注点交织在了一起。虽然我们是现代人，我们接受过良好的教育，我们用电脑来写作——但是我们和古希腊那些从一个村庄云游到另一个村庄，用奥德修斯（Odysseus）①海上探险的故事吸引大量村民的说书人并没有什么不同。

不论是在他们那个时代，还是我们这个时代，这个行业的要求从来没有改变过。人们永远在思考哪些元素让一个故事从本质上变得有趣；如何在瞬间吸引观众的注意力；如何安排故事情节，让故事具有持续的吸引力；以及如何让故事深深刻在人们的记忆之中？

新闻系的学生在这方面的学习太少了，他们只学习采访技巧和编辑技巧。一旦他们走上了工作岗位，他们也许能从自己的工作中学到一些知识，但是这往往需要多年的点滴积累。更多的时候，他们是一无所获。这就难怪我们的布克斯坦先生会如此痛苦，他无法出色地完成自己的工作，而且他非常明白这一点。

其实，我们可以从虚构的文学作品中学到很多东西，这本书的内容仅仅是为我们开启了一扇门，把我们的工作同文学家的写作技巧联系在一起。在我看来，这本书与其他写作教材最大的区别有两点：首先，它彻底否认了一种非常流行的说法，即新闻采访和新闻写作是可以分开的，学习写作不用涉及采访报道；其次，它把整个报道过程看作一个流动的程序，环环相扣，每一个步骤都相互联系，

---

① 奥德修斯（Odysseus），荷马史诗《奥德赛》中的主人公；曾指挥特洛伊战争，胜利后在海上漂泊10年才回到家。

而不能孤立存在。

采访和写作是两个不可分割的过程。如果前期的采访中没有获得有用的材料和丰富的信息，如果在采访过程中没有考虑到读者的喜好和需求，那后期的写作不论运用多少技巧，也都是华而不实、徒有其表。所以，尽管本书并没有提供大量的前期采访技巧，但是本书却告诉记者，他们在采访过程中应该去寻找哪些材料，以及该去如何展现这些材料。

这种把采访/写作视作一个流动程序的观点，在新闻学的课堂上并没有得到普遍认同。但是任何优秀的作者都明白这个道理。他知道他以前的工作将极大地影响到他现在的工作，而他现在的所作所为，又将影响到他下一步的工作。他在产生故事想法时所做出的决定，将影响到他整个的创作过程。总而言之，这项工作是无法被分割的，就像一条河里的水不可能因为不同的支流而被完全分割一样。

这本书反映的正是这种不可分性。因此，它需要读者从头到尾地阅读。当然，有的读者也可以从随便挑选的章节中，获得一两条有用的建议，就像他们在阅读其他写作书籍时一样。但是，我不推荐这样的做法。因为这样做，只会让他失去大量必需的材料，他所获得的片断永远不能构成有形的想法。更为重要的是，他将错过整个写作的流程。从记者心中蹦出的一点点想法开始，到最后经过修改完成作品，这是一个完整的过程。

我们会跟随这个过程，一步步地前进。我们会使用《华尔街日报》的一些故事作为我们讲述的例证。这都是些非常棒的新闻故事，但是它们并非完美无缺。之所以选择它们，是因为它们正好反映了我们要讲述的一个或几个要点，而并不是说它们就是新闻写作的典范。这里面有许多作品是我自己的，这是因为我自己的写作过程中正好运用到了我讲的这些方法，我不知道其他人在写作时，是否和我一样。

从头到尾，这本书都在强调故事的内容、结构和写作技巧是让一个故事受欢迎的重要因素。负责提供这些因素的，应该是记者兼作者，而不是编辑。编辑可以给故事润色、删减、让其变得更加清楚，但是他们不可能提供那种能够让故事变得栩栩如生、活灵活现的品质，而这种品质正是一个能够打动人心的故事和一个冗长乏味的故事的最大区别。没错，读者需要准确的信息，而我们的首要任务就是为他们提供这样的信息。但是除此之外，读者还有更广泛、更深层次的需求，如果他们的这些需求得不到满足，他们就会逃走。没有什么是比放弃阅读更容易的事情了。

即使我们原本知道这些需求的存在，我们也往往会忘记这些需求。即便我们承认这些需求，我们也很难认真对待这些需求，总是在自己的故事中零乱地应付几笔（而且往往毫无关系），因为我们的注意力总是放在了读者对信息的需求上。于是，我们忽视了一个所有读者最普遍的要求，一个所有要求中最基本的要求：给我讲一个故事，看在老天爷的份上，让它有趣一点。

这个最普遍和最基本的要求，就是本书要讲的内容。

第 1 步

怎么找到好故事

★ 靠阅读"窃取"思想。

★ 千万不要过多指望那些高层人士,依靠"中间人"!

★ 与其按照一个已经形成的思路去采访某人,不如坐下来和人聊天。

★ 交谈时"奉承"对方,而不是威胁对方。这种奉承将让你随心所欲。

★ 专家是指那种知道 123 种恋爱方法,却根本不认识任何女人的人,事实上,读者一般对他们态度冷淡。

《华尔街日报》是如何讲故事的

一个脑袋空空的记者，总会用闪闪放光的眼睛窥视向他走来的编辑。编辑把一个故事想法摆在他面前，尽管这个想法很糟糕，记者也得老老实实去做，谁叫他拿不出更好的呢？满心愧疚的他已经失去了据理力争的力量。他只能把自己拖出办公室，去寻找一个连他自己都不知道是否存在的宏伟目标。结局当然可想而知。

如果一个特稿记者没有两、三个写作方案在脑海里酝酿的话，他的工作就很不到位。记者是新闻事件的直接接触者，担负起创作构思重任的应该是他，而不是他的编辑。然而事实却正好相反。有些记者的脑海里，总是只有草草形成的想法，这些想法往往在采访和写作的初期就已经灰飞烟灭了，还有些记者甚至习惯了"腹中空空，求思若渴"的生活，总是等着别人来提供材料。这些记者哪怕花费了巨大的力气，写出的故事却往往无足轻重，甚至一钱不值。要不了多久，他们就成了北京的填鸭，只能依靠编辑"喂食"来完成工作。他们已经失去了新闻写作中最重要的创作能力，他们的工作当然也就毫无乐趣可言。

在创作构思的过程中，形象的想象会有很大帮助，如果我们的记者不幸正好缺乏这种想象，我们也无能为力。但是通常的情况是，记者的问题并不是先天不足，而是一些完全可以弥补的错误。比如，他没有进行足够的思考或阅读，或者他没有找到正确的采访对象。如果用一个心理学的词语来形容，这种记者实际上患有新闻的"感觉剥夺"①。也就是说，他们对于新闻的感觉麻木，敏感度不够，或者说他没有接触到足够的新闻信息。

"垃圾！"不论是《时代》（*Time*）、《新闻周刊》（*New sweek*）、《纽约时报》（*New York Times*）这样的全国刊物，还是地方报纸，或是《福布斯》（*Forbes*）、《商业周刊》（*BusinessWeek*）以及其他类型的行业刊物（如果记者正好是负责报道某一行业的记者），我们的记者对这些刊物总是充满责备，嗤之以鼻。当他们无暇关注这些杂志报纸的时候，他们在干什么呢？采访，采访很多很多人，他们的名片夹内装满了人名。他们还有别的工作要做吗？

---

① 感觉剥夺（sensory deprivation）：心理学术语，指有机体与外界的环境刺激处于高度隔绝状态，就是剥夺一个人的所有感官刺激。

还有很多。

获得好故事有哪些渠道？

靠阅读"窃取"思想

广泛阅读。除了少数一些能够随时随地发掘故事的天才外,其他人要想做到思如泉涌、提笔成章,就必须成为一位如饥似渴的广泛阅读者。仅仅翻阅一些高发行量的大众报刊是远远不够的。这些报刊的内容虽然能够让一名记者紧跟事件发展,在竞争中不至于落伍,但是这些报刊对故事的报道往往已经相当成功,记者根据这样的报道进行再创作的机会已经很小,很难再写出能够与之媲美的报道。

在这种情况下,记者可以期待的最好情况就是,一个故事已经成形,但还不完整,需要进一步雕琢,去粗存精;或者他能从其他人故事报道的主线中发掘出一个与众不同的第二视角。不过,那些总是希望在现成的故事上进行二度加工的记者,很可能会夸大事实,制造错误的迹象来体现故事的重要性。不过编辑可不是吃干饭的,即便他们真的很愚蠢,绝大多数读者也不是傻瓜,是真是假,他们一眼就能看出来。

只有一个解决办法,那就是你的选题要广泛。你的选题不但是自己感兴趣的,还应该是涉及面很广但又缺乏报道的。此外找到与选题相关的出版物,进行大量阅读,包括专业期刊、行业通讯、学术刊物、智囊团和基金会的报告、一级政府机构发布的信息。这些都应该在你的阅读范围之内。

这样的阅读可能是令人痛苦的,很可能大量的内容都枯燥无味、没有用处。但这样的出版物不是新闻媒体的竞争者,也就是说,我们可以从它们的内容中窃取思想而不受惩罚。不仅如此,这些出版物所发表的最新进展和原创思想,往往都要先于大众媒介。

随时记录灵感。在阅读材料时,一方面你要把想到的故事点迅速做成笔记,另一方面要把重要资料做成剪报收集起来。数据可以储存在大脑中等以后去回忆,但灵感与创意就如晨雾一样,往往转瞬即逝。如果没有笔记的话,过一段时间当你再去看自己的剪报时,很可能会奇怪自己为什么要留这些东西。

为选题做档案。一定要有系统的档案记录，否则你很可能无法找到自己最初的创意。一位特稿写作者需要给自己的选题进行档案管理，并且定期进行整理。如何建立这些档案取决于作者的报道领域和兴趣品味，但每一个档案系统都应该包括一个"备忘录"。这里记录的是一些时效性强，或者看上去很热门的选题——这些选题如果不赶快完成，机会就可能消失，或者被竞争对手抢走。

如果你做了以上这些事情，那你就自然而然地开辟了一个新的领域，像一个专线记者（只报道某个领域内的新闻）一样，全面关注这个领域。

依靠"中间人"提供信息

正如他们所言，他们的名片夹里有成百上千的联系人，其中大部分都是公关人士和一些与高层权威有密切关系的人士。

但是如果我们仔细看一看这个名片夹，就会发现还缺少了一种人——中间人。他们不在顶端决策层，但却对政策十分了解；他们也不在基层，但却对下面发生的一切了如指掌。

来自高层的信息源当然有用，但他们的身份往往限制了对他们的使用。不仅如此，他们地位太高，往往看不到下面发生的事情；他们工作太忙，脑袋里要装的事情太多，往往没有时间去理会某个不名一文的媒体记者；他们太在乎自己和所属机构的地位和形象，很难给出诚恳全面的意见。

和高层人物正好相反，中间人往往能够提供更多的细节，引导记者们去把故事写得栩栩如生。他们很少去怀疑别人，而且，如果有人对他们的工作感兴趣，他们会觉得受宠若惊，会很乐意与记者合作。最后，这些中间人还可能发展成高层人物，而他们也会记得当年的老熟人。

保持与这些信息源的联系十分重要。做记者的经常会犯这样的错误，他可能会把信息源的资料存档，然后就渐渐把这些人遗忘，直到有另一个故事需要他们帮忙提供材料时，才会想起他们。记者和自己名片夹中的那些非公关类信息源的联系少得可怜，他甚至好几年也不给别人打个电话。如果现在记者突然打电话给这些人，他们很可能把记者当成富勒刷子公司（the Fuller Brush Company）①的推销员。疏忽让记者失去了已经建立起来的联系渠道。

"但是我找不出什么联系的理由呀。"我们的记者会抱怨说。和许多人一样，他已经习惯了运用自己完美的构思能力去凭空发掘故事想法。当这种事情发生时——他坚信这一定会发生——他会把信息源加到自己的空中楼阁里去。但这样的做法，其实是一种费力不讨好的逆向思维。记者应该利用那些消息灵通而又乐意合作的信息源——我们称之为"聪明人"，这类人物我们后面还会碰到——去帮助他构思创作这些故事。当记者坐在办公桌前，嚼着金枪鱼罐头，喝着威士忌，为自己长时间的辛劳庆祝时，他没想到自己早就可以和一个比自己更明白的人在一起，分享纯正的法式大餐和夏敦埃酒（chardonnay）②了。

与其按照一个已经形成的思路去采访某人，不如坐下来和人聊天，这种方式也许收获更大。前者是一种商业上的交换：记者想要得到信息，以便在工作上得到提升，或者至少保住饭碗；而对于信息提供者来说，他所说的话要变成报刊上的白纸黑字，所以他必须考虑自己的利益，来决定是合作，还是敷衍。

后者就大不一样。当一个记者仅仅是在和信息源聊天，谈一些大体上的想法，而不是某个具体故事时，二者间的化学反应就会发生变化，因为信息源知道自己没有被强行拽进某个故事中。这时候，记者是一个学生，而信息源则成了老师。记者的目标不再是从信息源的嘴中把信息一点点地挤出来，而是在对方的专业知识和独到见解的帮助下，来构思一个想法。这种交易是对智力的挑战，记者关注的是如何奉承对方，而不是威胁对方。这种奉承将让你随心所欲。

在获得原材料的渠道大大增加后，我们的记者就要开始思考这些材料，从中挖掘出写作的灵感。我们可以提供好几种方法，帮助你完成这个目标：

---

① 富勒刷子公司（The Fuller Brush Company），美国著名的清洁用品生产商。
② 夏敦埃酒（chardonnay），最初产于法国勃艮第的一种无甜味干白葡萄酒。

方法一：推断法

推断法实际上就是采取向外辐射型的思维，一个事件本身也许并不足以构成一个特写故事。但通过这个事件向外辐射出去，记者也许能够推断出在某个具体事件背后，还有一个影响更广、意义更大的故事。比如说，有这样一个陈词滥调的故事，说的是美国的地方联合基金运转得如何好。报道上说，基金总额远远超过了目标，负责人精明能干、眼光独到。除了这些溢美之词外，这种陈腐的刻板报道中，再也找不出别的东西。

但有一点这个故事却没有提到，就是在第二年会有一个很大的收入税消减计划。这就是说，人们大量进行基金投资是有原因的，因为他们希望在现有的高利率情况下，通过投资基金获得最大的减税额。因此，与其说是领导者的作用，不如说是这种利益的驱使，才促成了基金运转的成功。这种迹象也说明，等到第二年，那些购买基金的人很可能因为外部条件变化而减少购买量。

在根据现有材料进行推断的时候，记者应该问自己两个问题：

1、造成这个具体现象的主要原因是什么？这个原因可能很明显，也可能不明显，甚至可能被完全忽略。这就如同在上面这个联合基金的故事中，减税的背景被遗漏了。
2、造成这一事件的原因是否也能在其他地点对其他人或组织产生同样的作用，也就是说，这一原因是否具有普遍性，是否符合逻辑？在联合基金的故事中，答案是肯定的，因为减税在其他地方对其他人也适用。各种慈善机构，不论是班戈市（Bangor）的博物馆，还是布卢明顿（Bloomington）的教堂，或者西雅图（Seattle）的救护组织，都可能因为这个原因而获得利益。

在开始对全国范围内的慈善风暴大吹特吹之前，记者应该用抽查的方法来检验自己的推理，应该再多打几个电话问问清楚。有时候，事情的进展会与想象中的逻辑不符，还有的时候，一些记者没有预料到或者根本无法预料的事情会突然冒出来。

但是在多数情况下,逻辑总是能够胜出的。那些运用推断思维的方法训练自己的记者,他的工具包里总是比别人多一件利器。使用这种工具,能够让记者在看似毫无关系,各自独立的事件中,发现真正的故事。

方法二:综合法

一位擅长综合的记者,能够在几件看似不相关的事情中找到联系。他从成堆的零部件中组装出具有希望的故事构想。他之所以能够这样,正是因为他能够在阅读的过程中,以及与信息源谈话的过程中,找到不同信息之间可能存在的共性。他总是认为事件与事件之间是有着潜在联系的,他努力去挖掘这些可以产生故事的联系。G.克里斯琴·希尔(G.Christian Hill)撰写的这篇关于圣地亚哥(SanDiego)的报道就是一个例子,当时圣地亚哥正在经历一个相当困难的阶段。

圣地亚哥——如果要给老百姓的困窘程度或者不幸程度评奖的话,许多城市都可以被列入候选名单。比如华盛顿(Washington)——"水门事件"发生地,还有底特律(Detroit)——危机重重的汽车工业城,或者常年名列前茅的费城(Philadelphia)。

当然,还有一个城市是少不了的。这个美丽的海滨城市,人口77.1万,长期以来饱受一连串错误、丑闻、灾难的煎熬,似乎这个城市就是一个被诅咒的城市。这里的情况是如此糟糕,以至于道格·波特(Doug Porter),当地小报《门》(*The Door*)的前任编辑,把任何引人注意的糟糕或失败,都戏称为"典型的圣地亚哥风格"。

就拿夏令时的事情来说吧。从去年一月开始,作为一项节省能源的措施,夏令时在全国范围内开始执行。但是在圣地亚哥,每当全国人民都开始工作的时候,这里可能还会有些莫名奇妙的居民在悠闲地散步,因为他们的时间要比全国其他地方整整晚了两个小时。这个错误是《圣地亚哥联盟报》(*San Diego Union*)造成的,这家报纸让居民们把自己的时钟拨慢一个小时,而不是拨快一个小时。报纸怎么会犯这样的错误?"我无可奉告,别引用我的话。"这是城市版编辑阿尔·雅各比（AlJacoby）的回答。

和那些商界机构、财经组织的头头脑脑所做的事情相比，这种时间上的错误已经不值一提；或者说，和那些实业家们爆出的一系列丑闻和破产消息而言，时间混乱所造成的影响已经算是微乎其微了。一大批的公司破产和大量欺诈行为的公告，让《圣地亚哥论坛报》（San Diego Tribune）对这个城市发出了这样的感叹："美国西海岸的骗子出产地和全国人均羊皮皮鞋占有量最高的地方。"

故事接下来继续列举了更多重大的商业阴谋和破产丑闻（甚至连拥有破产法庭那栋大楼的房主也不幸破产了）。这些事件导致美国国税局提出了全国范围内金额最高的税务扣押权诉讼，也导致了根据《破产法》第11章[①]进行的规模最大的资产重组。在这之后，作者希尔又详细地叙述了这个城市两支糟糕的球队。圣地亚哥教士队（San Diego Padres）[②]在场上的不作为令该队老板大发雷霆，愤怒的老板在比赛中通过公共广播系统对笨拙的球员破口大骂。另一支球队，圣地亚哥光电队（San Diego Chargers）[③]则陷入了使用药物的丑闻之中。注意到这支球队当年2胜11负的成绩，一位体育解说员讥讽道：球员们使用的药物肯定是甲醛（要不然怎么成绩那么差呢）！

故事在结束的时候指出，所有这些事情，没有一件是给圣地亚哥增光的，而这座城市，本身并不是什么活跃的权力中心。一位评论家这样描述这座城市："这块土地的四周，有两面临山，还有两面靠水，但四面环绕的是冷漠。"（全文参见附录）

这篇优秀的报道中，把所有事情联系到一起的元素是一个共同的地点；所有事情都发生在圣地亚哥，所以故事的主题就是这座城市好像受到了错误和霉运的诅咒。事情各有不同，导致这些事情的原因也各不一样，但是它们都发生在同一个地方。

有时候，事件不一样，发生的地点也不一样。但是它们背后有一个共同的原因。发现了这个共同点，记者就能把分散的故事元素汇集

[①] 美国《破产法》第11章是关于公司重组的内容。
[②] 圣地亚哥教士队（San Diego Padres），美国圣地亚哥当地的职业棒球队。
[③] 圣地亚哥光电队（San Diego Chargers），美国圣地亚哥的职业橄榄球队，属于美国国家橄榄球联盟（NFL）。

到同一把雨伞下。儿童癫痫症、逃学和小偷小摸之间有没有什么令人担忧的共同点？或许青少年对电子游戏的沉溺会与这些现象有关。钢铁公司在减少钢板产量的同时，玻璃生产商是不是也减少了安全玻璃的产量？也许汽车业也在计划削减产量。

最后，有些事情可能发生的地点不同，产生的原因也不同，但它们可能包括了一些有共性的人、机构或地方。

20世纪70年代，自然资源开发的热潮为偏远的郊区带来了大量的工程建设、煤矿开采和其他能源开发的工作。与此同时，退休的蓝领阶层开始在郊区城镇购置新居，因为这里价钱便宜，而且犯罪率很低。而年轻的家庭则因为不满城市里的学校情况和越来越糟糕的生活环境，转移到别处去寻找更好的生活。

这些移民者搬家的原因各不相同，但是这些现象都会对同一个目标——郊区城镇及其居住者——产生同样的实际影响：在经历了数十载的人口数量稳定下降后，这些地区又突然面对人口过快增长而带来的问题和影响。把目标锁定这些城镇，记者就能够把这些看似不同的移民潮联系起来。

推断法和综合法是记者在竞争中取得先机的法宝。因为，当其他记者正懒洋洋地躺在那里，等着新闻从天而降砸到他们头上时，使用这两种方法的记者，却可以通过扩大故事的主题，把分散的发展点联系在一起，发掘出更多的故事。但是，原创的机会总是很有限的。俗话说："没有新的故事，只有新的记者。"这虽然是一句玩笑话，但却不无道理。许多时候，我们的竞争者并没有懒洋洋地躺在那里，他们富于想象，充满活力，甚至抢在我们前面得到了故事。那么，我们该怎么办？我们所面对的挑战不是把故事再重复一遍，而是去扩展它，充实它，或者改变它的性质。

如何处理已被报道过的故事：

方法一：具体化

大处着眼，当然没错。但是，当记者正在把许多小事件聚集在一起，希望从中挖掘出一个更宽泛的主题时，却往往失望地发现其他人也在和他绘制着同样的宏图，怎么办？其实只要他修改自己的方案，从小处着眼，他同样能够挖出好故事。让其他人去绘制宏图吧，让我们的记者做一名微雕家。

他的竞争者会把大量的精力都花在故事的规模和重要程度上。他们的文字将充满数据、权威的评论和一长串的人名、地名。这些元素也许是必要的，它们能够说明故事的广泛影响，但是感性成分居多的读者，却很难接受这样的信息。

告诉读者114.3万退休金领取者今年能够拿到的退休金总额要比去年少63亿美元，读者可以从中了解到社会保险法发生了巨大变化。但是他们不会认识到这一现象背后的深沉含义：114.3万退休金领取者并非活生生的人物，而63亿美元也只是一个数字的概念。信息依然很抽象。只有形象的故事，才能让信息变得具体。比如，当读者们被带到佛罗里达州（Florida）圣彼得堡市（St.Pertersburg）一个上了年头的小酒店门廊前，并被介绍给那些月收入不到40美元，因为无法购买食品、支付账单而在绝望中生活的几位老人面前时，他们就会深刻感受到减少退休金对社会的具体影响，而不是宏观意义。

于是，我们的"微雕家"要感谢他的同行们，他们的工作证明的这一事件的重要性，接下来他要做的，就是前往圣彼得堡市，给这个干巴巴的故事注入生命。别人留下了这样的机会，让他在同样的主题上做一个性质不同的故事，他要抓住这个机会。免费的午餐可不容易找到。

当我们把所有的事情放在显微镜下观察时，我们的视线不应该仅仅局限于那些能够让故事向外扩展的事情。有些事情虽然本身不具备扩展的性质，但它可能已经是一个非常好的故事，具备了优秀小说的一些价值特征，比如主角与对手的矛盾冲突、许多戏剧性的情节、神秘色彩和人性化等等。

许多这些细小的戏剧化情节，也许就发生在记者办公室外的大街上，但是记者往往因为只关注自己熟悉的事物，而让感觉变得迟钝，错过这些精彩的亮点。

玛里琳·蔡斯（Marilyn Chase）没有错过这些细节。1981年，她撰写了一篇有趣而感人的文章，描写的是旧金山（San Francisco）的

一座与众不同的公园。下面的一些节选片断,也许能让你有所体会。(阅读全文,请见附录)

一直以来,旧金山被誉为是世界上最容易喝醉和保持醉态的城市之一。她具备了必要的条件:相对便宜的酒精饮品、温和的气候,以及对于经验老到的乞丐来说,大量容易上当的游客。现在,在这些诱人的条件之外,又多了一个新条件:一座公园,专门献给酒鬼的公园……

酒鬼公园,其正式名称为第六大道公园(Sixth Street Park),是由旧金山索玛区(South-of-Market)[①]的一块空闲沙地改造而成,周围都是商务旅馆、当铺和酒铺。在这里,酒鬼们不必担心被逮捕。他们可以带着一瓶"雷鸟"(Thunderbird)或者"夜间特快"(Night Train Express),生上一堆篝火,做一顿美餐,大睡一觉,也可以在公园闲逛,或者打一场醉醺醺的排球。一块竖立着的黄铜碑上刻着那些同样好酒的名人的名字。酒鬼们喜欢大声朗读这些名字,就像在宣读英雄的名册一样:"光荣的温斯顿·丘吉尔(Winston Churchill)、欧内斯特·海明威(Ernest Hemingway)、W.C.菲尔兹(W.C.Fields)、约翰·巴利摩尔(John Barrymore)、贝蒂·福特(Betty Ford)、贾尼斯·乔普林(Janis Joplin)、迪伦·托马斯(Dylan Thomas)……"他们吟诵着……

在一个温和晴朗的下午,公园里欢聚一堂,三四十个公园里的常客聚在一起,上面提到的几个人也在其中。对于一个局外人来说,他的第一感觉会把这当作一次内陆沙滩上的疯狂聚会:干燥的土地吹起沙尘,正午的篝火飘来木头燃烧的味道,食品正在户外烹饪,收音机里放着刺耳的灵魂音乐和福音音乐,人们用塑料杯大口大口地喝着。

S.Q.,是一个留着灰白胡子的老头,今年60岁。他岁数大,是这个公园的发言人。他在篝火旁边拥有一把固定的椅子,尽管春天天气温和,他的头上还是有一顶人造波斯羔羊皮的帽子。帽子上有个

---

① 索玛区,英文是South-of-Market,简称SoMa,特指旧金山主干道市场街以南的地区。

> 《华尔街日报》是如何讲故事的

装饰纽扣，上面写着"我活着"，这正是旧金山格莱德纪念教堂的标语。"冬天很难过，"他慢慢地说道，"不过现在好了，一切都好了。"已经烂醉如泥的他独自坐在角落里。他还是这个公园的木材收集者。

本（Ben），看上去大概50岁左右。从S.Q.那里获得了领导权。他是一个强壮的黑人，头发纠缠在一起，身着一件印花的化纤衬衫，里面的背心别着一张名片牌，牌子上写着："格莱德工作人员，我的名字叫本。"他以主人的目光巡视着整个公园，并告诉我说，酒鬼们正在那片常青的草地上固执己见地和酒贩子们讨价还价。

"我每天都到这儿来，一周七天，早上6点半就来。如果我拿起一把扫帚，其他人也会照我的做。"他一边说一边做了一个夸张的手势。

本的老婆佩吉（Peggy）今年34岁，一个胖乎乎、满脸雀斑、牙齿掉光、梳着马尾辫的女酒鬼。她穿着一双绒毛拖鞋和一件走形儿了的花格衬衣。尽管外貌平平，但她的言语中却流露出了一点中产阶级的教育背景。她向一名记者咨询股票的问题，在没有得到答案的情况下，她解释说："我的经纪人在康涅狄格（Connecticut），不过，我并不相信他。但是如果是我投资的话，我会购买金佰利①（Kimberly-Clark）的股票，因为莉莱卫生棉丑闻②……"

米基（Mickey），36岁，是一名海员，有一位他非常钟爱却不在他身边的老婆。他正在试着为她戒酒，做一个正常人。他已经整整一天滴酒未沾了。"我很害怕自己受不了，得上颤抖症，弗兰，"他向皮维女士倾诉道，"不过目前为止，我还感觉良好。我吃好多东西，还喝了好多水。"去年冬天，一个圈外人把虱子带到了公园里，米基从附近的诊所里要来了半瓶除虱药水，然后把朋友们带到家中，挨个洗澡。

皮维女士（Mrs.Peavey）对这种理想主义的行为大加赞赏。"如果你得了虱子，你的朋友们会给你洗澡吗？反正我的朋友不会……"

---

① 金佰利（Kimberly-Clark），全球最大的纸巾生产厂商和全美第二大家庭和个人护理用品公司。
② 莉莱卫生棉丑闻（Relytamponscandal），美国宝洁公司在20世纪70年代推出了一种名为"莉莱"的卫生棉，后被查出可能导致使用者中毒性休克。宝洁公司是金佰利公司的竞争对手。

酒鬼们知道，他们的公园并没有达到理想的境界。但是他们把这个目标放在心里，他们心中已经有了蓝图。在他们的蓝图中，这个公园就如同传说中的伊甸园一般，绿色环绕，充满活力，而他们自己，都是这个园子里的模范服务员。

"到那个时候，我们可以经常对着天空骄傲地说：这才是这里该有的样子。"一位酒鬼说。

这个关于酒鬼公园的故事刚开始差点被旧金山湾区[①]的媒体枪毙了，但这并没有打垮记者蔡斯。她知道，湾区的媒体读者有限，住在这里的读者也许不会对这篇文章感兴趣，但美国其他地方成千上万的读者会被这个新鲜的故事吸引的，这篇作品后来发表在《华尔街日报》上。其他的报道都侧重于公园带来的矛盾上，而蔡斯的这篇报道却通过公园里居民的口述，让整个故事变得新鲜而富有人性。这个故事告诉我们：当你在描绘一幅图画时，你应该首先试着把画架支在自己的后院里。从距离自己最近的地方挖掘故事，不仅可以给你省下很多飞机票钱，还能让你的故事更加贴切、真实。

方法二：预测

这可能是在故事创作中最有用的工具了。如果拒绝和其他的"绵羊们"一起，在一块已经过度放牧的草地上抢食，那么熟练运用预测方法的记者，能够超越其他人，找到属于自己的草地。他的办法就是忽略那些有关中心发展的细节报道，而直接专注于故事的结果。他抢先预料到了结果。

必须记住的重点是，很多故事的展开是在一段时间内分阶段发生的，大致上是这样的方式：

1. **发展**。某件事情开始发生。这可以是任何事情，可能非常具体，也可能是一种微妙的潮流，或是整个社会的发展。

2. **影响**。随着事情的发展，它开始给人、地方和/或机构带来具

[①] 旧金山湾区（Bay Area），美国西海岸著名的风景优美、文化多元的大都会区。

体的影响。他们感到了它的影响,可能是好的,也可能是坏的。

3. **反作用**。随着影响变得越来越明显,越来越强大,那些被影响的对象可能试图延缓、中止、扭转、减轻或者推进这些影响,取决于他们从影响中获利还是受害。

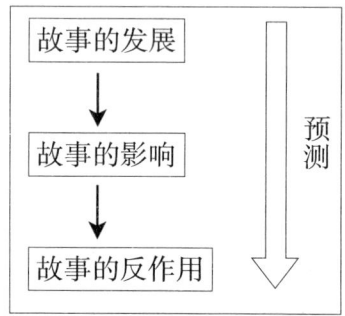

现在,介绍两个术语:当一个故事刚刚开始,它的影响和反作用都还没有成形时,这样的故事是一个"幼年期"故事。只有当故事的影响和反响都成形时,才能算得上是一个"成熟期"故事。

只要记住这一点,一个记者哪怕接触故事比别人晚,也经常能够开拓出新的领域。当他的竞争对手都把目光放在故事的发展主线上时,他可以把精力转移到其他人没有时间或眼光发现的一些影响上来,或者他还可以跳过整个过程,直接转移到反作用上去。

举例而言,在几年前的矿产和能源开发热潮中,媒体们把目光都集中在了所谓的"新兴城镇"现象上,即新建的油田、矿井和能源工厂给附近的小型社区带来的巨大压力。由于竞争对手们早就在报道这一现象及其影响,所以《华尔街日报》的报道直接跳到了反作用层面上——该做些什么来解决这个问题?

结果,他们发现了很多内容。曾经因为能源热潮带来新的就业机会而心怀感激的城镇,现在的态度已经变得强硬起来,他们要求落户的公司提前支付修建新学校、公路、污水处理系统和增加警力、维持治安的费用。许多其他公司则自愿通过捐款或别的方式给予城镇补助,因为他们发现,如果工人们的生活条件降低了,会导致大量的人员流失和生产率的下降。而国家对于炼油厂和矿物提炼厂原有的低税收政策也已发生变化,缴税额度增加,受影响地区获得了更多的现金,这也让他们的政策发生了改变。最后得到的结论就是:因为政策的改变,这种繁荣所带来的危害已经开始减弱。运用预测的方法让故事得到了延伸。

上面这个故事是处于"成熟期"的故事:已经有足够的时间,让事情的影响和反作用发展成型。如果一个故事还处于"幼年期",而记者又不愿做抄袭者，和其他人一起报道故事的中心发展，他永远可以静静地等在草丛中，等待故事的影响和反作用逐渐现身。

如果记者发现了一个竞争对手还没有发现的成熟故事，这是最令人高兴的发现，他还可以运用预测的方法，构建一个多层次的连续故事。他的第一篇主要作品可能是关于故事发展本身的，第二篇则是有关的影响，最后一篇则是关于对影响所采取的措施。整个结构都顺理成章，简单自然，没有丝毫做作的成分。

方法三：改变角度

如果把一个故事比作一块地形复杂的区域，那么记者的工作就是在这些不同的地形中穿梭，收集资料。比如，在西边的灌木丛中，工人们正在开始一项重要工程。优秀的记者会到那里进行短暂访问，从他们的领地中挖掘出一部分故事。在东部，是平原上的城市，管理人员正在制定反击计划。记者也要到那里进行简短访问，把自己站在管理人员办公室的窗户外看到的一切告诉读者。剩下的时间，也就是记者的大部分时间，都会花在一座名叫"客观性"的山峰上，这座山峰布满积雪，这里远离当事人的行为，但却能让记者从更全面的角度来审视这些行为。在这里，记者还可以与奥林匹亚人聊天，他们长年住在山上，能与记者分享他广泛的视野，他们就是行业里的劳动顾问、工会主席和高层领导人员。

这种生产好故事的方法是经过时间考验的。但是，对于一个后来者而言，如果发现高地已经被占领了，惟一有意义的做法就是离开这块高地，去寻找另一块有利地形展开工作。乔治·格茨乔（George Getschow）在1980年撰写的一篇关于墨西哥移民的报道中就是这样做的，这篇报道非常出色。请仔细阅读本文，因为我们在后面的章节中还会提到这篇文章。

那皮扎罗，墨西哥（NAPIZARO，Mexico）——在这个人口只有1200人的小村庄里，一个令人吃惊的、高效的美国贸易项目正在进行，不过山姆大叔对此却毫不知情。如果他知道的话，他一定不会喜欢。

那皮扎罗的街道上已经有了街灯，新盖的砖房屋顶上都伸着电视天线，这里还有一座现代的社区活动中心和一家诊所，另外还有一个名为"加州北好莱坞"的斗牛场。这是一个很合适的名字。斗牛场的开销，还有这个村庄所有其他地方的建设资金，都来自北好莱坞(North Hollywood)。作为交换，那皮扎罗最主要的出口物资就是男性人口。

数十年来，这个村庄一直有组织地把村里的男人送到北方加利福尼亚（California）地区的小工厂和商行中工作，他们都是非法移民。而数十年来，这些人都把他们的劳动所得寄回了老家，其中的一部分成了市政建设的专款。

"我们的村庄是工人们的杰作。没有他们就不会有这里的一切。"村里61岁的老人奥古斯丁·坎波斯（Augustin Campos）说，年轻时他也是外出打工者。正是坎波斯先生在北好莱坞的成功（他到北好莱坞工作的第一年就挣了4000美元，比那皮扎罗全村人收入的总和还多）吸引了其他村民前往那里。现在的村民在很多工厂工作，包括一家那皮扎罗人自己开的工厂。

繁荣是用高额的代价换来的。现在的那皮扎罗是一个小孩、老人和孤单的妇女的村庄。村里的156个家庭中，有四分之三的一家之主都在美国打工。他们很少回家，最多也就是在一月份村里过节的时候回来看看。在经历多年的分离后，他们终有一天会永久地回到用他们的辛劳积蓄修建起来的家中，有些人的家中已经有了美丽的庭院，甚至还有桑拿浴。"男孩们希望退休后能有一个舒服的地方。"坎波斯先生说。在墨西哥，建这样一个舒适的住所大概要花8000美元。

在普遍贫困的墨西哥乡村，那皮扎罗的富裕是不寻常的。这种富裕的基础是这个村庄特有的赋税体制，以及男人们愿意背井离乡，花大半生的时间去挣钱的现象。尽管这种富裕程度在墨西哥还不多，但这种广泛的移民已经非常普遍。这已经成了一种规定。一边是贫困的折磨，而另一边是比本地工作收入高出10倍的工作的诱惑，大量墨西哥乡村的男性劳力涌入北方，移民的数量甚至超过了能够估计的最高数量。每年穿越墨美边境的人流量达到了500万，其中有人一年要来回好几次。

从墨西哥中部出发，沿途经过的每个村庄几乎在一年中的多数时间里都缺乏壮年的男性劳力。在这个无法给人民提供足够就业岗位的国家里，农村的移民潮规模庞大，以至于很多田地都因为无人耕种而荒废，很多地方行业都面临严重的劳力短缺问题。而现在，一些城市里的熟练工人，也开始在美国的高薪诱惑下，加入到向北移民的人流之中。

移民的困境

大多数的工人，都是贫苦的农民，他们为了生计而不得不艰苦跋涉到北方去。否则的话，他们将面临美国人很难想象到的不幸生活。

特奥费罗·戈梅斯（Teofilo Gomez）就是这样一位移民者。他的家乡是位于墨西哥城西北方250英里的圣尼古拉斯（San Nicholas），属于罗斯阿古斯蒂诺斯省（Los Agustinos）。他和他的妻子，特里萨（Teresa），还有10个孩子一起住在一间砖木混合结构的房子里，房子长30英尺，宽10英尺。没有炉子，没有取暖器，没有室内的排水设施。他们惟一的财产是两张破旧的床、三把椅子、一幅《最后的晚餐》的图画和一只枯瘦如柴的小鸡。小鸡总是低着头在地上仔细地寻找面包屑，可就连面包屑，也几乎是找不到的。

和村里其他一些人相比，39岁的戈梅斯先生已经算是不错的了，至少他还有工作。每天12小时，一周七天，他都要在附近的一家农场清理马厩、挤牛奶，工资是一周40美元。这些钱仅够一家人购买菜豆和玉米粉圆饼，基本上买不了别的东西。"我们已经学会了和饥饿一起生活。"戈梅斯一边说着，一边打发一个儿子到附近的土豆田里看看，希望找到一些收割时剩下的东西。他的妻子患病在家，为妻子治疗的账单，如同绳索一样时刻拴在他脖子上。孩子们都处于半饥饿状态。又到了去北方的时候了。

1500英里的旅程

在过去的12年里，迫于生活压力，这1500英里的路程戈梅斯已经走了14遍了。远离家乡是孤单的，但是在加利福尼亚，他搬运6个月蔬菜所挣的钱要比他在家乡挤4年牛奶挣的钱还多。对于身材矮小、语气温和的戈梅斯先生来说，美国的区别就在于是让家人每个月都能喝上几次牛奶，还是过一种完全缺少蛋白质的生活；是破衣烂衫，还是有几件像样的衣服。

"如果我不去北方的话，我们的生活会比现在的情况更加糟糕。"他说。儿子从土豆田里空手而归。这意味着小鸡今天又要饿肚子了。

孩子们都吃不饱的时候,是没有东西喂给小鸡的。

在墨西哥,像戈梅斯这样的农业工人。没有土地的农民,有上百万之多。他们是墨西哥政府失败的土地分配制度的鲜活证明,这项失败的政策每天把大量农村劳力赶往边境。墨西哥的土地改革,原计划让每个农民都有自己的小农场,但是这项政策已经在农村人口的高速增长中崩溃瓦解。政府无法提供足够的耕地。

政府对于出生率的控制,只在一些城市里取得了效果。但是在农村,每年5%的出生率基本没有变化。许多农民都是文盲,他们无法读懂政府发给他们的避孕宣传单。而那些识字的妇女,根据一位墨西哥人口专家的说法,也不会服用避孕药,因为这样做是有违天主教堂的教导的。于是那些出生在贫穷中,又没有土地的人们,最终选择了走向边境。

和美国人的想象不一样,这些移民者还不是墨西哥社会最底层的人,从经济能力的角度而言。"那些最穷的穷人,根本无法负担移民的开销。"一位墨西哥学院(Colegiode Mexico)的移民问题专家乔治·巴斯塔曼特(George Bustamante)介绍说。这些人在墨西哥被称为"morosos",意思就是"毫无希望的人"。

这些人没有希望,也没有能力和金钱去北方。人贩子,就是那些把移民者成批运到边境,帮助他们越境的走私犯,一般都要收取好几百美元的费用。这对于许多家庭而言,都是天文数字。所以这些没有希望的人,只能留在家乡挣扎着生活,或者流动到贫民窟泛滥的墨西哥城去找工作。每天,都有大概1400名这样的人来到墨西哥城里。

多数的移民者——估计有80%——都来自墨西哥中部的6个州:米却肯(Michoacan)、萨卡特卡斯(Zacatecas)、圣路易斯波多西(San Luis Potosi)、瓜那华托(Guanajuato)、哈利斯科(Jalisco)、克雷塔罗(Queretaro)。这些州的政府、教会和地主之间,在历史上就有很深的冲突,在1910年的墨西哥革命①和20世纪20年代末的政治运动中,这种根深蒂固的冲突两度摧毁了这片土地,导致无依无靠的农民只能背井离乡,前往美国。在那里他们找到了新的机会,移民

---

① 1910年11月20日,墨西哥爆发反帝反封建的资产阶级民主革命,革命一直持续到1917年,几乎完全摧毁了墨西哥农业经济。

的传统就这样逐渐形成。

具有讽刺意味的是，这种移民现象得到了来自美国政府的帮助。1942年，山姆大叔开始实施"手臂计划"（the Bracero Program）[①]，引进墨西哥劳力，以减轻二战给美国带来的劳动力短缺压力。在廉价的劳动力和高收益的农业利润吸引下，这项政策直到1964年才改变。一些在这段时间内获得绿卡的移民，今天依然可以合法地进出美国。但是大多数没有绿卡的移民，则需要在蛇头的帮助或自己的努力下，偷越边境。许多人都是乘坐火车从墨西哥中部各州来到边境城市华瑞斯（Juarez）的，他们把这趟火车戏称为"湿背人"（The Wetback）[②]，因为火车上大部分都是非法移民者。

移民的传统在像尤塔特诺（Yotatiro）这样的地方是显而易见的，在这个位于米却肯山区里的衰落村庄中，生活着550位居民。在最近的一个黄昏时分，牧师庞丘·阿玛亚（Poncho Amaya）与一群妇女和儿童一起，点亮烛光，庆祝弥撒。牧师在布道时恳请那些在长凳上坐立不安的妇女，要"坚守她们的信念"，即便是在丈夫不在身边的时候。

"教堂是我们的磨难"

男人们到哪里去了？男人们大部分都去了美国。阿玛亚牧师在弥撒后介绍说，留下来的人都不是教徒。教堂外面，疲惫的老人们从田地里回来，在泥泞的乡间小道上骑着毛驴，只有月光为他们照亮（这个地方还没有通电）。他们在从来都不属于他们的土地上，辛勤耕种，从早到晚。"你们好呀！"牧师向他们打了个招呼，但那些人并不理会他，反而把脸藏到了墨西哥宽边帽的阴影里。后来，一位年长的村民嘀咕地告诉我："教堂是我们的磨难。"他痛苦的回忆要追溯到50多年前，一件事情割断了尤塔特诺和其他许多村庄的农民与当地教堂的联系。

这件事就是1926年至1929年的克里斯特罗斯起义（the Cristeros

---

① 手臂计划（the Bracero Program），名称来源于西班牙语的"手臂"一词，二战期间美国政府的一项移民政策，主要是从墨西哥引进短期劳工人员。
② 湿背人（The Wetback），美国人对非法进入美国国境的墨西哥劳工的蔑称。

> 《华尔街日报》是如何讲故事的

Rebellion)①，这是一场政府与教会之间的战争。当时的墨西哥政府希望剥夺大地主阶级的土地占有权，而教会则站在地主阶级的一边。农民被夹在了中间。

1927年，这场革命风波来到了尤塔特诺。当时村子里最大的地主安东尼奥·科尔特斯（Antonio Cortez）被责令把土地全部分给当地农民。而教会的牧师则告诉农民们，如果他们接受了土地，他们就会被逐出教会。在世俗权力和精神权力的双重折磨下，这里的村民就像其他许多地方的村民一样，服从了教会的命令——从而失去了他们获得土地的机会。土地被分给了附近村庄里的村民，因为他们站在政府一边，反对教会及其支持者"基督信徒"。

所以，现在的村民已经别无选择。"当时的牧师告诉农民们，如果他们接受了土地，他们就会下地狱。害得我们现在已经没有其他生存的途径，要么去美国，要么饿死。"40岁的菲德勒·罗德里格斯（Fidel Rodriquez）抱怨说，他每年都有半年的时间在加利福尼亚的工厂打工。

离家的痛苦

最近一段时间在葡萄园打工省吃俭用下来的钱，终于可以让他把家里的小杂货店重新填满开张了。钱当然是个好东西，但是罗德里格斯先生说，每次他不得不离家的时候，都会非常"恐惧和痛苦"。他的父亲和母亲去世的时候，他都在加州打工。他的妻子现在要养育8个孩子，其中两个还在喂奶。每次他身在美国时，心里总会非常担心，有时候担心得难以入眠。

而那些生活在苍蝇成群的村庄里的家人，心中的担忧也不少。40岁的朱莉娅·门多萨（Julia Mendoza）身边是8个衣衫褴褛的孩子。她现在又怀孕了。她不停地抱怨，依靠丈夫从美国寄来的钱，她和孩子们根本活不下去。虽然她已经搬去和公婆住在一起，但是两位老人也一样的贫穷，所有的经济来源就是门多萨的丈夫和另外两个儿子从

---

① 克里斯特罗斯起义（the Cristeros Rebellion），1926-1929，墨西哥政府与教会之间的冲突引发的一场战争。发起者是一群自称为"基督信徒"（the Cristeros）的人，因此得名。

美国寄来的钱。

"除了玉米饼和水以外,我们什么吃的都没有。"门多萨悲哀地说。就在她说话的时候,一只大胆的老鼠蹑手蹑脚地向破旧走廊里的一小袋玉米窜去。她的公公立刻抓起一把扫帚,朝入侵者的头部猛击,"总算少了一张吃饭的嘴。"他边打边说。

饥饿和贫穷是促使农村劳力移民的主要动因,不过现在,城里人也加入了移民的行列。乔斯·路易斯(Jose Louis)曾经是位于墨西哥市附近的尼萨乌亚尔科约特市(Netzahuacoyotl)街道上的顽童,这座肮脏的城市有250万居民。路易斯靠在垃圾里寻找废旧罐头瓶卖钱为生。他现在还生活在那里——但现在他有自己的杂货店,有包括两间卧室和各种生活用品的时髦住宅,还有一台彩电和立体声音响。

所有这些财产,都是他定期去俄克拉荷马城(OklahomaCity)打工换来的。在那里他要干两份工作,白天给汽车上漆,一年可以挣1.5万美元,晚上去洗盘子。路易斯先生学了一些英语(比如"叫我乔")。他的杂货店名字就叫"俄克拉荷马城"。他喜欢美国。"我想要在这里过上好日子,而美国把这一切给了我,"他说,"美国是让你梦想成真的地方。"

像家一样的地方

尽管很喜欢美国,但路易斯并不打算把家永久地搬到美国去,很多移民者都和路易斯一样。他们自始至终是墨西哥人。再说,既然美元在墨西哥可以买到更多的东西,为什么还要搬到美国去呢?他们对美国的感觉,就如同乳牛场的老板对待一头高产的乳牛一样,尽管它可能很爱这头牛,因为后者能为他带来源源不断的牛奶,但他也不会搬到牛棚里去和乳牛住在一起。

还有一部分熟练或半熟练的墨西哥工人到美国城市去,完全是为了寻找机会,而不是贫穷所迫,这种人的人数虽然不多,但正在逐渐增长。他们在墨西哥也能有很好的收入,但去了北方,挣的钱可能还要高出10倍。一些训练有素的玻璃工人就这样去了美国,还有许多建筑工匠。据统计,美国休斯敦的建筑工人中,有三分之一到一半左右都是来自墨西哥的非法移民。现如今,随着墨西哥自身工业化的步伐不断加快,墨西哥城最大的建筑公司ICA集团,已经陷入了找不到足够的熟练工人的困境。

近年来，随着这个国家石油产量的提高，工业得到了发展，这使墨西哥长期以来就业率低下的情况开始逐渐改善，新的工作机会在吸引人们留下来。去年，墨西哥有大约80万个新的就业机会，但是这和大约110万到130万的新生劳动力相比，依然存在差距。况且美元的诱惑，总是十分诱人的，现在这种诱惑似乎更加强烈了，比索的贬值，让美元在墨西哥的购买力更加强大了。

劳力短缺

向北的人潮继续增加，这直接导致了墨西哥中部村庄壮年劳动力的丧失。在米却肯州只有两万人口的城镇波佩罗（Purpero），当地的屠宰场里，宰猪杀鸡的都是妇女和老人。附近已经没有其他可以做这项工作的男人了，屠宰场的一名官员说。即便是那些老人，那些太老或者太穷而无法移民的老人，都要从附近的村庄里用车运来。当地的煤气公司、建筑公司和医院都存在这种劳力短缺的情况。

具有讽刺意味的是，现在就连经济状况比较好的那皮扎罗村，也开始感到劳力短缺的阵痛。那么多男人都去了北好莱坞，结果村里的玉米田没人耕种，一个新的供水系统——移民们每周上交好几百美元筹备起来的供水系统，到现在都无法开工。为了挽留一些男性劳力，政府曾经考虑修建一家服装工厂，但是主意很快被否决，因为村里的老人们支付不了后代们在家生活的费用，坚决反对这个提议。

政府已经做出保证，要改变导致大量人口外流的经济状况。乔斯·洛佩兹·波蒂洛（Jose Lopez Portillo）总统说，快速的工业化的进程正在缩小就业差距，他发誓说在20年里，墨西哥的就业增长率将在4%左右。

经济学家对此表示怀疑。他们指出，现在墨西哥大约有一半的劳力没有工作或者未充分就业；而在6800万人口中，还存在一个不好的现象，就是其中有一半都是15岁及15岁以下的儿童。在未来几年，这些人将大量地涌入劳动力市场，哪怕是不断增长的经济，也很可能被这些人吞没。如果是这样的话，边境的压力只会增加，不会减少。

移民工厂

像那皮扎罗这样的地方,移民活动早已成了一种习俗,深深扎根在村庄的生活中。一位已经发家致富的移民,在北好莱坞创办了自己的服装工厂,他以每小时5美元的价格雇用了大量家乡的劳力。村庄为即将赴美的移民开办指导课程,告诉他们如何在美国工作和生活,学校的校长正在考虑把英语课安排到初中生的课程表中。

但是在那皮扎罗繁荣的背后,总是有一层深深的悲伤。这是一个充满了告别的地方,这里的妇女必须独自面对一切。

里卡多·坎波斯(Ricardo Campos),奥古斯丁·坎波斯老人的儿子,刚刚从北好莱坞回来。这次他要迎娶等了他9年的女孩。和其他很多人一样,他并没有太多走家串户的时间,婚礼之后也不会有蜜月。他必须回去工作。他可爱的未婚妻眼中饱含着泪水说:"等他走后,我的心将充满痛苦。"

写作这篇文章的时候,有关非法移民的故事在美国的报纸上已经泛滥,但这些故事多半都是边境这边的美国记者根据二手材料写出来的。但是格茨乔却以穷困贫瘠的墨西哥中部村庄为落脚点,这样的视角让他的文章无论是在深刻性还是生动性上,都远远超过了竞争对手的作品。

正是因为在墨西哥呆了很长时间,格茨乔才能够发现并讲述出那些其他人没有掌握到的故事:克里斯特罗斯起义遗留下来的痛苦现实,人口减少的村庄与全国劳动力过剩、工作难寻之间具有讽刺意义的矛盾,墨西哥农民对待美国的矛盾态度,以及最重要的一点——个人恶劣的生存条件。这让我们立刻彻底明白了移民现象产生的原因。站在高山上也许能让我们拥有更广阔的视野,但是在那里我们看不到活生生的人物面孔。

然而有的时候,我们必须看到他们的面孔,听到他们的声音,才能真正相信那些别人告诉我们的事实真相。可惜的是,很多时候,从事报道的记者都无法满足我们,因为他并不是一位出色的故事叙述者。他对于读者喜欢的东西没有感觉,他不知道一个吸引人的好故事或故事构思与一个平淡无味的故事或故事构思之间的区别,他不知道哪些要素能够拉拢注意力，让自己的报道成就一个好故事。

下面是我自己列出的有关读者喜好的单子，根据喜欢程度的不同从高到低排列：

1. **狗，以及其他可爱的动物和行为端正的儿童。**

一名记者可能花了很大功夫才完成了一篇关于武器限制的详尽分析报道，正当他等着接受读者们的赞许时，他却接到了来自反对方的电话，打电话的人是一位喜欢吹毛求疵的专业人士，他指责记者把SS-20导弹的投掷重量弄错了。就在这时，一位同事轻而易举地就完成了一篇轻松的报道，讲的是一只三条腿的牧羊犬如何把一个孩子从一块浮冰上救出。结果，这位同事收到了40个电话和一麻袋的信件。生活就是这样不公平。

2. **人物/当事人。**

如果缺少一只狗的话（羞愧的是我们经常缺少这样的元素），这个元素能够帮助我们唤醒读者的根本兴趣，只要我们的人物满足两个条件。首先，我说的当事人是那些亲自按下控制钮、扳动控制杆的人，或者是在传动装置周围工作的人。这些人不是事件的旁观者，不是分析家、专家（专家指的是那种知道123种恋爱的方法，却根本不认识任何女人的人）、研究者、还有那些要把客户的最后一分钱榨干的律师之类的人。当事人，是事件的参与者，他们要么促成了事件的发生，要么受到事件的直接影响。

其次，他们的所作所为或者他们的言语中，必须有一些令人感兴趣，又与事件紧密相连的信息。有些记者不是把人物硬往故事里塞，丝毫没有展示出他们的个性，就是在故事中加入读者毫无兴趣的笨蛋。这些记者以为，只要往故事里丢上一两个人物，他们的工作就大功告成了。但其实他只是屈从于人们的兴趣，而并没有真正为之服务。比如一篇有关仓库存货的文章，不会因为报道中有一个人驾驶叉式升降机从仓库里开过就变成一篇好文章。这种人物的出现，即便不会让文章变得搞笑，也会让文章显得矫揉造作。

如果乱添人物是一种错误，那下面的行为就是更为严重的罪过：永远居高临下地站在山顶上，无法真正接触到戏剧冲突中的人物。新闻故事的本质是要求脚踏实地、贴近地面的报道。这样的做法完全违背了新闻的本质,但是在我看来,这却是现今的报刊写作中最突出、最严重的缺陷所在。比如关于墨西哥移民的报道,要想说明根本原因,如果不去那些移民们生活的村庄,看看他们为什么会离开,是不可能完成一篇具有说服力的报道的。但是现在有成百上千的记者都在设法做这些不可能的事情。

3. 事实,当它们与故事有关并能推动故事发展的时候。

但经常的情况是,琐事和没有太多价值的信息往往充斥着记者们的故事。这样的记者,要不就是毫无意识,不知道什么是重要的,要不就是有意识地用这些无用的内容来掩盖故事本身的缺陷——缺少动态发展、直接的人物感受或者清楚的故事主旨。这样的事实是干扰,不是信息,只会让故事的节奏变慢。

4. 人物/观察者。

现在,我们说到了读者兴趣排列的底层元素。和当事人相反,这些人与发生的一切没有直接联系,他们就是我们前面提到的顾问、分析家、评论家、律师、各种类型的专家,他们所要做的就是说话。当罗纳德·里根(Ronald Reagan)入侵格林纳达(Grenada)[①]的时候,他是那场戏的最重要的当事人,是主角。当他强烈谴责前苏联入侵阿富汗的时候,他只是另一场戏剧的观察员而已。

观察者的真知灼见和解释说明在很多故事中都非常有用,但是读者对他们的态度却很冷淡。如果其他条件相同的话,读者更愿意听遭殃的棉农讲述棉铃虫给他们的棉花地带来的灾害,也不愿意听来自某个大学的教授,喋喋不休地发表有关害虫正威胁美国西南部棉花产地的长篇大论,尽管这是专家的观点。棉农有更大的可信度,因为他是事件的受害者。他是戏剧中的主角。

这种现象告诉我们,在使用观察者时必须采取谨慎态度。毕竟,最重要的还是那些有着直接经历的信息源。正是他们一点一滴的亲身经历,构成了故事的主体。但是我们在媒体上看到的报道,却往往不是这样的。记者推出一连串的专家去折磨读者,他们没有意识到,这些专家与事件并没有直接接触,他们的评论都是二手的。一个具

---

① 1983年10月25日,因为反对古巴对格林纳达政府的干涉,美国总统里根以保护岛上美国人为由,派出大约1900名美国士兵入侵该岛。

有高关注度的元素（当事人）被一个关注度较低的元素（观察者）所取代了，但记者却认为，只要故事里有人物就够了。问题就在于，他们是些错误的人物。

5. 数字，尤其是大数字，以及连续的段落中密密麻麻排在一起的长串数字。这是杀死读者兴趣的剧毒氢化物。

如果你不相信的话，你可以自己做实验来证明我的判断。找一篇文章，其中的一两段充满数据。在阅读到这些段落的时候，请不要放慢你的阅读速度，读完后看你是否记住了这些信息。你大概很难记住所有的数据，你甚至可能连这一大堆的数据所要表达的大概意思也说不清楚。

巨大的数字是抽象的，而不是具体的。当人们遇到它们时，思维会自然中断，条件反射般地要把数据转换成比较形象的东西。如果众多数据同时袭击读者的话，他们只能选择放弃，把剩下的故事抛到一边去。

所有这些规律其实是显而易见的，但是我们中的许多人都往往过于依靠空洞的数据和专家的言语。现在是抛弃一些无聊的数据和滔滔不绝的专家讲话的时候了，用新鲜生动的事实信息和对生活的直接描述来取代它们，这样的文字才能把故事深深烙在读者的记忆之中。

这些原则在新闻故事的采访和写作阶段都是至关重要的，但是在故事的构思阶段也应该仔细考虑。如果一位记者心中有好几个选题正在形成，而且这几个选题在重要性和时效性上都不相上下，他首先应该选择那些可能包含最高兴趣元素的故事，同时尽量回避那些需要依靠数据和专家意见的故事。

另外，他首先应该去寻找这些故事想法中的动态因素。发生了什么事情，有哪些具体影响，是不是已经产生了反作用行为。要记住，这种故事中的动态因素是没有其他东西可以代替的，关注动态的想法永远比那些关注数据分析的想法更容易成功。记者往往要绞尽脑汁，才有可能把一个数据分析的故事变得有趣，但是如果把一个带有动态信息的故事放入其中，就可以掩盖许多不足之处——如果再有一条与故事内容相关的狗出现，那就更好了。

第 2 步

好故事该如何构思

★ 在开始采访一个故事之前以及整个报道过程之中,你都要考虑你自己对于这个故事的感觉。如果你对故事的主要方面或者发展情况感到可笑、怀疑或者愤怒的话,试着明确是什么因素导致你产生了这样的感觉。跟着你的感觉走,记住你对它们的分析,因为这些感觉将很可能把你的报道和写作引入你没有预料到的新领域。

住在洛杉矶的人都知道，在这个全球表演业最发达的地方，最主要的产品就是想法。许多想法需要经过数月的加工才能成形，然后这些想法就会被人拿到西城富人区的聚会上或者法式餐厅里，在那里像商品一样被挑选和买卖。如果某人的手提箱或者脑袋里，没有一个"可行的想法"，那他简直就是身无分文的穷光蛋。

但是在这些想法中，很少有足够强大的想法，能够单独支撑起一部电影的拍摄。在剧作家的铁锤敲打下，这些想法就如同脆弱的玻璃，往往一锤就被打得粉碎。它们只是一些模糊的观点，而不是完全成熟的构思，而且很多时候它们也无法被打造成剧本。它们完全经不起推敲。

同样的事情在编辑部里也会发生。刚刚有了一点点想法就急于动手的记者们，在浪费了大量时间和精力后，往往发现他们的想法完全不能支撑起一个故事，或者仅仅只有他们梦寐以求的故事的一点点影子。

之所以会发生这样的情况，是因为他们没有预先进行思考。在冲出编辑部的大门之前，记者应该仔细琢磨自己要讲的故事。故事的范围有多大？故事的主题是什么？什么样的表达是最好的？甚至什么样的语气是最合适的？这些问题都应该在他的思考范围之内。只要在其中一个或几个方面上出了错，整个故事就会大打折扣，甚至被编辑束之高阁。

范　围

常见问题　记者的思路可能过于狭窄。他对故事的涉及范围没有全面地考虑。他对于故事发展的交待非常有限，可能仅有简单的几句话，因为他觉得这是显而易见的，根本不值一提，但他并没有进一步思考这些最初的表面现象中所深藏的影响。结果呢，他的故事很短，仅仅两、三页就写完了。

这可不行！因为当他最初发现这个故事，怀着宏伟构思开始写作时，想要的可不是这样简简单单的两三页纸。重要的故事仅用两页纸是讲不完的，而在记者看来，自己精心构思的故事从来都是重要的。于是，他只好重新给自己的故事加工润色，加入重复的引语、不相关的事实、大量的数据和其他的废话。

我们许多人，都有这样的毛病，就是眼高手低。我们以为自己能把一桌的美食都吃光，结果没吃一半，就已经撑得不行了。这样的结果出现在新闻报道中，将是一篇难以想象的文章，不仅冗长做作，而且所有的信息都是点到为止，没有任何信息得到足够的强调，能够让读者明白和信服。这样的文章，节奏是狂乱跳跃的，读者越看越厌烦，越看越累。与其撰写这样一篇规模庞大、无法说清楚的长篇巨著，倒不如一篇信息有限却讲得很好的故事。后者影响力和说服力将远远高于前者。

解决办法　按照因果关系归纳故事的主题。这样做的好处有两点：一个是能够提前确定故事中潜在的动态元素——读者们更感兴趣的作用和反作用行动；另一个是能够明确设置故事的范围。在绘制出了大致的范围区域图后，记者就能够根据自己拥有的时间和自己所处的空间，来制定一个可以实施的计划。

在这个思考的过程中，我们只要找出故事中的作用和反作用元素就可以了。对于最后完成的故事中出现的细节、解释或其他信息，我们在这个阶段都暂时不用考虑。我们要做的就是充分发挥想象的能力。

举例而言，在全国范围内出现了医师短缺的现象，我们的记者决定撰文一探究竟。他没有把这种短缺现象看作一个简单的问题，而是运用因果分析的方法，从逻辑的角度，把它视为另一件事情的起因，并这样依此类推下去。下面的图表，讲的就是根据这种思维方式以及能够联想到的一些元素。看看你就知道了。

图1：一条因果关系链

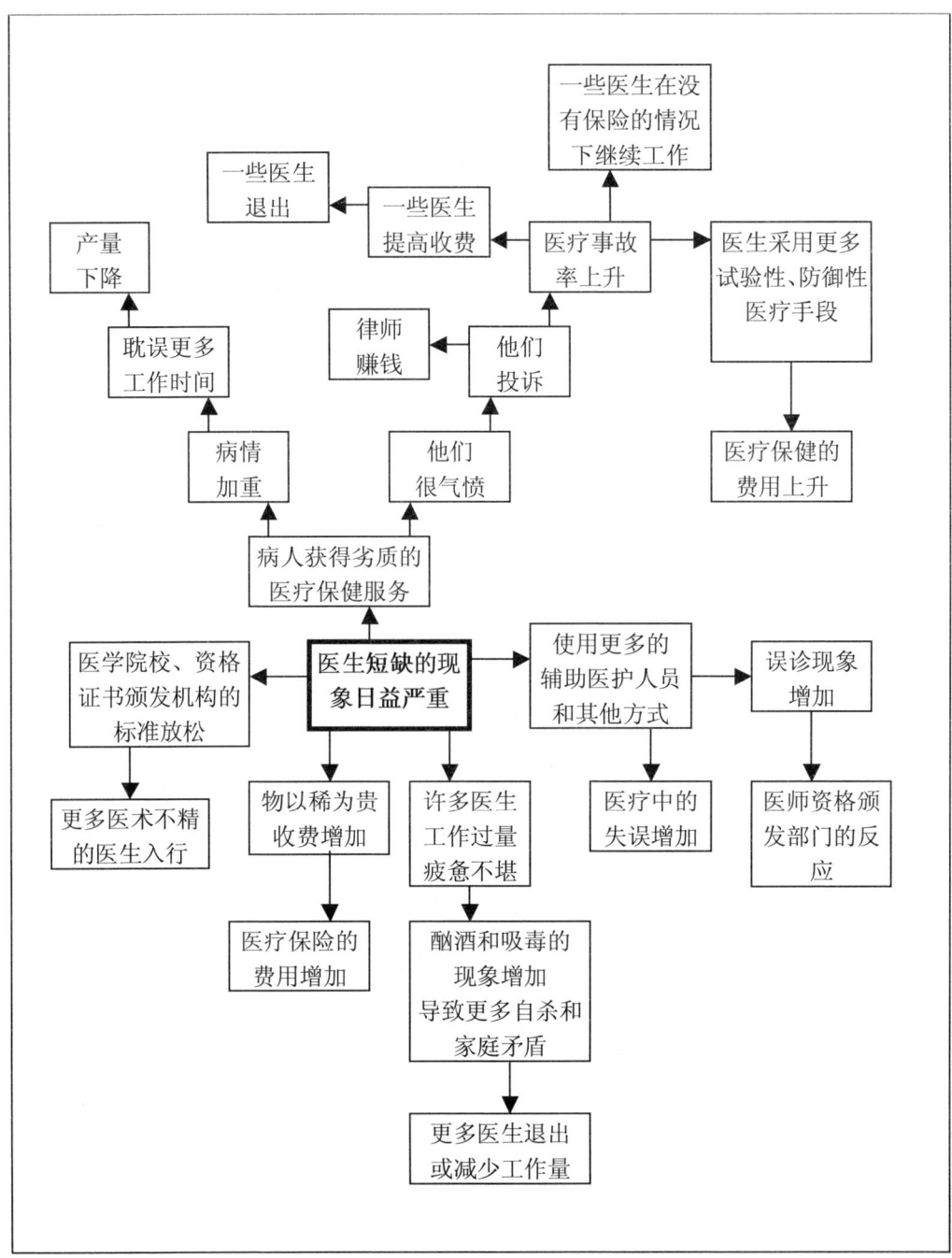

现在，还有人想把所有这些元素都包裹到一篇辛苦的文章中去吗？我想大概没有了吧。在一篇特写中包括这么多内容，显然是不可能的。

如果没有通过逻辑思维勾勒的这幅草图，记者们一定会在这种错综复杂的迷宫中迷失方向。他们在一条条小道里跌跌撞撞，不停地用盲人手杖敲打着地面。他们在多余的材料上浪费精力，事后才发现根本用不上。他们被细节和奇闻轶事所吸引，但是对于严格的写作原则而言，这些信息是完全离题的。他们报道的东西太多，花费的时间太多，结果反而在重要的地方失去了报道深度。之所以会这样，就是因为他们没有预先计划好该报道哪些内容，该舍弃哪些内容。他们的故事周围没有围栏。

在绘制和分析自己的因果关系图时，记者必须考虑到三个因素：时间、距离和影响对象。一个元素离故事的发展中心距离越远，那么它还没有发生的可能性也就越大。比如在医师短缺问题中，一个可能发生的结果就是医疗过失责任保险费用①的大幅度上升，这是符合逻辑的，但是记者的故事可能没时间涉及到这一点，因为这一影响当时并没有发生。

同样，当某个元素离发展中心距离越远时，它受到外来因素的影响而改变逻辑发展的可能性也就越大。也许正如我们所料，有关医疗事故的判决增加了；但是另一方面，支付保险金的保险公司却因为竞争激烈的关系，没有提高保险费用。保险公司宁愿利润下滑，甚至遭受损失，也不愿冒险提高保险费用，而把市场份额拱手让给降低费用的竞争对手。

所以，对于在自己的逻辑链中处于偏远位置的元素，记者一定要保持警惕态度。除非他提前获得迹象表明这些元素确实存在，否则他完全可以放弃追踪这些元素。这样的确可以把记者的报道范围缩小，但是如果他要考虑到所有涉及的对象——利益群体和受影响的组织机构，他还是有很多工作要做。在这个医生的故事中，医生

---

① 医疗过失责任保险（Medical Malpractice Insurance），指医生因为过失导致病人受伤或死亡，依法应由医生承担的赔偿责任，在保险期间由保险公司承担。

自己是一个非常明显的对象，病人是另一个。除此之外，我们还要看到医学院、执照颁发部门、律师和整个产业都可能成为受影响的对象。

有一点是不言而喻的，就是不论是因果分析法，还是其他方法，讨论的都是故事的潜在元素，一些应该发生的事情。在进一步挖掘故事的过程中，记者一定不能顽固坚持自己的预想：一方面，想方设法去寻找能够证明预想的材料，哪怕只有很少一点；另一方面，对于与预想相反的证据视而不见，结果错过了开发好故事的机会，因为那些好故事就藏在他事先没想到的地方。如果他真的这样做了，他就成了自己逻辑的宣传员，而不是记者。最终构成报道的，是实际发生的事实，而不是记者的预想。预想是很有必要的，但它只在计划的最初阶段有用。

主 题

常见问题 因果逻辑的分析方法只能帮助我们的记者为所有可能性建立一个合理的范围。但是如果记者在做一篇报道时，没有对他选择出来的、认为可以充分报道的元素进行整合，没有把他想要讲述的故事打造成一个言简意赅的主题的话，他在进行报道时，还是有可能失去重点。他会被大量的材料淹没，如果他自己都不知道这些材料意味着什么，其他人就更是不知所云了。

但是这样漫无边际、毫无重点的文章却每天都会出现在编辑的办公桌上，编辑们被迫去把那些记者写砸了的文章修好。这很危险，而且他们也不愿意干这样的活，他们也不喜欢那些让他们这样做的记者。

解决办法 从你已经画好的故事地图上选择最重要的一块，用几句简单紧凑的话表示出来。把注意力集中在故事的主要发展上，这种发展导致的一、两种可能的影响，以及这些影响可能产生的反作用，其他的元素都可以忽略。用大头针把这个故事的主题陈述钉在你可以看见的地方，让它指导你的工作。当你偏离它的范围时，让它来责备你、质疑你。

无论我撰写什么样的故事，我都会把主题陈述视为最重要的写作。它让我明确了什么才是我的故事的主动力，至少是在我的预想阶段明确了这一点。在我完成采访后，我会根据我发掘出来的材料，重新修正我的主题陈述，然后让这个主题来指导我去创作故事的主体。通常，这个主题也会成为我撰写导语的基础。

好的主题陈述简单明了，没有细节，只是鲜明准确地勾画出故事的主线。如果把最后完成的故事比作一幅油画，主题陈述就是最初的素描，几笔关键的线条描绘出的大体轮廓，而最后的作品就是根据这几笔线条发展出来的。

顺便说一下，当你向编辑提交正式的写作提案时，这种在你故事创作初期完成的主题陈述可以成为提案的一部分。对于你的下一步计划，编辑们总是希望有明确具体的了解。而如果你的提案中有一个结构完整的主题陈述，他们脑海中对你可能完成的故事就有了清楚的图画。

主题陈述中应该包括的内容取决于故事是在"幼年期"（这种故事的中心事件就是新闻），还是"成熟期"（这种故事的中心事件可能已经被报道过了，但报道可能还没有涉及它产生的所有影响和这些影响造成的反作用）。

让我们假设我们的记者是偶然发现了医生短缺的现象，因为他的同事在修改稿件时抱怨说自己找不到一个能够给他治疗痛风的医生。在他对这个故事进行最初构思时，记者发现医生短缺的现象其实很普遍，但这个问题却很少被报道，几乎可以说是被完全忽视了。这时，短缺现象就是新闻。所以，他的主题陈述可以简单地这样写：

> 专科医生匮乏的现象越来越严重，导致医疗保健的质量和效率受到影响。

这样的主题陈述能够让记者在自己的大本营附近活动，紧跟新闻的发展中心，只对某一项具体影响进行深入调查。这样的主题陈述也告诉我们，工作的重点就是要证明短缺现象的存在，把短缺的各个方面具体化——哪些地方最需要医生，哪些医院的医生短缺现象最严重，哪一种医疗活动（急救还是非紧急手术）受到的冲击最大。接下来，记者将开始涉及这一现象最广泛的影响面——对病人的护理。但是他必须首先完成最重要的事情。

现在，让我们选择另一个假设，就是医生短缺的现象及其对医疗卫生系统的普遍影响已经被发现，并被其他记者报道过了。在这种情况下，我们的故事重点就应该是那些推动这个成熟的故事继续发展的元素，我们的主题陈述应该把这些元素作为重点强调：

医生短缺导致医疗系统整体质量下降，医疗事故的数量上升，直接引起医疗过失责任保险费用的大幅度提升。一些保险公司已经放弃了这个项目，而许多医生，因为惊讶于高额的保险费用，开始放弃投保或者联合起来进行自我保险①。

注意：这里的中心事件已经给出，大家都已经知道存在医生短缺的现象，所以在这个信息上不需要浓墨重彩，也不需要用细节来证明真实性，只需简单提及就可以了。同样，在医疗系统的质量下降这一点上也不需要重点强调。主题陈述中要强调的是医生短缺现象带来的法律影响以及保险公司和医生们的反应。上面这个主题陈述，就能让记者在报道中始终提醒自己该向哪个方向努力。

特写的创作

在创作特写的时候，需要用一点不同的技巧。因为这样的特写故事一般都很具有欺骗性，它们看上去好像内容很具体，让记者觉得只要找一个大家感兴趣的主题，就能马上开始创作了。于是，他告诉编辑："我在做一个关于什么什么的特写"——然后迅速消失在他没有预料到的复杂沼泽中。

约翰·麦克菲（John Mc Phee）②写了整整一本有关橘子的书，也

---

① 自我保险（Self-insurance），指个人从事降低损害幅度的行为，亦即从事损失抑减（lossreduction）的活动。
② 约翰·麦克菲（John Mcphee），美国《时代》杂志和《纽约客》的固定撰稿人，因撰写一连串非小说类著作大获成功，《橘子》是其中一部，1967年出版。

没有把这个话题说完，而我们大多数人却要用仅有的几千字去讨论那些更广泛的主题。所以，我们必须弄明白一个问题："我们的重点在哪儿？"弄清楚了这个问题，我们也就清楚了哪些材料是需要的，哪些材料是要舍弃的——往往我们舍弃的东西总会多于我们要包含的东西。编辑们喜欢讨论"明确的特写"，但是在新闻界没有这样的东西。

大体而言，特写的形式有两种：**综述型和微缩型**。综述型的特写，选择写作对象的依据在于特殊性，这些写作对象本身就具有一种独一无二的吸引力。所以，在这样的特写中，最重要的工作就是让这些与众不同的品质细节化、具体化。

在微缩型的特写中，选择写作对象的依据在于典型性，这种典型性也是它与其他事物所共有的一种类似性。我们选择这样的对象作为表达故事的载体，也就是让其充当其他同类事物的代表。比如这样一篇微缩型特写，讲的是罢工期间一个汽车工人全家的生活，借此表现出汽车工人整体的生活现状。那么在这个故事中，重点强调的应该是这个家庭与其他家庭所拥有的共性，而不是这个家庭与其他家庭所不一样的地方。

不论是准备哪一种类型的特写，记者还是应该首先撰写一个简明扼要的主题陈述。这时候，他的主题陈述中不仅仅要包括作用和反作用，还要包括他选择的写作对象的主要特征。这些特征要有准确的描述，但是不要把记者的报道空间限制得太小。另外，这些特征也不能太多。

下面就以我1981年撰写的这篇伐木工的特写为例，看看综述型特写的强调重点应该放在什么地方。请仔细阅读这篇文章，我们在后面的讨论中还会用到它。

卡拉马，华盛顿（KALAMA，Washington）——让我们假设你和其他1000人在同一幢大楼里工作，每天这幢楼里都有至少两个人在工作中受伤。有的人伤势严重——多处复合性骨折、肌肉拉伤、跟腱断裂、神经受损、骨盆碎裂——他们可能永远也回不到原来的工作岗位上了。而且每隔6个月左右，一具尸体就被抬进了太平间。

在任何地方，这样的现象可能都会被称为"残杀"，公众的抗议

> 《华尔街日报》是如何讲故事的

声会风起云涌。但是在太平洋西北沿岸的巨杉伐木林里，正如伐木工人出身的作家斯坦·黑格（Stan Hager）所言，这里的生活是"骄傲的宿命"，伐木行业以外的人是不会知道的。被困在地下的矿工能够得到全国媒体的关注，但是对于那些在阴暗雨林中工作的伐木工人，他们突然从树上掉下来时，可没有任何摄像镜头对准他们。

近年来，伐木工人的职业训练和安全保护正在不断加强，这些措施当然有助于保障他们的安全，但是他们的死亡和伤病率依然高居不下——部分原因在于伐木工人从事的是一种传统的行业，他们拥有足以让人毁灭的骄傲，他们时刻面临危险，但是对使用新的设备和技术却非常警惕。

拒绝改变

"他们非常大男子主义，我想象不出还有什么行业的男人，比这些人更顽固地拒绝变化了。"来自美洲国际木工联盟（the International Woodworkers of America）①第3-536地区分会的安全协调员乔尔·亨布里（Joel Hemblee）这样评论说。第3-536地区分会代表的是华盛顿西南地区的伐木工人和锯木工人。乔尔表示，联盟的处境非常尴尬，因为他们推行的措施许多会员都不赞成。"在他们看来，我们就是一帮拼命要把安全往他们喉咙里填的混蛋。"乔尔说。

在森林里，几个伐木工人坐在弥漫着臭袜子、湿毛衣和香烟气味的车子里，埋怨着安全的问题。"他们已经快要把我们打扮成圣诞树了。"来自惠好公司②36岁的霍华德·"蜘蛛"·梅森（Howard "Spider" Mason）抱怨说。霍华德是一名伐木工人，也可以成为切割手。他向我们展示了一副已经被汗湿透了的护膝，法律规定他在工作时必须戴上。另一名伐木工，用一句诗概括了安全工作人员的愚蠢行为："谁来保护我们免于我们的保护？"

即便工人们把所有的安全设备都佩戴上，森林里依然到处隐藏着危险。"对你们来说，这是个不错的地方，"一位联盟的工作人员说，

---

① 美洲国际木工联盟（the International Wood workers of America），1937年成立，成员来自美国和加拿大。
② 惠好公司（Weyerhaeuser Co.），全球最大的林产品一体化公司之一和北美最大的软木生产商。

"但是对我们而言,这是一个黑暗的地方,恐惧的地方,会随时给工人们带来危险的地方。"在林子里,有人被无故倒下的树木砸死;有人被250英尺的高空中掉下来的树枝刺死;还有人被山上滚下来的石头砸伤致残。

森林里也是一个不允许有丝毫闪失发生的地方,任何一点点的失误都可能导致受伤,甚至死亡。在华盛顿的森林里工作的工人一般在1.5万人左右,在过去的3年里,他们当中受伤人次达到2.8万,其中死亡75人。"这是你和树之间的生死较量。"一位木工老手说。

工人们对死亡的威胁淡然处之。"蜘蛛"·梅森不但又黑又壮,而且能说会道("'蜘蛛'在18岁之前就用废了两张嘴巴。"他的同事说),他总能把同事们逗得合不拢嘴,但是说起工作的危险性,他却非常严肃。"你每天到这里来工作,心里很明白,死亡就藏在这一棵棵树后面,"他说,"你的家人也知道这一点。我妻子从来不听我讲述我的工作。但是一个伐木工人必须学会享受危险,否则他就不是伐木工。"

梅森的家族一直都在和森林打交道,和许多其他家庭一样,森林也让他们为自己的爱好付出了代价。森林夺取了他的叔叔、祖父、父亲和他兄弟的生命。美国的森林正在全国范围内掠夺性命,它要那些走进它的人为之付出代价。北卡罗来纳州(North Carolina)的哈耶斯维尔镇(Hayesville)是一个人口300人左右的小镇,在克拉伦斯·斯塔米坦(Clarence Stamey)的记忆中,已经有10位来自这里的乡亲在西北岸树林中丢了命,他本人是国际木工联盟在当地的工会代表。他补充说可能还忘掉了一两个名字。

生命的代价换来了什么?工人之间的患难情谊。

清晨4点,隐藏在卡斯卡达山脉(Cascade Range)绿色山峰里的小镇亮起了灯光。卡拉马、朗维尤(Longview),还有其他一些伐木小镇的灯都亮了。一个伐木工把这些镇子戏称为"三间屋子,两间酒吧"的地方。不一会儿,还睡眼惺忪的工人们登上了他们称为"母牛"的班车,班车将把他们送往工作营地。他们所有人都穿戴着十几年没变过的工作行头:不透气的靴子、长度只到靴子边缘的厚重长裤、工作服、吊裤带(现在没有腰带了),另外还有络腮胡子或者杂乱的髭须。

当黎明到来的时候，链锯的声音已经在森林里回响了。直到太阳下山，工人们才能回家。日短夜长的时候，他们往往天黑后还要工作。在太阳升起和落下的这段时间里，工人们进行着一项美国各行业中最辛苦的体力活。在悬崖峭壁的下面，捆木工正挥汗工作，他们要把重达100磅的绳带结实地捆绑在圆木上，这样山上面的缆车才能通过大约1英寸粗的缆绳把木头拉上山去。肩背着50磅重的传动装置，伐木工在山里爬上爬下，在一人高的灌木丛中，寻找他们的目标。夏天，许多人都会中暑虚脱；冬天，他们还要饱受雨雪的煎熬。

把西北沿岸森林中的伐木工凝聚在一起的，是忍受这种艰苦工作的毅力和愿望。在他们看来，生活在东南部的伐木工人更像是"砍柴工"，因为那里的树木相对矮小、地形平缓、气候也要温和很多。"这里才叫真正的伐木。"一位工头骄傲地说。他所说的"这里"是一片尚未开发的森林，里面还可以找到直径8英尺，高度达到250英尺的巨型花旗松。这片森林往东9英里的地方，圣海伦火山（Mount St. Helens）犹如一面白色的墙壁矗立在那里，她斑驳的山峰在薄雾中若隐若现。

这里是一个男性的社会。几乎没有女性会选择这种要求上肢力气超强的工作，而那些选择了这一行的女性，面对的是无情的大男子主义。曾经有一个工地，来了一位女性捆木工，在下班回家的班车上，一群男人围坐在她身边，不断地骚扰她，这位女子后来只能辞职。一位伐木监工说："谁说女人能和男人们一样——很好，这种想法只会要她们的命。"

同样，在西北部的森林里，也很少有黑人的身影。这里的许多伐木工人都来自南方家庭，他们身上有根深蒂固的种族观念。一位老工人非常认真地说："曾经有一段时间，他们费了好大劲儿弄了几个黑鬼到这里来干活，结果那些人后来还是不干了，我也不知道为什么。"老工人的手臂上都是锯条留下的伤疤。

每一个进入这片森林的人，都会遭遇残酷无情的讥讽和折磨。如

---

① 《小飞象》（Dumbo）是迪斯尼的一部经典动画片。Dumbo一词在英文中还有傻瓜的意思。

果他长着一对大耳朵，他永远都会被叫做"小飞象"①。如果他刚刚结婚，他的空饭盒里会被偷偷放入几张色情图片，好让他的新娘发现。对于新来的人，还有很多折磨：在他的背包中放上石头，惩罚他；让他做一些不必要的琐事，考验他。"软弱的男孩留不下来。""蜘蛛"·梅森说。有一个绰号"酒窝"的男孩惹恼了和他一起干活的老工人，于是后者把他举过头顶，丢下了山坡，让他再也不要回来了。那个男孩果然没有回来。

在这样危险的环境中工作，铲除那些不合适、不舒服的因素是很重要的。杰克·科迪（Jack Coady）是惠好公司（Weyerhaeuser）第六管区的监工，他的管区包括了卡拉马东部14.2万英亩的森林。据他介绍，如果侮辱的程度已经有了几分恶劣的话，往往就是让某人开路的第一信号。一开始，受害者可能只是午饭被破坏了或者衣服被烧了；接下来，可能会有人把他叫到某棵树后面当面斥责；最后，工头就会直接对他说"走吧，我们不想再看到你"。

如果一个人技术很好，却无法和其他人和睦相处的话，科迪先生会直截了当地告诉他，他把事情搞砸了，如果他不能和下一班的工人处好关系的话，他将被开除。坦白直率就是伐木工人的表达方式。"这样很好，清楚地沟通，一对一，"科迪说，"没有绕圈子，没有官话。伐木是一个公开的世界，这也是我喜欢这个行业的原因之一。"

在这片森林里，到处都是曾经被这个行业的危险和痛苦击退，但是又重新回来的人。那种开放而粗糙的同志情谊，那种知道他们在做着别人不敢做的事情的骄傲，让这里的伐木工人找到了其他地方找不到的团结气氛。

格雷格·克鲁格（Greg Kruger），一个身材高大魁梧、一头金发的伐木工，告诉我说："在森林里工作的美丽之处是，如果你干得好，你就能成为任何人，你工作的时候，可以穿着小丑服，也可以穿着晚礼服，只要你愿意。死神会和你开玩笑——但你愿意接受。你属于这里。"

1974年，一块篮球大小的石头从峡谷的哨壁上掉下来，砸到了格雷格的左半身。（当时把他抬出去的一位同事看到他的伤口后，再也没有回到工地上。）现在，格雷格的胳膊上布满疤痕组织，他的身体里还有一块碎裂的盆骨在移动。丧失了部分活动能力的他在第六管区的总部——南方营地的办公室里工作。

对于那些在工作中受重伤的工人，联盟会给他们安排一些工作，尽管这样做很可能是违反合同规定的，因为资历的问题。但是联盟的代表和公司的主管们并不这样看，保持维护联盟中的这份友爱更为重要。对于格雷格·克鲁格来说，他当然希望自己能重新回到伐木工人的队伍里。不过现在，能够待在这里，还有一份好的工作，他已经很满足了。

南方营地正在组织一场小小的竞赛。在210名工人中，每次选30名工人参加竞赛。他们10人一组，被分成了3组。如果他们任何一组能坚持6个月不出任何工伤事故，那么这些工人就可以带他们的妻子一起享受一顿免费晚餐。"看吧，他们永远也不会等到的。"一位工人咕哝道。分组名单还没公布几天，两个组里，共3个人受伤了。6个月的比赛不得不重新安排人员，重新开始。

选中的30个人都是营地里技术最好的伐木工，也是面临死亡危险最大的伐木工。这个营地已经坚持很多年没有伐木工的死亡事故发生了，但是队伍中所有老资格的工人都知道几个为这门吃力的工艺送命的同行。和他们谈话，充满了枯燥而血腥的内容，碾碎的头骨、摔断的背部脊椎、被电锯切掉一半的腿。他们的眼球因为飞溅的木屑而受伤；他们的听力因为电锯的噪音而丧失，这种噪音的幅度远远超过了联邦政府规定的最高限度；而他们手上的毛细血管和神经也因为长年的震动、潮湿和寒冷而被损伤。

安全纪录

这种现象被称为"白手症"，罗伊·帕尔默（RoyPalmer）有很严重的白手症。有的时候，他的一只手会变得像尸体一样惨白，而且完全没有感觉。这种症状很危险，但是罗伊和他的同事们却从来不当一回事。"当你拿电锯干活的时候，你只需要用另一只手把这只手的位置放好就行了。当然，偶尔会发生手被电锯烧着的情况，这要等到手套开始冒烟时，你才能发现。"罗伊半开玩笑地说。

62岁的他已经到了快要退休的年龄了，但他依然是整个营地上数一数二的高产伐木工。他保持着连续27年不受伤的惊人纪录。他周围的人就没有那么幸运了，有人就在他身边死去。一次，一位同事的脚被卡住了，就在这时一根圆木朝他滚了过来，他尖叫着让罗伊把他的腿锯掉，罗伊锯掉了他的脚，两人逃过了一劫。但是，最近的几次灾难，罗伊却没有躲过。

去年，他的手被飞转的电锯割伤。今年7月，他在把一棵倒下的大树锯成规定的圆木尺寸时，又发生了一次意外。当一棵大树被砍倒，倒在不平整的地面上时，树干上会缠绕着许多紧绷着的枝条和藤条。当这些枝条、藤条被砍断后，在原有的巨大张力作用下，它们有的像蛇一样翻腾，有的像鞭子一样上下甩动，打在石头上、树桩上，击碎任何它们碰到的东西。罗伊·帕尔默就是在处理一棵大树时，被这样的枝条击倒了，他的电锯深深切进了膝盖附近的肌肉中，连骨头也被切了一半。

仅仅一个简单的错误，就能够让伐木工人们有几十种不同的死法。因此，每个人都很清楚在工作中集中精力的重要性。加里·特鲁伯（Gary Trople）的伐木数量在直线下降，因为他正在经历一场离婚，他的脑子里都是婚姻的困扰。如果不能够集中精力工作，他是不会碰任何一棵树的。

和其他人一样，他对自己的工作也是爱恨交加。他6岁的时候，就梦想着成为一名伐木工人。"我可以手拿一柄短斧，一斧一斧砍下去，直到把大树砍倒。"他回忆说。但是当他真正开始在森林里工作4个月之后，一根反弹的缆绳把他打到了树桩上，撞碎了他的肋骨，打裂了他的头骨，还把后背脊椎给碎成了三段。"我发誓再也不会回去了，"他说，"但是5个月之后，我就回去了。我曾经在部队里呆了4年，然后发誓再也不回去了。但是这里，我还是回来了，而且干到了现在。"

死里逃生的价值

不久以前，加里经历了一次死里逃生。当时他砍倒的一棵大树在倒下的过程中缠到了另一棵树，被拉弯的大树如同一个220英尺高的巨型弹弓，突然反弹回来，折断的树枝如万箭穿心一般飞向加里，但是加里奇迹般地躲过了这一劫，尽管身上伤痕累累。"多数时候，碰到这种事情肯定必死无疑。"加里的工头，留着浅黄色胡须的伐木工杰克·戴维斯（Jack Davis）说。但他又补充说，如果没有这样死里逃生的经历，有的伐木工就可能错误地认为自己很安全，而这是致命的错误。在他身旁，一位名叫杰里·鲍德温（Jerry Baldwin）的年轻伐木工半信半疑地听着。"如果我能死里逃生，"他说，"我就回家，自己哆嗦一阵儿。"

正是因为这份高额的风险，伐木工人在森林里的工资待遇很高。对于联盟里的工人，好的年头，一年能挣3万美元，而且是按小时付酬。如果是揽私活的伐木工，挣的钱会更多。这种工人为非联盟的承包商工作，他们的报酬完全根据他们砍倒在地的树木的数量来支付，砍得越多，拿得越多。

除了物质上的收入，工人们还有心理上的补偿，那就是征服森林里的巨人所带来的成就感。伐木工总是会记起他们砍倒的那些大树。"把那些大块头中的一个放倒在你想要它倒下的地方，这就足够了，你已经完成了一件在其他地方几乎没人可以完成的事情。"一个伐木工人说。如果干得不好，让树劈开或断裂的话，这块木材90%的价值就报废了。

"起！起！"

在一片原始的小森林中，埃尔默·奥斯本（Elmer Osborne）和保罗·克莱因（Paul Cline）正在砍伐一棵哥伦布发现美洲大陆之前就生长在这里的大树。树干的直径达到了7英尺，高度在240英尺左右。他们首先在准备让大树倒下的方向完成了一个切口，一块厚厚的木楔被去掉了。然后，埃尔默来到大树的另一边，从反方向开始砍伐，直到最后，这个支撑着数百吨重的庞然大物的根基，只剩下了中间的一点木头。大树失去平衡，吱吱作响，开始倾斜，埃尔默大喊一声："起！"巨大的杉树慢慢倒下，"轰"的一声震得整个大地都在颤抖。这是一次和平的倒地，完好无损的木头可以多卖大约6000美元，在零售商那里，它的木材价值会更高。"我会记着这根的，这根很不错。"埃尔默大笑着说。丝毫不在意，就在一个小时前，一棵160英尺高的大树倒错了方向，差点要了他的命。

这种砍伐巨树的情景很少见了。在大型木材公司购买的林地里，这种原始森林里的巨树正在变得越来越少。在那些曾经是原始森林的地方，现在变成了一些怪模怪样的树林，这里的树和原始森林里的树相比毫无生气，它们的高度、厚度和种类全部都一样，都是人工种植的。它们永远也不会被允许长成那种古老的巨树，因为这样不符合经济效益。在这样的树林里伐木比在原始森林里安全很多，因为这里不会有因为被腐蚀而突然倒下的树木，不会有顶端树枝纠缠在一起的树木，也不会有长歪了的树木。但是伐木的魅力也随着那些自然森林的消失渐渐消退。

"这就是为什么我要给我砍倒的大树照相，"杰克·戴维斯，工地的工头说，"这样孩子们以后就能知道真正的大树长得什么样。总有一天，当你告诉这片林子里的人，这里曾经有过直径10英尺的巨树时，他们会大笑不已。"

在这篇故事的主题陈述中，我仅仅强调了两个主要元素：

- 伐木是所有职业中最危险的职业之一。
- 从事这项工作的人，因为这些巨大的危险，而形成了独特的工作团体。

在这篇文章中，读者不会了解到伐木工作美好的一面，不会知道伐木工人和其他人一样，也有妻子、有儿女、有抵押贷款，也不会知道伐木工在整个森林产业中的地位，还有其他许多可以涉及到的事情，这些信息都不是这篇文章的重点。通过省略或简述这些信息，我们把更多的笔墨花在那些导致伐木工作与众不同、独一无二的细节上——他们在森林中所要面临的各种危险和死亡威胁，以及他们建立的那种奇怪的工作友谊的具体价值和表现。如果这篇文章有一种感染人的力量，那么这种力量正是来自于我对以上两个方面的高度关注。

报道方式

常见问题 假设有这样两位记者：一位是懒惰的机会主义者，总是期望能够用简单的方法找到好故事。一看到某件事情的发展有了写特稿的机会，就立刻想弄一篇微缩型特写出来。他靠打几个电话，收集一些一知半解的外部信息，在写作对象的身边呆上几天，就算完成了整个故事的构思。

他的同事，虽然天资不如他，但却是一位喜欢刨根问底的记者，一个靠事实说话的人。他习惯的是经典的综述方法，把不同地方的大量信息汇集在一起，而不是仅仅关注于某一点。这样做符合他做记者的个性。

有些故事，这两位记者都能做得很好。但还有些故事就不同了，因为两位记者习惯采取的报道模式并不适合于所有的故事。我们该选择什么样的报道方式，应该取决于故事自身的类型，而不是记者的喜好。

解决办法　把每种报道方式的优点和缺点都列举出来，然后选择最可能让你的选题获得成功的方法，而不是让你感觉比较舒服的方法。

下面是这两种报道方式的一些优点和缺点：

微缩型特写的报道方式

优点　采用微缩型特写的报道方式，是给读者提供了融入到故事中去的机会。通过关注一个简单的对象，记者可以把复杂、抽象的信息变成具体、形象的例子，让读者看得见、抓得着。而且，故事的对象是完整全面的。在综述型特写中，读者没有这样的机会去如此深入地了解一个人、一个机构或者一个地方。最后，微缩型特写在结构上更容易组织，因为它有一条埋好的主线（故事报道对象），能够把分散的元素串在一起。

缺点　但是，微缩型特写也有缺点，而且是非常大的缺点——如果选择的报道对象不能引起读者的兴趣，结果将是可怕的。

有的人虽然能干有为、端庄正派，但却是个很无趣的人，连他们的妻子看到他们也要打瞌睡。有的地方或组织机构非常无聊，连他们自己人都觉得麻木，更不用说陌生人了。粘上了这样的"柏油娃娃"①，即便是最优雅的记者也会不顾风度地逃走。

---

① 柏油娃娃（Tarbaby），美国俚语，实际上是指无法从中解脱出来的情况或问题。源于作家乔尔·钱德勒·哈里斯撰写的童话故事《布莱尔的兔子和柏油娃娃》。

即便微缩型特写的对象是一个非常合适、五光十色的人物，他依然可能是错误的对象。比如说，一位芝加哥的记者想做一个因为政府取消了高粱的价格补差政策而使农场主遭受打击的故事。一位来自美国农场局（American Farm Bureau）①的信息源告诉他，补差取消对农民们的打击是真实的、普遍存在的。嗅到了微缩型特写的好材料，我们的记者立刻寻找在堪萨斯城（Kansas）的信息源，希望对方能为他提供一些受害的农场主的资料。在经过几天的努力后，他终于联系上了一些农场主，然后他选择了一位口才最好、合作态度也最好的人作为采访对象。这位农场主听说记者要来采访后，非常高兴，并且十分欢迎记者前往农场采访。因为农场主明白，人们对于华盛顿的那些笨蛋做的蠢事知道的越多，对于农场主的可怜境况知道的越多，形势对他们就越有利。于是他在电话里对自己的遭遇引经据典、大肆渲染。

几乎已经口干舌燥的记者，立刻向老板汇报了故事的大致内容，并获得了出差采访的许可。他订好机票，填好经费开销单，从会计那里领了差旅费，然后回家告诉妻子。这些事情花了他整整一下午。第二天早上，他花了一个半小时开车到奥黑尔机场（O'Hare），因为飞机晚点，他不得不等了很长时间。在抵达了堪萨斯州中南部的威奇托市（Wichita）后，他拖着行李来到赫兹租车公司（Hertz Rental）②，然后驾车200里来到西巴姆斯特德（West Bumstead）的高粱产区，一头倒在了华美达酒店（Ramada Inn）③的床上。第二天早上，他来到采访对象的农场，这里感觉像是"巨人"居住的地方。

金黄的麦田里矗立着一幢带有大理石立柱的别墅。几尊爱神的雕像围绕着抽油泵底端的平台。一辆梅赛德斯轿车正停在车道上，还有一架塞斯纳小型飞机停在后面。农场的主人大步流星地走上来欢迎他，脚上穿的是一双价值450美元的蜥蜴皮做的靴子。

---

① 美国农场局（American Farm Bureau），由美国各地农场共同组成的一个独立、非官方的志愿者组织，主要工作是维护农场主利益，促进美国农业发展，协调农场主与政府之间的关系。
② 赫兹租车（Hertz Rental），世界上最大的车辆租赁公司。
③ 华美达酒店（RamadaInn），美国著名的经济连锁酒店。

农场主很迷人，能说会道，对于高粱的一切了如指掌，而且富有得如同"克利萨斯"（Croesus）①。他在种植高粱上的收益并不好，但他在其他方面收益都不错。他种的小麦，价格在不断上涨；他投资的房地产利润也不错；而且他的土地上有石油这样的宝贝；而他开办的购物中心，又给农场里的其他产品带来了密不透风的免税保护伞。

这算是遭殃吗？这算是困境吗？再见吧，好故事！

教训是明显的：微缩型特写的对象必须经过仔细的检查，以确保它们不但不会让读者厌烦，而且，它们必须能够代表记者希望它们代表的。微缩型特写的一半工作可以说都是在寻找合适的写作对象。即便考虑了许多方面，依然还会有危险的地方。

综述型特写的报道方式

如果记者采取另一种特写形式，他就能够缩小这种风险，这就是"综述型特写"。采取这种写法的记者，不会把所有的宝都押在一个农场主身上，相反，他可能会选择整个西巴姆斯特德——美国高粱产带上的一个农场小镇，作为他的写作对象。他一定能在这个镇子找到适合他的故事的农场主，而且他还可以在故事中涉及到其他一些方面——比如变革对当地经济和居民心理的影响。在这样的故事中，记者的报道平台依然很小，依然能够让读者产生亲近感，但是他失败的几率大大降低了。

优点 综述的方法让记者不会局限于某个单一的对象，这种多管齐下的方式当然要安全很多，而且还有其他许多值得称道的品质。这种方法能够让作者有最大的报道空间，挖出好故事的可能性也更大；而且还能让故事的节奏变快，有更多新闻的味道；记者可以从一个农场到另一个农场，从一个小镇到另一个小镇，在快速连续的段落中加入更多不同的元素。只要处理得好，综述的故事往往会有微缩型特写所缺乏的活力。

缺点 但是，在撰写综述故事时，最好能建立一个广泛的基础，否则的话，记者很可能面临材料不够的情况。另外，为了避免重复，综述中应该包括多种不同的影响和反应。如果消费者对猪肉的消费正在

---

① 克利萨斯（Croesus），吕底亚王国的末代国王（560–546年），因富有闻名。

减少，而与此同时，一种新的病菌正在危害活猪的健康，养猪的人一定陷入了困境。但是如果他们还没来得及做出反应，记者就匆匆进行综述报道的话，这很可能是一篇信息重复、语气单一的综述，这比全国范围内死猪数量的清单和令人厌恶的资产负债表也好不到哪儿去。在这种情况下，我们更推荐选用微缩型特写的报道方式。相反，如果养猪的人已经做出反应、采取行动的话，比如退出养猪行业，到农业部游行抗议或者饲养拥有免疫能力的猪，综述型特写将是更合适的报道方法。因为所有这些行为，仅仅靠一个养猪者是肯定完成不了的。

报道角度

一篇采用错误角度撰写的报道，总是会被编辑粘贴在公告板上或者在同事中传阅，成为大家的笑柄。有的时候，这样的报道也会不小心见于报端，成为读者的笑料或痛苦。下面这篇报道就是一个例子，这是《华尔街日报》对"波士顿陌生人"的报道，有关这个20年前在马萨诸塞港湾（Massachusetts Bay）谋杀和强奸妇女的歹徒的故事，曾经在全国范围内轰动一时。《华尔街日报》竭力想用自己的风格来报道这个故事，结果证实这是一个致命的错误。

仅从题目上，就能看出这一点：

| BOSTONSTRANGLINGS MAKEPEOPLEWARY OFDOOR-TO-DOORVENDORS | 波士顿掐人恶魔 让人们警惕 上门推销员 |
| Fuller Brush Sales Decline; Insurance Men Turned Away; Taxisand Locksmiths Busier | 富勒毛刷销量下降 保险推销员被解雇 出租车和锁匠生意兴隆 |

《华尔街日报》之所以会有这么奇怪的报道，大概是因为他们不喜欢去描写那些血肉淋漓的犯罪情节。这家报纸长期以来一直坚持认为，任何发生在腰部以下的事情都是没有新闻价值的，这种报道

立场已经被变化的社会观念所腐蚀，但依然没有消失（在掐人恶魔的报道发生几年以后，《华尔街日报》又发表了一篇关于输精管切除术正在盛行的报道，一位令人讨厌的编辑把文章中具体介绍这种手术的文字全给删掉了，只能让不知所云的读者自己去猜想手术会涉及身体的哪个部位）。

常见问题1. 《华尔街日报》也许只是想给这个受全国关注的新闻寻找一个新的报道角度。但是他们这种寻找新的报道角度的方法，只能把一个戏剧性很强的悲惨案件变成一篇影响甚微、枯燥无味的商业文章，让报纸成了公众的笑柄。

为已经有了大量报道的故事寻找新的报道角度并没有错，除非新的想法否定或打乱了故事发展的连续性，把悲剧变成了喜剧，把普遍变成了庸俗，把甜蜜变成了辛酸。

常见问题2. 不过，还有一种更容易犯的错误，就是完全没有角度。当这样的情况发生时（而且这种情况经常发生），故事就成了翻白眼的死鱼。尽管故事中，事实、数据、引语应有尽有，但是挑剔的读者还是会觉得在一本百科全书中也能获得同样的信息。写这种报道的记者，不是没有发现和发展出能够引导全文报道角度的戏剧点，就是对于他正在报道的新闻不愿意表态。

我强调报道的角度，并不是说要把报道都变成社论，变得立场鲜明。我这里说的是故事要有强调、有重点。换言之，记者在报道一件事的两个对立面时，可以设身处地地站在双方信息提供者的角度上来思考，在写作的过程中表现一点他们的感情。

解决办法 用小说家的思维来构思你的故事想法，寻找故事中潜在的喜剧、悲剧、讽刺或冲突因素，在采访和写作过程中重点强调这样的因素。尤其要重点关注故事主角和对手之间的紧张关系，要记住主角和对手并不一定都是个人。

在我那篇伐木工的故事中，具有典型特征的伐木工是故事的主角，但是他的对手，不是某个人，而是险恶的森林本身。在冲突的对立面确定成森林之后，我在写作的过程中，很自然地就会把其当作一个充满活力的生动事物来描写。这两种力量斗争的结果就是戏剧性。如果没有把森林放在对立面上去描写的话，故事的戏剧性将大大减弱。

　　在开始采访一个故事之前以及整个报道过程之中，你都要考虑你自己对于这个故事的感觉。如果你对故事的主要方面或者发展情况感到可笑、怀疑或者愤怒的话，试着明确是什么因素导致你产生了这样的感觉。跟着你的感觉走，记住你对它们的分析，因为这些感觉将很可能把你的报道和写作引入你没有预料到的新领域。如果你自己对故事或故事里面的人物都没有强烈的感觉，那你怎么能够指望读者对这样的故事产生感觉呢？

　　最后，对于几乎是所有人都相当重视的人或机构，你应该保持一种健康的怀疑态度。这种立场在报道商业、金融机构和政府部门时，尤为重要。因为如果一位记者在报道这些大机构时过于老实，他很可能会被对象的重要性所威慑。在这种威慑的作用下，他撰写的报道仅仅局限在那些高楼大厦内部，而与高楼大厦外面的芸芸众生毫无干系，这样的报道不仅冗长乏味、缺少人性，也会把事情越说越复杂，让读者越看越糊涂。相反，如果他不是从仰视的角度进行报道，他将有可能把那些不必要的复杂材料消减成清楚简单的内容，同时消除报道对象身上神话的光环。这样的光环在报道中多数是用不上的。

　　我们大家都可以向斯坦·弗雷伯格（Stan Freberg）学习，这位滑稽演员出生的广告人，经常会拿自己客户的产品开涮。一次，同行们纷纷谴责他在广告中毁坏了太阳糖业（Sunsweet）①果脯的名誉，而他则说："有什么嘛，这不过是一种果脯，又不是什么圣杯！为什么不能开个玩笑呢？"聪明的故事讲述者会把这句话当作箴言铭记。

---

① 太阳糖业（Sunsweet），世界最大的西梅食品加工企业。

第 3 步

让故事吸引人的元素

★ 曾经有人说，在《读者文摘》上刊登的最理想的故事，应该叫这样的标题：《我在 FBI 工作时如何与狗熊发生关系并找到了上帝》，这个故事确实不错，包括了许多具有高度戏剧性的元素。

★ 如果记者能够深入到双方的底层去挖掘信息的话，他的故事将拥有一种强烈的市井特质，这是坐在办公室里的人永远无法提供的。

★ 我发现好的作家一般都会使用三个证据来说明观点。

★ 太多的记者都没有把他们自己看作是讲故事的人，而当成了其他人，比如律师或学者。

曾经有人说，在《读者文摘》(*Reader's Digest*)上刊登的最理想的故事，应该叫这样的标题：《我在FBI工作时如何与狗熊发生关系并找到了上帝》(How I Had Carnal Relations with a Bear for the FBI and Found God)。这个故事确实不错，包括了许多具有高度戏剧性的元素，我们刚刚已经知道，这样的元素对于任何故事都是相当有用的。

唉，但是生活中哪有那么多狗熊和FBI（美国联邦调查局）的故事呢？记者们一辈子能碰上四五个这种具有较高关注度的戏剧性冲突，就已经相当幸运了。好在除了这些元素以外，他们还可以依靠一些其他元素，这些元素也能让他们的故事变得趣味十足。现在，就让我们粗略地介绍一下这些元素。

时　间

这是一个最容易被忽视的元素。作为记者，我们总是停留在现在进行时中，这就是我们所属的时态。尽管有的时候，过去和未来在我们的故事中也是相当重要的组成部分，但它们往往都被忽视掉了。如果我们能够抓住过去和未来，我们的故事内容就得到了延展，就会有更多的读者喜欢。因为我们在故事里为读者搭建了一条时间隧道，身处其中的他们不仅可以回头追溯故事的根源，也可以向前展望明天的可能影响。

在有些故事中，过去是一个相当重要的时间点。过去发生的事情可以主导记者在报道中的态度，从而为整篇文章的语气定下基调，正如我在这篇有关当代登山人的故事所展示的：

石泉城，怀俄明州（ROCK SPRINGS, Wyo.）——1906年，亨利·里斯·米歇尔（Henry Reese Mitchell）离开密苏里州（Missouri）的一个小农场，和他的家人一起向西跋涉，穿过了大片长满鼠尾草的草地。他在石泉城北面购买了160英亩土地，但他之前并没有亲眼见到这片土地，他期望着在这里开拓新的生活。

然而事与愿违，展示在他眼前的并不是梦想中的肥沃田地，而是一块十分贫瘠、灌木丛生的荒地。儿子菲尼斯（Finis）清楚地记得母亲费伊（Fay）见到这块地后，抽泣着恳求父亲："里斯，我们回去吧。"而父亲却说:"不行,你不能这样空手回家。"

于是他们艰难地留了下来,四周是风河山脉(the Wind River Range)①的青山碧水。他们过着荒郊野外的生活,在大山脚下的树林里砍木头,猎捕麋鹿作为食物。1908年,年幼的菲尼斯与父亲一起外出打猎。途中,父亲派他当侦察兵登上了一个小山坡,这是他生命中登上的第一座山峰。突然间,他眼界大开,庄严的风河山脉向他敞开怀抱,在长达100英里的大陆分水岭(the Continental Divide)②两侧绵延着225万英亩的山地。"我当时就爱上这些山脉。"菲尼斯后来回忆说。

来日不多

多年以后,这种迷恋已经发展到了痴迷的状态。菲尼斯发誓要攀上怀俄明州所有的高峰。几十年来,只要遇到周末和假期,他就会背着76磅重的行李,消失在山野之中。一次外出攀岩可以长达17天。现在他已经征服了这里250座山峰中的近200座。

现在,他已经78岁了,满头白发,带着老花眼镜。他的膝盖有伤病,他的时间也已经不多了。但他对攀岩的热恋却丝毫未减。他依然一次次穿着带钉的攀岩鞋,带着冰镐和绳索,穿越冰河;他依然一次次地消失在大山之中;回来后,他依然津津有味地给朋友们讲麋鹿和大角羊的故事。自从1967年从铁路机务段运转主任的位置上退下来后,他有了更多的自由时间从事他真正感兴趣的职业:登山。

菲尼斯·米歇尔先生是一位脾气暴躁的人,但他的经历中充满故事,而且他也是位很有主见的人。对于后面两点,他津津乐道。(有时,51岁的妻子会说:"菲尼斯,你又在胡说八道啦!")有一次,一家户外运动杂志邀请他撰写关于他自己的文章,他洋洋洒洒地写了一长篇,害得编辑们不停地跟他解释,只是让他写篇短文,而不是让他把一本杂志的内容全包了。但就是这样一个人,在谈到吸引他攀登那些高峰的原因时,表现却大不一样。

"从我第一次看到它们时,我就感到它们才是我真正的归宿,"菲

---

① 风河山脉(the Wind River Range),美国怀俄明州的大型山脉。
② 大陆分水岭(the Continental Divide),指北美洛基山脉上的一道想象线,该线把大西洋流域和太平洋流域区分开来。也可直接指洛基山脉。

尼斯简单地用一句话回答了问题，"有什么地方能让一个人那么近地接触天堂和造物主，而双脚还踏在人间的土地上？"

如果时间倒退到19世纪，菲尼斯·米歇尔将是一帮特立独行的人中的一个。那时，诸如约翰·科尔特（John Cloter）、吉姆·布里杰（Jim Bridger）和杰迪代亚·史密斯（Jeddiah Smith）[1]这样的捕猎手和探险家们首度踏入了云雾缭绕的西部山脉——并在那里找到了一种独特的美丽和幽静，以至于他们甘愿把自己的一生都奉献给这些高山。到了本世纪，这样的人依然存在，诺曼·克莱德（Norman Clyde）[2]就是其中一位。他的一生几乎都在内华达山脉（the Sierra Nevada）[3]里过着幽静的生活，他的身上总是背着一个超过了100磅的巨大行李包，这个行李包里装满了有关希腊语和其它语言的书籍，就像一个活动的图书馆一样。

一部分景色

米歇尔先生不懂希腊语。他甚至不知道中学校园是什么样的，他从来没空进去，他要忙着给轨道车涂抹润滑油，这个工作可以让他每小时挣到17美分。他从来就不是一个真正浪迹天涯的登山者，他每次的冒险行程，总是从一个温馨的小屋开始，这个小屋子里到处都是他的纪念品。他的妻子，埃玛（Emma），就是在这里出生和长大的。很少有登山者像菲尼斯·米歇尔那样，用一生的时间去关注一处山脉，他对于风河山脉的执著态度是其他人很难相比的。

这个身高6英尺，嗓音嘶哑，长着桶状胸[4]，带着宽边帽，身着红色羊毛衫和工装裤的老人，已经成了这片风景的一部分，他的足迹在这里绵延15000英里。1975年，他撰写了一本关于攀登这些山峰的权威指导手册，结果有成百上千的登山爱好者写信向他寻求建议，他花了整整一个冬天的时间给他们回信。

---

[1] 三位均是19世纪美国著名的登山运动家和探险家。
[2] 诺曼·克莱德（Norman Clyde），美国著名的登山运动家和摄影家。
[3] 内华达山脉（the Sierra Nevada），美国加利福尼亚州东部的块状花岗岩山脉。
[4] 桶状胸（barrelchest），即胸廓较正常人圆，前后径与左右径相等，胸廓呈圆桶状。常见于支气管哮喘、气管炎、慢性支气管炎等所致的肺气肿患者。

《华尔街日报》是如何讲故事的

美国地质调查所的一位专家称菲尼斯为"风河山脉地形的权威掌握者"。在调查所的请求下,他帮助他们给这里的冰河、山峰、湖泊命名,还帮助他们把原来地图上标错位置的一处山峰放在了正确的位置上。如今,许多钓鱼爱好者都会来到风河地区钓鱼,这一切也要感谢米歇尔先生一家。20世纪30年代,在经济大萧条的影响下,菲尼斯丢掉了工作,于是他决定在山里开设一个养鱼基地。他和妻子把250万鲑鱼苗运到了高山上。现在风河地区的鲑鱼都是这250万鲑鱼苗的后代。

菲尼斯还是一位出色的摄影师。为了记录他走过的每一寸土地,他拍摄的相片多达10万张,仅相机就报废了20多台。他拍摄的许多照片都发表在了户外运动杂志和政府刊物上。照片中有不少都是群山环绕、野花遍地的风景,他本人并不喜欢这种地方,拍摄这种照片只是为了讨别人喜欢。

他个人真正喜欢的,是林木线①之上的土地,那些崎岖不平、冰冷陡峭的地方。这是一个赤裸裸的世界,一切都是灰蒙蒙的,只有冰川在吱吱地呻吟着。冰河百合孤独地盛开在辽阔冰河融化了的边缘地带,提醒着人们下面是一个枝繁叶茂的世界。只有在这样的高度,菲尼斯才能找到真正的满足感。"这里的方方面面都很适合我,"老人说,"你可以真正感受到自身的渺小和微不足道。"

这里同样是一个危机四伏、变幻莫测的地方。1975年,他在一个冰川上被一条冰雪覆盖的裂缝绊倒,膝盖严重扭伤,肿胀的膝盖鼓出了一大块,他不得不把膝盖周围的衣料撕掉,然后一瘸一拐地回到了林木线以下。在那里,他从两棵小树上砍下了几根粗树枝,做了一副拐杖,然后蹒跚行走18英里,才回到家中。还有一次,在攀丁伍迪冰川(Dinuoody Glacier)时,他踩到了一块松动的岩石,从200英尺高的地方摔下来,幸好掉到了一片柔软的雪地上,才安然无恙。就是这一次,他真正感受到了大山的恐怖之处。

"但是这些经历让我长了见识,"他说,"现在我在大山里做出的决定和判断都是非常严谨的。"对于自己的身体条件,菲尼斯也是洋洋得意。他从不接触烟酒,从来不吃辛辣的食物,从来不吃高于体

---

① 林木线(timberline),山区林木生长的最高上限。

温太多的食物。"舌头是胃的守卫者,我不会把任何可能导致胃不舒服的东西放到舌头上。"他大声宣布,面前一盘热腾腾的中国菜已经开始冷却凝固。

这种节制的饮食换来的是每分钟50下左右的心跳,这种专业运动员才能具备的心脏,让他可以和年轻的登山者在大山里玩游戏。当向导的时候,他总会大步流星地走在前面,并和后面的人保持距离,每当其他人要追上他时,他就会加快步伐。最后,他总是能把其他人远远地抛在后面,然后站在一个显眼的位置,愉快地等着其他人气喘吁吁地赶上来。

他对野外生存用的各种器物不屑一顾,那些冷冻的食物华而不实("至少比它们原本的价钱贵4倍"),上百美元一双的靴子他从来不穿。他的靴子是在J.C.彭尼(J.C.Penney)①买的。他从来不在途中烹调食物,只吃从杂货店里买来的干粮。他对野营的地点从不挑剔。"一个小伙子曾经问我晚上在哪里露营最好,"米歇尔先生气呼呼地说,"你说我该怎样回答这样的问题?走到哪里太阳落山了,哪里就是你的家。"好多次,当太阳落山时,他所处的地方连躺下的空间都没有,他坐着也能睡一夜。

年龄的增长让他的荣誉越来越多,他的清静也越来越少。他已经拥有了一座以他的名字命名的山峰,还有一个大学里的荣誉学位。陌生人会找上门来,要和他一起去登山,或者让他讲述有关大山的神秘故事。令人吃惊的是,他所做的一切都是免费的,尽管他完全可以收取服务费用。

"什么,这片荒野本来就属于人们,干吗要让他们付钱才告诉他们?"他说,"我希望他们来,所有人都来。曾经有一对来自伊利诺斯州(Illinois)的登山者,他们从山上下来后,发现有人在他们布满灰尘的车窗上写了几个字'回家呆着去',这很不好,这是自私的,很自私。"

不仅如此,他对于周围的许多丑陋现象都感到失望和气愤。石泉城,作为主要的矿产地,已经被能源开发破坏得伤痕累累;大型卡车带来滚滚尘土,输电塔在被推土机破坏的丘陵和平原上比比皆是,铝皮打

---

① J.C.彭尼(J.C.Penney),美国的大型百货零售商。

造的活动房屋撒满了荒瘠的土地。"我们的颤杨（quakingaspen）[①]已经不像以前那样鲜绿了，"老人边说，边往窗外望去，"我以前在沙漠里能够看到100英里以外的地方，现在再也看不到那么远了。人们正在加快自我毁灭的步伐。"

幸好，他喜欢的那些地方，那些高耸入云的冰川地带，还和以前一样——但是他还能登上来几次呢？万一他在林木线之上出了什么事怎么办？埃玛·米歇尔，这位从来不爬山，并且很早就学会了和大山分享自己丈夫的女人，是个听天由命的人。"我曾经担心过，"她说，"但是如果上帝真的需要他在上面，我想他可以留下他。"

米歇尔先生自己也承认，自己的动作正在明显减慢，对于他来说，那些山坡也变得比以前更加陡峭了。但他十分确信，造物主不会和他开这么卑鄙的玩笑，至少不是现在。"我想我大概可以坚持到90岁。"他最后补充说。要真是这样的话，他还有12年的时间，还有20座他没有登过的山峰在等着他。

如果我们仅仅简单地把菲尼斯·米歇尔看作一个迷恋于奇异行为的怪人，故事会变得非常简单。但是他从小的亲身经历，以及那股来自大山的吸引力，决定了我们的故事将选取一个与众不同的视角。这股力量让最早的白人捕猎者在第一眼看到大山后就为之深深倾倒。米歇尔不是一个怪异的人。他是一代代登山人传承下来的、尚未破坏的历史的一部分。如果忽略了这个元素，不管把这个人物描写得多么细致，他看上去都会像个疯子一样。这样的描述不仅是没有感觉的，也是不准确的。

与故事相关的历史数据，还能让我们对于现在的故事有更多的了解，就像前面提到的墨西哥移民的故事一样。如果不知道半个多世纪之前的克里斯特罗斯起义，我们就不可能完全清楚把人们源源不断地推向北方的动力到底是什么。正是这场起义所导致的结果，促使那些失去土地的人前往边境。

最后，历史材料有时还能产生出优秀的导语。下面这个有关科罗

[①] 颤杨（quakingaspen），一种北美洲的落叶树，长有宽大的、卵圆形的美丽叶子。

拉多河（Colorado River）①的导语就是这样描写的：

黑峡，内华达州（BLACKCANYON，Nev.）——早在一个多世纪之前，一位名叫约瑟夫·克里斯马斯·艾弗斯（JosephChristmasIves）的年轻军官，带着一支探险队沿着科罗拉多河顺流而下，开始了探险路程。他被这里深邃的峡谷和狂野的河水阻断了去路，后来他说："我们的探险队大概是第一支，毫无疑问也将是最后一支，来到这个不毛之地探险的白人队伍了。"

艾弗斯少尉真是一位令人讨厌的预言家。

这个不毛之地就是后来的拉斯维加斯（LasVegas），故事接下来告诉读者这个现代的沙漠文明，是如何依赖于一条大河的资源建立起来的，而这条大河现在已经不堪重负。如果说，过去能够照亮现在，那么未来就能给故事带来延伸感和期望。只需简单地问问故事的当事人和观察者他们认为将会发生些什么，我们就能够为读者勾画出一幅有关未来的图画。

但是这个机会往往被那些偷懒的记者忽略了。他们因为无法从智囊团、政府机构或其他专家那里获得一个正式的预测，就以此为借口放弃了进一步追寻的机会；他们以为如果专业的预测家都不说话，那么未来就没有什么值得报道的内容了。他们错了，专家们并没有把能够预测未来的水晶球据为己有的权力。

因此，除了向农业部的统计学家和经济学家咨询普通农民的未来以外，记者还可以直接询问一位普通农民，问问他觉得自己的未来会如何。身为当事人，他自己最清楚自己的问题和机遇在哪里，他是这个行业中最可信的预测家。

如果有可能，在故事中加入对未来的预测还能够给作者带来另一个好处——与其他材料相比，有关未来发展的材料往往是结尾的最佳选择。我们会在后面的讨论中看到这一点。

---

① 科罗拉多河（Colorado River），美国西南部一条河流，发源于落基山脉，流程约2,333公里，途经壮丽的大峡谷。

范　围

我们前面已经讲过，如何通过搭建围栏的办法，确定故事的报道范围，把一个内容庞大、涉及到多个方面的故事削减到合适的范围之内。现在，我们就要开始考虑如何在这个报道范围之内，去处理故事的内容。我这里所说的"范围"，指的是为了让故事的内容得到全面可信的报道，一个记者在工作中所必须接触到的信息，以及他必须考虑到的事项。在一篇有关某事件的普通报道中，这样的元素包括：数量、地点、多样性和强度。

当一名记者强调数量的时候，他试图让读者对于事情的发展程度有更形象的了解。他可能会运用数字，但也可能使用引语或者其他有关数量大小的事实性信息。记者这样做是为了回答读者心中最普遍的一个问题：这事到底有多大？

在强调地点的时候，记者试图让读者了解事件发生的区域。是地方性的，还是全国性的，或是全球性的？是遍及整个行业的，还是有关某个公司的？它的影响有多广泛？在这里，记者要回答的读者的问题是：在什么地方发生的？有什么样的影响？

我们多数人对于数量和地点的处理都非常熟练。如果真的存在医生短缺的现象，我们会立刻去调查到底需要多少名医生，以及各个专业所需要的具体医生数量。我们会去寻找受影响最厉害的地区、省市、城镇或机构。如果我们没有这样做的话，编辑们也会立刻告诉我们应该这样做。

但是对于后面两个元素，往往就没有那么高的关注度了。在强调多样性的时候，我们希望能够展示事件所呈现的不同方式；在说到强度的时候，我们其实是在试图描述一种"程度"，那些被涉及到的人、地方和机构，它们到底参与得有多深，它们受到了什么程度的影响。要把这两点说清楚，我们往往要依靠主要当事人的经历体验，而这些人正是整个故事结构中最底端、最基础的人物。

比如在墨西哥移民的故事中，当我们看到一个小城镇里，因为缺少壮年劳力，不得不把城外的老人运到城里来工作时，我们对于移民的状况有了更全面的看法。我们也看到了导致这种移民潮的贫穷的影响范围，这种影响不是通过抽象的数据表现出来的，而是通过一个贫穷的家庭，穷得连小鸡都喂不起的事实体现出来的。把这些点滴的瞬间定格后综合在一起，就为故事带来了多样性和强度。

对于特写来说，范围这个概念似乎有些矛盾，因为特写本身已经相当具体，但是如果从更广泛的意义上来看，二者并不矛盾。虽然特写的关注对象可能仅仅是一个人、一个地方或者一个机构，而我们的报道也只会涉及到众多相关层面中的几个突出层面，但我们还是要为这样的报道划定范围，还是要在报道中让每个层面都得到最充分的展现。

在伐木工的故事中，这种工作的危险性是我们要涉及的一个主要层面。看看我们用了多少笔墨来突出这一点：完全意外的事故如何给人们带来伤害和死亡，一个微小的疏忽又会给工人带来怎样的伤害和死亡，全国范围内的死亡率和受伤率，一个小镇和一个家庭的悲剧，职业病和疲劳因素等等。所有这些信息为我们画出了一个范围，说明了这种工作的致命危险性，而这个范围正是通过展示工作的危险程度（强度）和危险的多种可能（多样性）体现出来的。

变　化

好故事的这种品质可以通过两个途径来实现：

1. **提供不同类型的信息源**。即便是刚入行的新手，也知道应该从事情的正反双方去寻找信息源。但是他可能很少会去考虑这些信息源的可信度——他们是当事人，还是观察者；如果是当事人，他们离事件的中心到底有多近？如果没有这些考虑，他的故事很可能会变成办公室官僚喋喋不休的争论。这些官员、政治家、行政人员、智囊团和其他在某个方面与故事有联系的人，其实都是高高在上并没有直接参与到故事之中的人。这样的人当然要少用。不仅如此，如果记者能够深入到双方的底层去挖掘信息的话，他的故事将拥有一种强烈的市井特质，这是坐在办公室里的人永远无法提供的。哈尔·兰开斯特（Hal Lancaster）在下面这个有关保险欺诈的故事中就是这样做的。

| 《华尔街日报》是如何讲故事的

洛杉矶（LOS ANGELES）——酒吧里的这个男子是一家大公司的人事主管。他外表干净整洁，如同一杯清水朴素平常，毫不引人注意。这样的形象非常有助于他从事自己的副业——通过填写虚假的索赔保单来诈取保险公司的保险费。

他叫W.T.斯特德（W.T.Stead），这并不是他的真名，而是该男子在本篇报道中的化名，取自于电影《泰坦尼克号》里一位不幸的乘客）。这是一个非常善于经营副业的人。据他自己估计，在过去几年里，他已经从不幸的摔跤（从15阶的楼梯上摔下来）和各种交通事故中获得了大约6万美元的收益。他并没有为自己的行为感到愧疚。"我是一个十足的共产主义者，"他说，"如果你投保的保险公司十分富有，愿意支付那么多美元，那就让人们尽情享用吧。"

如果超级市场的地上有一颗葡萄，斯特德先生看到了，会立刻当着一群证人的面，踩着葡萄滑倒，做出腰脊椎拉伤的痛苦表情。超市的保险公司会送给他一张慷慨的支票，减轻他的伤痛。如果有一位心不在焉的母亲，开着一辆坐满了孩子的旅行车行驶在圣莫尼卡（SaintMonica）的高速公路上，斯特德先生看到了，将会把车开到她前面，然后突然改道，试图制造一场追尾事故。当然，这是非常轻的碰撞，不过他的颈椎被过度屈伸损伤，非常严重。

三次入土

像斯特德先生这样的保险诈骗高手早在18世纪30年代，就开始折磨着保险行业了。当时，一位伦敦的妇女三次制造自己的死亡，以骗取保险公司的保险。诸如此类的诈骗造成的损失是巨大的。但是没有人知道这些"诡计家"（我们对这些骗子的称呼）到底让保险公司损失了多少钱。根据不同保险公司的统计，将近30%的索赔保单存在夸大或虚构的现象，并且每一美元保费中至少有20美分资助给了欺诈者。这意味着，其他诚实的保户最终要为这些骗子的行为埋单……

兰开斯特接下来给我们讲述了一系列令人震惊的骗保行为。在所有这些事件中，有一件是这样的：一位骗子想通过膝伤骗保，他宣称腿部的膝伤已经影响了他参加天主教的弥撒活动（结果发现，此人实际上是新教徒）。还有一件事情发生在佛罗里达的一个小镇，一个被称为"残缺城"的地方。这里的50多位居民通过一系列的"事故"获得了一笔相当可观的赔偿，他们宣称自己的身体器官和四肢在事故中受到损伤，变成了残疾，要求保险公司赔偿。"他们损伤的似乎总是最无关紧要的部分。"一位保险公司的工作人员气愤地说。

故事接下来讲述了保险行业为了阻止那些大骗子进行的努力，并引证了保险行业对付这些骗子的困难。对于一些金额不高的赔偿案件，保险公司不愿诉诸公堂，而甘愿支付赔款。一些公司认为，和这些骗子斗争的代价太昂贵，而且法官的同情心总是站在提出索赔者那边。讲到这里，导语中出现的那个骗子，又再度在文章中出现：

像W.T.斯特德这样精通此道的诈骗高手对此可是一清二楚。"你只要告诉理赔人员如果不付赔偿金的话就法庭上见，他就会掏钱了。我从没遇到过要诉诸法律的情况。"他说。

原因之一就是，斯特德先生为实施索赔精心准备证据，这些证据有时是由他的合作伙伴——一位医生提供的。斯特德介绍说，在经历了事先策划的失足跌倒之后，他去找这位医生就诊；医生并未进行任何诊疗，也没让"病人"复诊，却出具了一张高达800美元的帐单。对斯特德先生来说，这并不是漫天要价。他和保险公司双方都清楚，一旦案子闹上法庭，保险公司必输无疑，陪审团会根据医生开具的帐单确定精神损失费的多少，一般是帐单金额的好几倍。医生收费越高，赔偿数额就越大。保险公司最终选择了与斯特德先生庭外解决，并被迫支付了8000美元。

随后，我们又遇见了另一位当事人，一位长期以来备受折磨的负责保险欺诈调查的警察，他表示即便保险公司真的提起诉讼，获胜的几率也相当小。

"警方对此实在提不起兴趣，地方检察官也是如此，即便你真的提起诉讼，这些家伙也能轻而易举逃脱惩处，得以从轻发落。"乔·希利（Joe Healy）如此抱怨说。乔是CNA金融集团下属的CNA保险公司的诈骗调查人员，他刚刚破获了费城一个诈骗团伙的案子，然而尽管法官宣判该团伙成员均罪名成立，却以缓刑而告终，乔因此而大受打击。

希利先生体重240磅，十分健谈，CNA的工作要求他经常四处奔波，每年他在天上飞的距离超过了10万英里。不仅如此，他的工作还充满了危险因素。有一次，在调查一名青年男子死因时，死者的父亲几乎精神崩溃，用枪口瞄准他长达10分钟之久，逼问他谁是杀害儿子的凶手。还有一次，希利先生跟踪一名伪造自己死亡的男子来到一家墨西哥酒吧，结果被一群暴徒包围。他和同伴手拿着敲了底的啤酒瓶，才得以侥幸脱险。

希利先生也有胜利的时候，不过这样的情况并不常见：

据他估计，他经手的案子中只有不到10%得以起诉，而最终罪名成立的案件比例还要小得多。很多时候，他只能选择变相的妥协，他把这种情况称之为"宣讲福音"，就是让行骗者们明白，他在盯着他们，即使没有足够的证据支持诉讼，他也没有放过他们，所以他们还是少打主意为妙。他对这种处理方法很满意。

最近发生在洛杉矶的诈骗团伙案就是一个典型的例子。希利先生知道自己拿不出足够的证据提起诉讼，就把这个欺诈团伙的成员召集来警告了一下。"嘿，你们这帮家伙，我们不是傻子。"他说，"我们不会继续掏钱了。"（CNA已经支付了1万美元赔偿金。）

骗子们欣然接受了这个消息。"简直是一群酒囊饭袋，"希利先生说，"究竟是怎么回事，我们都清楚得很。有个家伙甚至让我推荐几家容易支付赔偿金的好公司。"希利先生说，一旦停止索赔（他认为他们应该会照办的），他就把这个案子结案。"我知道这样并非理想的公平，"他说，"但起码问题解决了。"

有关保险欺诈的故事，长期以来一直都是《华尔街日报》经久不衰的选题，这当然是有原因的。这样的故事里包括了警察和强盗的对立，而且这种对立冲突在不停地发生，于是每一代记者都会对其投以关注。在我看来，兰开斯特撰写的这篇报道在这个已经被关注多年的报道领域里应该说是相当出色的，即便没有诡计多端的骗子斯特德和警察希里，他的故事也十分出色，但是他们的声音让这篇报道超出了我所看到的所有其他报道。W.T.斯特德是代表冲突一方的最可靠的信息源，而乔·希里则代表了另一方。他们都是普通老百姓。

2. **提供不同类型的论据**。当一位记者想要令人信服地建立一个论点时，他总是首先以宣言的形式摆出论点，然后通过引用权威言论、提供事实依据或专家观点来支持他的论点。所有这些细微的方面都将成为他的论据，但是如果这些论据没有经过精心的搭配，读者可能还是会觉得整篇文章枯燥乏味，缺乏可信度。

反复强调是写作中常用的技巧，它就像作家工具箱里的铁锤，如果使用不得当，它很可能会把读者的兴趣砸得粉碎。要想向一位读者证明什么，千万不要试着抛给他三串数据，这样只会让他抛弃你。如果你给他三段来自权威专家和内部信息源的引语，结果还会是一样的。如果你给他一大串有关故事主角亲身经历的描述，他很可能会立刻疯掉。一下子抛出太多的好东西，只能造成物极必反的效果，而且一长串的事实描述也会因为缺乏观点的引导而变得松散无价值。

真正的办法是把这些元素混合在一起，一次只提供一部分，这样你才能抓住读者的心。他不仅可以被说服，而且会全神贯注地投入到故事中去，因为你为他提供了各种各样的论据，让你的故事更具说服力，表达也更加明确。提前知道这一点，你在做采访计划时，就应该选择多个不同的角度，寻找一定数量的现象、引语和事例，而不是像下面这段文字一样，把所有的材料堆积在一起：

✗ "许多医疗专业都缺少医生，这一现象正在变得越来越严重，"约翰·塞波恩（John Thighbone），美国医疗协会（American Medical Association）的主席说。来自洛杉矶西奈山雪松医疗中心（Cedars-Sinai Medical Center）的外科主治医生詹姆斯·希波恩（James Hipbone）也说："医疗保健的质量正在下降。"在明尼阿波利斯总医院（Minneapolis General Hospital）的主任医师爱德华·安科波恩（Edward An klebone）也说："我们现在就需要增加至少5个产

《华尔街日报》是如何讲故事的

科医生。"①

让我们看看如何能够运用学过的技巧,把采访这三位医疗人员所获得的材料重新组合一下:

☑ 在明尼阿波利斯总医院,获得批准的助产士现在可以直接接生婴儿。之所以如此,是因为医院的产科医生数量不断减少,现有的产科医生已经不堪重负。在洛杉矶的西奈山雪松医疗中心,一些非急需的手术被推迟到数月之后,詹姆斯·希波恩医生的解释是:"医疗保健的质量正在下降。"根据美国医疗协会的说法,全国现在急需大约5万名不同专业的医生,从内科医生到放射科医生,都非常紧缺。

感觉好多了吧。助产士的出现为这篇文章带来了紧密关注的动态元素。美国医疗协会的那位赛波恩博士的直接引语被更有用的数据元素取代了。西奈山医疗中心希波恩医生的话被保留下来,但同样是和具体紧迫的现实问题放在了一起。这段文字,和前一段相比,虽然也是在用几乎同样多的笔墨对同样的问题进行重复,但是这段文字提供了更多不同的实证,从而让信息变得更加权威和有趣。

这两段文字都使用了三个主要的证据来证实作者的观点。出于一些我们无法理解的原因,数字"三"总是有一种神秘的、正好合适的力量,我发现好的作家一般都会使用三个证据来说明观点。不知何故,四个元素看起来太多,会让作者觉得过犹不及;而两个呢,则显得过于单薄。"三个正好"的规律值得记者们牢记在心,这不仅可以用在收集不同信息的采访过程中,也可以用在整个故事的写作过程中,尤其是需要用证据来支持某个具体的重要观点时。记住,尽量把你的观点放在牢固的三脚架上。

动　感

读者们喜欢动作,任何形式的动作,那种毫无动感的故事,那种

---

① 本段提到的三个人名,Thighbone、Hipbone、Anklebone分别有股骨、髋骨、踝骨的意思,这是作者的一种讽刺。

不论是人们在进行抨击、解释、描述或者吸吮手指时，都保持静止状态的故事，往往会被编辑们称为"MEGO"①。

最理想的动感，就是让故事的情节按照"发生/影响/反作用"的结构顺序自然发展。但是这样的理想状态，必须是现实的故事真的按此顺序发生，记者才能在采访和写作中加入这种动感。如果这样的发展顺序现实中并不存在，该怎么办？记者不可能自己无中生有，去制造故事的发展顺序。不过，还有一些其他类型的动感，是记者可以自给自足的。最常见的一种，就是对立元素轮番出现，形成交锋的动感。

在运用这种运动模式的时候，记者要不断地调整读者的注意力，要让他们的目光时而在抽象信息上，时而在具体信息上；时而在综合信息上，时而在详细信息上；时而在宏观信息上，时而在微观信息上。

准确地说，对立元素的交替实际上是一种写作技巧。我们之所以现在就要提到它，因为我们必须在故事的采访阶段找到这些对立元素，才能在后面的写作中运用这些元素。对于我们这些职业记者来说，发掘综合性的、抽象性的、宏观的信息并不是什么困难的事情，但是另一方面的信息就不一样了。我们许多人都会在挖掘那些需要和其他信息结合在一起的详细信息，那些具有高关注度的具体材料时，感到困难重重。于是在一般情况下，我们往往忽略后者，而把前者放大。只有当我们意识到我们必须要得到这些难以到手的材料，才能把故事报道完成时，我们才会下定决心去寻找那些信息，让故事的内部产生动感。

请注意以下几个从伐木工人的故事中节选出来的段落，看看信息是如何运动的：

这里是一个男性的社会。几乎没有女性会选择这种要求上肢力气超强的工作，而那些选择了这一行的女性，面对的是无情的大男子主义。曾经有一个工地，来了一位女性帮带员，在下班回家的班车上，一群男人围坐在她身边，不断地骚扰她，这位女子后来只能辞职。

---

① MEGO（My Eyes Glaze Over），这事太没劲了，美国新闻媒体的口语。

一位伐木监工说："那种以为女人能和男人们一样的想法，只能杀了她们。"

同样，在西北部的森林里，也很少有黑人的身影。这里的许多伐木工人都来自南方家庭，他们身上有根深蒂固的种族观念。一位老工人非常认真地说："曾经有一段时间，他们费了好大劲儿弄了几个黑鬼到这里来干活，结果那些人后来还是不干了，我也不知道为什么。"老工人的手臂上都是锯条留下的伤疤。

每一个进入这片森林的人，都会遭遇残酷无情的讥讽和折磨。如果他长着一对大耳朵，他永远都会被叫做"小飞象"。如果他刚刚结婚，他的空饭盒里会被偷偷放入几张黄色图片，好让他的新娘发现。对于新来的人，还有很多折磨。在他的背包中放上石头，惩罚他；让他做一些不必要的琐事，考验他。"软弱的男孩留不下来。""蜘蛛"·梅森说。

这三段文字用简洁平实的笔墨介绍了三个非常普遍的抽象概念：性别、种族和侮辱，但是每个概念都获得了生动形象、紧凑集中的实证材料的支持。开始的时候，读者离观点的距离很远，是在远处观望，然后突然被带到了很近的地方，开始了近距离地观察。然后，记者又让他们后退回去，去观望另一个观点，接着再把他们拉到近处。（请注意这种内部的节奏变化，是如何通过综合运用多方面的元素建立起来的。这些元素包括：概括总体情况，解释具体原因，引用实例和当事人的直接引语。）

在某些故事中，聪明的记者也许会在他的报道中插入故事的一位主角或其他当事人的一些具体动作。他不会让他的人物只是干巴巴地跟读者说话，他得让他们做些事情，任何事情都行。他知道如果不这样，他笔下的人物只能是现实人物的石膏模型，而不是他们本身。

就拿棒球中的替补投手来说，他们职业生涯的大多数时间都花在了候补队员区的长凳上。即便他们走上赛场去投球，他们做的动作也是一样的：快球、滑行曲线球、曲线球。日复一日，年复一年。但是，哈尔·兰开斯特（Hal Lancaster）在下面这篇故事中，却通过一个小伎俩，赋予了一位投手鲜活的生命力。

图森（TUCSON）——星期天晚上的一场棒球双场连赛，老练的替补投手坐在候补队员区等待召唤。他坐在一把折叠椅上，双臂搭在球场的铁丝网栏上，坐立不安。他随手捡起一个球，不停地把玩着，一会儿让球在手中旋转，一会儿把球抛上抛下，但是他的目光一直没有离开球。这是一位替补投手打发时间常用的办法，这种和无聊进行的战争几乎每天晚上都在上演。

曾经，他也是美国职业棒球大联盟的一位首发投手，在扬基体育场（Yankee Stadium）、芬维公园球场（Fenway Park）等著名球场上都曾留下他的身影。但是现在，他所处的球场是哈科比特运动场（Hi Corbett Field），他参加的联赛是太平洋沿岸的3-A比赛（triple A acific Coast League，地方性比赛），而他已经被放在了替补席上，就是这样。这里的替补投手练习区是一个令人窒息的地方，年幼好奇的观众不是伸手抓住正在练习的选手，发出阵阵傻笑，就是抢走他们的帽子和他们赛跑。"简直是个马戏团。"替补投手烦恼地说。

在第一场比赛和第二场比赛的前两局，他都在这种痛苦中煎熬。然后，他终于听到了呼唤，他在90华氏度的高温下开始了热身运动。公共广播里的播音员正在急促地宣读这一长串没完没了的促销广告："王室家庭"抽奖，被选出的幸运家庭能够获得免费的比赛门票、可乐和花生；箭术表演；食品巨人猜谜比赛（获胜者能够赢得5美元的食品和免费的救济补助券①）；还有"幸运座位"的抽奖，获奖者将获得免费的保龄球票，免费的洗车服务和免费的儿童看护服务。

这些仅仅是小联盟棒球比赛疯狂广告促销的一部分内容，在球场外的墙壁上还挂满了广告，从熊猫牛排屋（Panda Steak House）到凯尔·贾维房产公司（Kile Jarvis Realty），应有尽有。球场左边的护栏上方，支着麦当劳汉堡著名的金色M型广告牌；任何一球只要投到两个拱门中的一个之内，你就可以得到500美元。对于现效力于图森斗牛队（Tuscon Toros）的投手，30岁的小卢·克劳斯（Lew Krausse Jr.）来说，这一切都在痛苦地提醒着他：他离自己曾经属于的那个世

---

① Green Stamp，美国救济补助票，因印成绿色而得名。

界——大的赛事、大联盟已经越来越远了。

卢活动了一下右胳膊，卷起袖子，走上球场……

在接下来的故事中，我们了解到了这位投手的过去，他的困惑，他为重返大联盟所付出的不顾一切的努力。在介绍了这些信息之后，故事的场景变化了：

斗牛队的休息室空间狭小，空气闷热，堆满了毛巾。身高6英尺，身材苗条的卢，正在这里努力想抓住一份从他手中慢慢滑走的职业，他用毛巾擦去额头的汗水。落到现在这个地步，一切只能怪他自己。"如果我以前更努力一些，我会挣更多的钱，而且现在还留在大联盟里，"他说，"'鲶鱼'亨特（Catfish Hunter，运动队的明星投手）[①]1965年加入大联盟的时候，才19岁，那时候他就已经在球场上练习曲线球了。而我那会儿只知道把球投给观众。我现在还是这样。有些人就这样。"

不管他如何责备自己，他也无法摆脱这种辛酸的滋味。大联盟和小联盟的区别随处可见。脚上的钉鞋踩着地板嘎嘎作响，卢脱掉一件散发着汗臭味的球衣，换上另一件，但这件的味道也好不到哪儿去。"这就是小联盟，"他说，"破旧的球衣、不合脚的运动鞋。你知道吗，这个球队的教练是个大学一年级的学生！我们去外地打球时，每天的餐费只有7.5美元，而奥克兰（Oakland）的球队每天的餐费标准是19.5美元。在那里，你穿的是300美元的套装和鳄鱼皮的鞋子；在这里，只有牛仔裤和凉鞋。"

兰开斯特在下面的故事中给我们讲了更多有关大联盟和小联盟的区别：艰苦的旅程、吝啬的老板，还有老球员的不安全感，因为年轻球员的发展前途更好，是各大俱乐部挖掘的重点，所以一旦有裁员计划的话，老球员总是首当其冲的受害者。一位曾经担任俱乐部经理的联盟官员说："我不得不裁掉那些老球员。有些人会哭，但这是最好的办法。如果他们不及时退出，以后只会变成棒球场上的乞丐。"

---

① "鲶鱼"亨特（Catfish Hunter）20世纪70年代，美国职业棒球大联盟的一名明星投手。

在这之后,读者突然发现他们加入了一次旅行赛程。这里有一些片段:

星期天。在与菲尼克斯巨人队(Phoenix Giants)的比赛中,有3局半的时间,卢的投球让对方一分未得,他很高兴。"上次我的球怎么也投不好,"他说,"我气疯了,把身上的球衣拽下来,扔进了冰啤酒桶里。"他脾气不好。据他回忆,还在少年棒球联盟打比赛时,他的脾气暴躁就是出了名的。有一次,一个腾空的高飞球正好打在中场手的头盔上,然后弹向场外。就是这个球,让年轻的卢失去了那场比赛。"他(中场手)看了我一眼,然后跳过围栏,"卢说,"我在回家的路上追着打了他一路。"在后来这么多年的比赛中,卢的暴躁脾气有增无减。他破坏了好几家俱乐部的会所,他把电话往墙上砸,他在酒吧里大吵大闹……

星期二。球队在前往菲尼克斯(Phoenix)的车上。一些人在打牌,拉丁籍的球员在弹吉他唱歌。在接球手乔斯·莫拉莱斯(Jose Morales)看来,太平洋海岸联盟比赛的巴士旅程已经比德克萨斯联盟的要舒服多了。"从阿玛里洛(Amarillo)到孟菲斯(Memphis)有16个小时的车程,"他抱怨地说,"我们颠簸了一路……"

星期五。上午的飞机前往阿尔伯克基(Albuquerque)。在机场的候机室里,卢正准备着作为替补投手的第一千场比赛。他坐在那里双腿直挺挺地伸着,前身在尽量前倾,他向过往的行人炫耀着,而其他球员则正靠着立柱,大声说笑着……

整个故事的结尾是在阿尔伯克基星期六的比赛结束后。

后来,在俱乐部的会所里,斗牛队的投手兰迪·斯卡伯利(Randy Scarbery),一位据说第一个赛季就获得5万美元奖金的幸运儿,正滔滔不绝地说着将如何用这笔钱去投资。卢默默地听着。尽管他的现状离贫困还很远,但手上的钱却已所剩无几,他把自己的奖金几乎都花在了买车、买衣服和豪饮上,另外还花了4万美金交税。

如果退休了，他准备做什么？"我不知道，"他说，"我花钱弄了一个二手车的特许经销权，另外我还有房地产经销商的证书。我可以试着做房地产。不过真正想做的还是投球教练。"

这周，卢参加的比赛中，有9局半对方一分未得，但他并没有赢得比赛，也没有什么精彩的救球。赛季已经进入尾声，他留在小联盟继续打球的希望日益暗淡。"我想我肯定是一无所获了。"卢说。他们在阿尔伯克基还有三场球，然后球队就要打道回府，参加图森当地为球队举行的"斗牛队之夜"的庆祝活动了。

我们看到卢·克劳斯玩球、投掷练习球、活动胳膊、挽起袖子、擦去额头的汗水、穿衣、在机场做带有戏剧效果的练习。在俱乐部的休息室里，运动鞋咯咯地踩在地板上。在汽车上，球员们唱歌、弹吉他、玩纸牌。所有这些都是一些琐碎小事，没错。但是在一个没有太多动态信息的故事中，这些细节成了整个故事的独特亮点。

不仅如此，兰开斯特还在故事的结构上进行了精心设计，让整个故事更具动感。他把部分故事的场景设置在外出比赛的旅途中，从而为故事中的角色搭建了一个动态的环境。这是一个不错的方法。我们在写作中，可以把故事的主角放在不断变换的场景中，通过追踪他们从一个地方到另一个地方，从一项任务到另一项任务，从一个时间到另一个时间，来让整个故事运动起来。

为了有效使用这些技巧，记者必须是一个细致入微的观察者。他必须注意到他和他的角色周围的一切事物，并且能够在需要的时候，随时回忆起这些细节。还是那句话，在写作中运用到的技巧源于最初的采访报道，因此这些技巧在采访报道阶段同样具有价值。

当然，这并不是所有故事都必须采用的技巧。如果在故事的发生/影响/反作用过程中，已经呈现出很强的运动感，如果故事的主角已经采取了戏剧性的重要举动，那么对琐碎细节的描写和故弄玄虚的技巧只会削弱故事的魅力。如果剧院里着了火，舞台上再精彩的魔术表演都不会吸引观众的目光，只可能成为他们的干扰。

在厄尔·戈特沙尔特（Earle Gottschalk）下面这篇关于迪斯尼公司（Walt Disney Productions）的报道中，没有任何花哨的技巧，而是一条主线贯穿到底，尽管这条主线开始非常脆弱。

第3步 ➡ 让故事吸引人的元素

当时的迪斯尼公司还不是美国娱乐产业的巨无霸，也不是令其他人纷纷效仿的创新者。它的经营领域非常特殊，发生在迪斯尼的事情并不具有普遍性。这样的现实给记者的报道带来了两大困难。困难一：记者的报道范围被限制了，更糟糕的是，当1972年故事完成时，迪斯尼并没有什么能够引人注目的新闻发生，没有新的发展方向，没有新的政策出台，也没有轰动的丑闻。困难二：故事的动态性明显不足。让我们来看看戈特沙尔特是怎样克服这些困难的：

伯班克，加利福尼亚（BURBANK，Calif.）——在糊涂蛋大街（Dopey Drive）①和米老鼠大道（Mickey Mouse Boulevard）交会处的浅黄色大楼里，在两个特殊的房间里，时间似乎停住了脚步。让时间静止是一道行政命令，已经执行5年多了。这里，就是沃尔特·迪斯尼（Walt Disney）打造他梦想的地方。

自从这位沃尔特·迪斯尼公司的共同创建人于1966年死于肺癌后，这里没有发生丝毫变化。他最后的笔记还放在浅黑色的桌面上，他看过的书籍还被分类摆在桌子后面的书架上，顺序和他当初离开的时候一样。在外面的一间办公室里，有一家钢琴，音乐家会在得到他的允许后弹出美妙的旋律。钢琴上摆着一个可爱的发条玩具——两只关在金丝笼里的小鸟——这两只会动的小鸟，就是迪斯尼产生动画思想的基础。这里创造了一个和真实世界一样丰富的动画世界。

一次，有人问迪斯尼先生他一生最大的成就是什么，他回答说："最大的成就是我创建了一个机构并掌管了它。"现在他的办公室，虽然已经人去房空，但是他的影响却依然遍及公司的每个角落。在迪斯尼公司的大楼里，到处都可以看到他微笑的照片，墙上挂的是米老鼠的石英钟，主管人员手上带的是米老鼠的手表。在这里，对一位员工工作的最高评价就是："沃尔特一定会喜欢这样做的。"

追寻沃尔特的梦想

他的继承者们依然在他的思想指导下工作着。"我们从沃尔特的

---

① 糊涂蛋大街（Dopey Drive），根据迪斯尼影片《白雪公主与七个小矮人》中的一个名叫"糊涂蛋"（Dopey）的小矮人得名。

想法中获益，但是我们并没有开始新的发展方向。"公司的主席E.卡登·沃克（E.Cardon Walker）说。在迪斯尼先生走后，卡登和他的行政主管们并没有分道扬镳，相反，他们决定小心经营迪斯尼先生已经实现的梦想，并把他还没有实现的梦想变成现实——包括在佛罗里达建立一座用现代科技打造的城市，为都市生活带来更新鲜的感觉。

所有这些，让迪斯尼公司成了美国商业界不折不扣的怪人。通常情况下，如果某个机构的领导者或者创始人突然撒手人寰，没有对企业的发展留下既定政策，更没有给员工留下什么关照的话，新上任的接替者往往只会对于他的前任表示口头上的尊敬，在等待一段时间后，适时推出自己的政策，包括新的产品、新的管理模式和新的目标。

但是在迪斯尼公司，没有哪个新人敢把以前的思想一扫而光。每个人心里都明白：沃尔特不会喜欢那样的。他的兄弟罗伊（RoyDisney）也不会喜欢。罗伊在沃尔特死后成为公司的主席和首席执行官，他已于去年底去世。尽管罗伊被认为是迪斯尼兄弟中更具备经济头脑的一个（他成功地为修建佛罗里达的迪斯尼乐园集资2.62亿美元），但罗伊依然在为实现沃尔特·迪斯尼的梦想而服务。

改变的时候？

对于一些批评家来说，迪斯尼现在到了需要改变的时候。他们把迪斯尼视作一个庞大的、拥有多个售货口的廉价文化销售机——从娱乐、建筑，到艺术、电影和音乐，应有尽有。他们认为迪斯尼的影响已经太大。在《迪斯尼版本》（The Disney Version）一书中，批评家理查德·希克尔（Richard Schickel）指出：

"迪斯尼的机器将毁灭童年时代最有价值的两件事情——童年的秘密和童年的安静——它让所有人都做一样的梦。它让美国所有的孩子头上都戴上了米老鼠的帽子。从资本主义的角度来讲，它是天才的产物；但从文化的角度来讲，它几乎就是一出惨剧。"

迪斯尼的官员做出了回答。然后戈特沙尔特继续用事实来支撑他的主题观点：迪斯尼新开发的电影业，收益源源不断，同样也是在沃尔特原来的想法之中。不论是迪斯尼世界，还是迪斯尼乐园，代表的正是沃尔特反对秩序与权威，渴望创建虚拟世界的梦想。位于佛罗里达的EPCOT中心①也是沃尔特的梦想，他的继承者帮他把梦想变成了现实，但是他们似乎没有自己的梦想。

迪斯尼公司非常聪明，戈特沙尔特说。当电视出现后，他们没有像其他电影公司那样和电视对着干，而是张开怀抱，把对手变成了朋友，在电视上开辟了自己的动画节目。他们也没有出售电影资料馆，因为这不符合沃尔特的规则，而是通过把经典的电影传播给一代又一代的儿童赚了不少钱。

但也有一些令人不安的迹象说明，这个坚守创始者的价值观和原则的公司，正在离这个时代越来越远。它的动画创作人员已经上了年纪，他们的作品已经陈旧。在公司最近的电影作品中，有些缺点是显而易见的。试图让迪斯尼公园里的游客都穿上公园里的服装也是一个失败的策略。劳工的问题正在浮出水面，扮演"布里熊"（BrerBear）②的员工已经罢工了。所有这些问题，在沃尔特打造的神秘王国中，似乎都算不了什么。故事是这样结束的：

> 但是这些问题，对于平静的湖面而言，只能算是微不足道的波纹。迪斯尼公司的员工，很多人都没有在其他地方工作的经验，但是他们非常适合"迪斯尼方式"。这种"迪斯尼方式"一部分是由迪斯尼的人事管理人员维持的，另一部分则是通过迪斯尼大学长期不断的培训来巩固的。虽然培训课程主要针对的是公园里工作的年轻人，但老员工也会不时地回来温习一下，他们的课程主要是沃尔特的思想和哲学纲要。一位年轻的迪斯尼培训师给一位参观者展示了一系列讲述"迪斯尼方式"的宣传画。第一张就写着："我们是干什么的？我们是生产快乐的。"

这篇故事被证实是具有预言性的。在这篇故事完成几年后，迪斯尼果然因为落伍的问题而付出了资产的代价，同时遭遇了管理层的巨

---

① EPCOT中心：迪斯尼的最著名的主题公园之一，位于佛罗里达的奥兰多。名字是"Experimental Prototype Community of Tomorrow"的缩写，意思是"未来社区的实验模型"。
② 布里熊（Brer Bear）：迪斯尼故事中的一个角色。

变。现在的迪斯尼公司，虽然出品了许多卖座的电影，但是这些电影都是沃尔特绝对不会喜欢的。

这篇故事里没有华而不实的东西，报道内容深刻、有力度。冲突是这篇报道使用的一个戏剧性元素。记者戈特沙尔特在迪斯尼公司和批评家希克尔之间建立了明显的"主角—对手"的对立关系。除此之外，还有一对不太明显的对立关系：坚守多年以前的价值和标准的迪斯尼公司与社会文化的变化力量。当色情和暴力充斥着书架和荧幕，作家们都疯狂沉浸于这种新的自由之中时，迪斯尼公司已经很难找到一块电影的净土了。

除此以外，还有一个重要特点，就是我们对这篇故事的主题有了深刻的印象，而这正是记者戈特沙尔特选择强调的重点——迪斯尼公司的运作如何被一个已经去世6年的创始人控制着。这个重点在故事的一开始就被抓住了，并且在整篇故事中不断发展、不断强调。那犹如神殿一般的沃尔特办公室，那句对出色工作的赞许（沃尔特一定会喜欢这样做的），那些继续他的梦想的忠诚誓言，那座贯彻了他的理念的EPCOT中心，以及那些学习他的语录的员工——所有这些都说明，这位已经去世的创始人，具有广泛的影响力和强大的控制力。正是由于在采访和写作过程中，反复强调了这一特殊的方面，整篇故事才获得了成功。

作为一篇综述型特写报道，这篇文章同样描写了迪斯尼公司其他一些独特之处。在一般的公司里，新一任领导总会把前任领导的影响一抹而光，哪怕前任是公司的创始人；但是迪斯尼公司决不会有这样的情况。大部分电影公司，害怕电视，和电视竞争；迪斯尼却与电视合作。大部分电影公司在电影上映后就会出售或租借电影版权；但迪斯尼保留对电影的完全所有权，以便在再次发行时，再度创收。

最后，戈特沙尔特没有让故事随着材料的衰弱而终结，他给文章设计了一个强有力的结尾。总而言之，因为作者的匠心独具，这个故事的价值得到了展现，一个很可能成为灾难的选题变成了一篇优秀的报道。

有些人坚持认为，这种匠心独具只能是天生的，是学不会的。我不这么认为，在给记者们上课的过程中，我的看法也得到了证实。但那些喜欢钻牛角尖的人还会问：如果这是可以学习的技巧，那为什么在这个生产故事的行业里，尽管编辑们常年呼唤着好的作品，尽管他们花费了大量的时间来培养记者，尽管好的作品会立刻得到赞许，但真正会讲故事的人还是屈指可数呢？

答案只有一个，我想，就是太多的记者都没有把他们自己看作是讲故事的人，而把自己当成了其他人。

有人认为自己实际上是律师。他们认为，自己的工作就是让人们相信他们对是与非的判断，所以他们的报道中总是充满了说教和强硬的口吻。他们注重的是观点，而忽视了工作中人性的一面。他们或者用高人一等的语气和读者说话，或者喋喋不休地与读者说个没完，但是他们很少像一个讲故事的人那样，与读者交谈。他们试图用数据、研究结果以及专家和权威的表态来征服读者的思想。对于律师来说，那些有着真实经历的"小人物"和有头有脸的大人物相比，根本就是无足轻重的，毫无说服力的。

在报道中缺乏变化，律师型记者特别喜欢反复循环的语言结构。他们把重复当作大棒，在故事的不同部分反复敲击同样的信息。如果编辑让他们提供更多的材料，或者要把他们的法律证据统统丢进碎纸机的话，他们会很受伤，很生气；在他们看来，一切都很清楚，很有说服力。

另一种类型的记者是学者型，他们不知何故，总是要在了解到写作对象的所有信息之后才肯动笔。缺少划定的报道范围，他们不停地采访、采访、采访，直到他们的办公桌被堆成山的稿纸和笔记淹没。他们成了自己故事的囚犯。我就曾经听说，有这样的记者，每天回家都要背上一大包研究资料，步履蹒跚，疲惫不堪。

当学者终于要开始动笔写作时，他当然要花费漫长的时间去创作一个冗长的故事，因为他的材料太多了。他的文章一般都是乏味的，他总是注意那些只有内部人士才会关心的小事。他的文章缺乏重点和高潮，因为它们被大量不相关的琐碎信息淹没了。编辑他的文章，就如同冶炼一座矿山，编辑们要一勺一勺耐心地提纯，以为能够得到一点铁，结果炼出来的却是铅。幸好，他偶尔还是写一点像故事的东西。

第三类是实际主义者。这种记者的问题不是那么明显。他们能够按时交上具有相当分量的作品，结构完整合理。但是他们不会想尽办法让世界按照他们的想法运行，以便拯救这个世界；他们也不会打破沙锅问到底，努力让自己成为故事的绝对权威。当然，他们的作品也很少能够给人们留下深刻记忆。

这是因为他们仅仅把自己看作事实的传声筒。他们的文章是平淡无味，没有颜色，因为他们不想让读者在文章中发现他们的形象，害怕把自己的文章变成社论。他们会尽量避免肯定性的结论，哪怕是根据清楚事实做出的结论。他们的表达非常谨慎，让人感觉含糊不清，更多的时候，他们还会让故事中的信息源来代替他们进行陈述。这些记者总是担心，如果自己参与进来，会被视作厚颜无耻的干涉。他们没有突出故事的内在戏剧性，因为他们害怕被认为故弄玄虚、耸人听闻。

杞人忧天！作为讲故事的人，记者身处故事行业之中，做到绝对的客观是不可能的，至少从我对客观的理解来讲。在选取材料时，在确定需要强调的重点时，记者就已经丧失了绝对客观的可能性。我们惟一能够做到的就是公平，以事实为基础，而不是依赖于我们的成见。必须永远做到公平报道，这是从事新闻行业的戒律。

公平报道，决不是说让读者找不到我们，让记者远离故事。这样的记者写出的故事平淡无味，因为他丢弃了故事写作中的一个最重要的元素——他自己。如果一篇特写故事，从头到尾都没有记者的出现，在解释和结论段落没有记者的重点强调，在报道中没有记者的直言不讳，而只有专家的滔滔不绝，那么这篇故事一定是软弱无力的。读者期待记者出现，如果找不到，他们会想念他的。

这种对记者自身的强调，并不是所谓的"个性化新闻"（personaljournalism），后者在我看来，只是一种傲慢自大的态度。公开沉溺于自我感觉之中，所谓的"个性化记者"用带有自己情感颜色的镜片去观察这个世界，然后描绘出一幅在哈哈镜里才能看到的现实图画。和这些人相反，讲故事的记者是诚实的，他的感情是真诚流露。他的态度受到事实和结果的支配。他从来不会让自己的态度去支配事实和结果。

在这些限制之下，他依然有很大的自由空间，他会充分利用这种自由。他对于急需明确的结论大声疾呼，他对隐讳的语言和自私的吹捧置之不理，他对琐碎的事实进行总结，让读者不必被同样的琐碎弄得晕头转向。他会时常提供自己的观察，因为他是读者的代理人，是读者派到现场去的眼睛。他能够很好地控制讲故事的分寸，决不会让故事在他手上失控。

在做了所有这些事情之后，读者会逐渐意识到，记者并不是站在老远的地方给他们上课的冷血动物，而是故事中那个聪明的向导，他知道读者的兴趣所在，他与他们亲密无间地交谈。另外，他能解答他们心中的疑虑。

上面的建议说明，会讲故事的记者必须要有胆量。如果说有些记者不会讲故事是因为他们没有弄清楚自己扮演的角色，那么还有一些记者则完全是被畏惧所击败。

我们并不想公开谈论这种畏惧，这会让我们在这个只有硬汉才能从事的行业中显得更加脆弱。但我的一些同事已经在私下告诉了我这种畏惧对他们的影响，而且我自己也看到了这种影响。许多在地方小酒吧里抱着一杯啤酒的记者实际上都是很会讲故事的人。我就认识这样一个人，他聪明、机智、思维敏锐，是天生的剧作家。但是后来当我读到他写的初稿时，我简直不敢相信这就是他的作品。文章内容呆板拘谨。读者从这样的文章中，不会感到记者的个性和充满智慧的引导，只能感到记者的缩手缩脚。

这类记者在撰写普通的新闻稿件时，非常自信，总是能在截稿期限之前把一篇难度很大的稿件交上去。但是当他们面对重要的特写稿件时，就会变得束手束脚。这样的特写稿件要报道的往往不是一件简单的新闻，而是一个错综复杂的故事，这样的故事不需要他马上完成，而是留下了思考和判断的余地。

当记者手中有这样的故事时，他的办公桌周围总是围满了人。编辑部主任、版面编辑，甚至总编辑都来到他的桌前。如果记者刚好又是一名新手，他的压力会更大。这可不是什么简单的故事，也不是明天报纸上的花边新闻。整个《华尔街日报》的声誉都担负在他的肩膀上，如果他的故事无法满足所有重要人物的要求，他会立刻被视为一位不合格的记者。

和突发事件、重大新闻比起来，特稿写作"砸锅"的可能性往往更大。一位对特稿心存畏惧的记者告诉我："当你面对的是一个上亿美元的事件时，不管你写得怎么样，你都知道它一定会出现在明天的报纸上。"

心里充满了焦虑和自我设定的期望值，我们的记者心中已经没有了故事。他忙于取悦其他人，寻找那些编辑和部门主管喜欢和不喜欢的东西，试着把自己的故事放到所谓的"华尔街日报模式"（*Wall Street Journal formula*）中，这样他至少可以保证自己的写作位于安全范围之内。最后，他还会为自己的工作沾沾自喜，因为他并没有花费太多精力。

我希望自己可以告诉你，这种畏惧心理总是会随着时间的流逝而消失，但是我的亲身经历并非如此。我的作品一般都会受到好评，编辑的改动很少。所以我没有什么理由要害怕——不过现在，每当遇到重大选题时，我依然会有一种强烈的不安全感，就如同1961年我第一次走进编辑部时一样。我的内心深处有一个声音对我说，也许这次我就没有那么幸运了，也许这次编辑们会对我的文章嗤之以鼻，也许这次我不得不自己收拾残局。

所以，我们必须一次又一次击败自己对于特稿的畏惧。我不知道其他人是如何做到这一点的。就我个人而言，我总是提醒自己，即便是我最好的作品，一发表也会遭到成千上万人的批评。一千个读者心中有一千个哈姆雷特，这样的想法让我看问题时更加谦虚和全面。我并不是在打造一个完美的圣杯，我并不用去迎合所有人的胃口。

这样一想，我就立刻投入战斗。对于某些人而言，我的故事可能还不如洗手间里的卫生纸，但它依然是我的故事。没有哪个编辑能够像我一样，如此接近这个故事，没有人对这个故事的了解能够比我还多，所以编辑的幽灵决不能干预到我对故事的构思和写作。所有的奇怪的幻影和你内心的偏见，都在这一刻消失殆尽。

如果记者知道了报纸和编辑的真实模样，他们心中的畏惧就更容易消除了。事实上，试图改变自己来取悦编辑和主管的想法是超级愚蠢的。首先，根本不存在什么"华尔街日报模式"，至少这样的模式并非机械地存在。记者们太在乎编辑们口中的术语，什么"核心段落"（nut grafs）、"高潮段落"（hoo-hah grafs）、"重锤段落"（hammer grafs），结果把故事的元素当作了五金店里的部件。

受到这些废话的制约，记者以为他的工作就是按照一张根本都不存在的蓝图，来把这些事先准备好的部件装配起来。内容成了形式的奴隶。记者写出来的每一句话感觉都像是绞肉机里挤压出来的一样。

也许有些人会问，难道不存在一个模式吗？难道不存在《华尔街日报》的风格吗？当然，我们确实希望能够立刻抓住读者的吸引力，我们确实想让他们清楚我们所做的一切，我们确实希望用贯穿全文的细节来证实我们的判断。如果这些能够组成一个公式的话，那我想这样的公式确实存在。但这样的公式并没有限制记者的写作空间，相反，那些会讲故事的记者已经使用这个公式好几百年了。

个人的喜好和编辑的偏见，会随着一个好故事的出现而消失。因为好故事才是人们真正想要的。我从来没有看到一位编辑，因为记者的故事违背了自己的一些规定，而对一篇优秀的作品举起屠刀。最终决定记者命运的是故事的质量，编辑绝对不会因为记者不拘一格、敢于打破常规而耿耿于怀，相反，他们希望有更多的人这样做。编辑也是读者，他们也希望在阅读的过程中感受到记者的身影。

我听过这样一则故事，一位弥留之际的老师躺在床上，学生们知道他是虔诚的信徒，并不害怕死亡。于是有个年轻学生问了他一个问题："老师，如果你见到上帝，你想他会对你说些什么？"

老人想了一下回答说："首先，我知道他不会对我说什么。他不会说：'为什么，你在人间没有做得更像我一些呢？'相反，他会对我说：'你为什么没有更像你自己一些？'"在面对拘谨平淡的稿件时，许多编辑都会向记者提出同样的问题。

第 4 步

计划与执行

★ 我的计划方式,就我个人而言,具有相当高的成功率,它让我的工作更加有效,也让我的故事更加出色……

和作家一样，记者在写作的时候也是疯子，他们行为怪异，如果换了别人，一定会被送到附近的精神病院里去。他们可以对任何东西产生过敏反应，比如他们使用的稿纸、记录的笔记、他们的笔（我用一种笔做笔记，用另一种笔打草稿，用第三种笔写信），还有他们办公桌上物件的摆设。

有些人在开始撰写稿件之前，会有很长时间的怪异表现，这种怪异甚至在他们动手采访之前就出现了。这些行为并不仅仅是一种古怪的习惯。实际上，这是记者们在暗中琢磨自己的故事，设计腹稿。他们在预测故事的大致形状，在思考哪些地方需要重点强调，在设想最后如何把各个部分组装在一起。即便是同行，也很难理解其他记者的怪异举动，不过他们很明白这种怪异举动是为了什么，虽然他们很难用语言表达出来。

在我还是个新手的时候，我曾经看到我的一位同事，在写作之前，拿出8张空白的打印纸摆在桌上。然后他把自己预先设计的故事元素一个一个列出来，给每个元素分配不同的空间，并排列在不同的位置上。这种形象化的方法，能帮他确定采访和写作的大致方向。

后来，我接触到了一个看上去从来没有计划的记者。他的工作方式和我们都不一样，我们是先采访，后写作，而他呢，是双管齐下，让人摸不着头脑。在进行了一两天或者几个小时的采访后，他会辛苦地写上一两个段落（很可能是不相关的段落），然后把写好的东西放到桌上的文件夹里。当这些片断积攒到一定规模后，他就用电脑把这些片断一起打出来。令人吃惊的是，这种方式似乎对他非常有效，看来他是在自己脑袋里储存了一张细致的故事蓝图，所以就不需要真正拿在手里的计划提纲了。

这些方法你都可以采用。但是它们显然并不适合我。不过，你采取什么样的方法并不重要，唯一重要的事情是，你是有计划的，不管这计划是粗略的，还是详细的，都必须是能够发挥作用的。我认识的优秀记者都会在采访前为自己设置计划，在开始写作之前，再做一番计划。那些完全依靠神圣的灵感去采访和写作的记者，结果常常是在胡言乱语，等到那些有计划的记者都回家以后，他们还坐在电脑屏幕前发呆。

下面介绍一下我的计划方式。它不是故事的框架，而是故事的向导。我不相信严格的规划,这样会谋杀自发性和创造性。你可以把它照搬到你的工作中去,也可以部分采用,当然也可以置之不理。我的计划并不是所有故事的灵丹妙药。因为写故事不是生产午餐肉罐头,不可能把所有的故事材料都放在同样的模子里。但是就我个人而言,这样的计划具有相当高的成功率,它让我的工作更加有效,也让我的故事更加出色。

每当我准备报道一个故事时,我的这位计划向导都会在我开始采访之前和动手写作之前,提出6个方面的问题。首先让我们来看看他在新闻采访之前要给我哪些建议和帮助。我们从最普通的故事类型说起,就是在关于事件发生及其结果的报道中,这位向导是如何发挥作用的。我们会在本章后半部分专门讨论人物特写报道中向导的作用。在下一章,我们还会学到这位计划向导在故事写作中的组织作用。

Step1:全面思考

我的故事想法已经成形并得到了编辑认可。但是我手上没有太多材料。于是,我看看我的想法,再看看我的向导给我提出的6方面问题,然后问自己这些问题有多重要,相比而言,我在这个故事中是否要把这6个方面的内容都包含进去。通常情况下,只有一两个方面是需要在采访和写作中完全展开的,还有一两个方面需要简略地关注一下。但是在开始阶段,我还是应该把这6个方面全部考虑到。

它们是:

1 历史

A.这个故事的主线是否牵扯到过去?如果有的话,牵扯到哪些东西?

B.这个故事是否与过去不同?不同在哪里?

C.这个故事是否是过去的继续,怎样继续?

D.如果历史在我的故事中是潜在的相关部分,有没有读者觉得真实有趣的历史细节供我使用?我能否简洁地使用?

我们很少会对过去感兴趣,除非过去与现在有着联系,我们已经看到,这样的联系有时是多么重要。没有关于登山人的历史资料,我们就会把菲尼斯·米歇尔的行为视作返祖现象,而不是对过去的继承。没有艾夫斯上尉眼中寸草不生的科罗拉多高原,没有他关于白人再也不会到这里来的判断,我们就不会看到拉斯维加斯的今天与过去有多么大的区别。(我们当然也就错过了这位预言家的尴尬时刻,这种事情总是很有趣的。)

最后一项D,是让我们在故事中寻找能够增添戏剧冲突色彩的细节。举例而言,现在的牛仔,吃的是牛排和青豆,这些食品对于吃惯了意大利香肠和洋葱圈的现代人来说,并不是一个非常具有吸引力的细节。但是如果我们告诉读者,一个世纪以前,牛仔们还过着茹毛饮血的生活,他们就会觉得很有趣,因为这个饮食的细节体现出了牛仔生活的变化。

2 范围——我故事里的中心事件影响有多大,程度有多强,变数有多少?

A. **定量因素:**
  ① 我是否能够用数字或者其他定量的表达方式来为我的中心事件规划范围?如果可以的话,哪些数字是最具有意义的?
  ② 是否可以用评论和观察来定义我的中心事件?

B. **地理因素:**
  ① 我的中心事件的地理范围是什么?国际的,国内的,区域性的,还是地方性的?
  ② 哪些地方会是故事的热点?

C. **多样性/强度因素:**
  ① 我的中心事件大概有多少种不同的表现方式?故事中的人物、地点和机构对事件的参与程度有多深?
  ② 我的中心事件的发展趋势是怎样的,增强还是减弱,扩散还是集中?

D. 全面因素：

① 其他事件对我的中心事件产生影响吗？它们是突出了中心事件的重要性，还是淡化了中心事件的重要性？

最后一个因素把整个故事放到了一个更加宽泛的空间里。比如说，美国的优质农田正在大量消失，这是我们的中心事件。如果我们在报道中加入其他一些辅助信息——农田的亩产量正在大幅下降，农业专家的压力不断上升，新的农业科技几乎没有——我们就可以让中心事件的重要性大大增强。有了这样的背景信息，农田的流失成了一种不祥的征兆。相反，如果我们得到的信息是对专家的需求在下降，新研制的高产量谷物即将出产，土地流失的重要性就大大减弱了。

如果中心事件本身就是热点事件，它的范围一定会得到强调。但是即便我们的故事中心不是人们关注的热点，比如我们关注的是事件之后的影响和反作用，我们仍然需要利用各个因素来帮助我们划定故事的范围。可以说，几乎所有的故事都要考虑到范围。请注意，在范围方面包括了多个不同的因素，因为我们试图为读者提供多个角度，而不是把同样的内容重复地灌输给他。

3 原因——导致某事现在发生的因素。

A. **经济因素**：是不是有金钱的关系在里面？金钱的作用从哪里开始，到哪里结束？

B. **社会因素**：文化、习俗、道德或者家庭生活的变化，是否影响到了这个故事？怎样影响？

C. **政治/法律因素**：法律、规则或者税收上的变化，是否影响到了这个故事？怎样影响？

D. **心理因素**：自我意识、复仇意识和愿望满足是否是推动整个故事发展的主要动力？故事的主角是否受到很大的影响？

我专门把原因单列出来，是因为原因往往和故事裹在了一起，以至于我们许多人在报道的时候，都把原因忘记了，或者只是点到为止。在原因的4个因素中，D项是最容易被忽略的。情感上的动机是很难被挖掘出来的，它们往往被其他一些所谓的理由给遮挡住了。

在有些事件中，理性的分析并不能让读者信服，记者需要深入挖掘事件中的情感动机和个人因素。比如，甲公司正在试图收购乙公司。甲公司宣称两个公司合并后能够奏出更美妙的乐章，所有的股东都将受益。但是华尔街的金融家们对此表示疑惑：甲公司已经过度扩张，而且乙公司的业务并不适合甲公司的运营方式。如果我们能够告诉读者，甲公司的董事长是个专横自大的家伙，而且非常憎恨乙公司的董事长，这里面的疑惑就清楚多了。这样的材料很难找吗？确实如此——但对于这样的故事，这是相当必要的材料。

有时候，可能整个故事都受到这一个因素的控制。罗伊·哈里斯（RoyHarris）曾经撰写过一篇令人信服的文章，讲的是罗尔公司（RohrCorp.）的兴衰史。罗尔公司从单一的航空业转包商发展成城市大众交通业的佼佼者，再到后来"败走麦城"，这一切都和公司总裁伯特·雷恩斯（BurtRaynes）的个人性格有着密切关系。雷恩斯是一个非常聪明、具有远见卓识和强大吸引力的人。他对于下属具有强大的影响力，而正是因为下属过于依赖于他的个人力量，结果在他错误的时候，没有人能够指出他的错误，最终导致了公司的垮台。

哈里斯的故事详细讲述了整个公司由兴到衰的过程，并在结尾处突出强调了这一讽刺性的结果：雷恩斯的真知灼见，他的想象力和领导能力，都受到了公司高层的高度赞赏，而正是他自己的超凡能力扼杀了他为公司构造的梦想，原因就是，他太有才能了。

4 影响——事件导致的结果。
A. 发生的事情会对何人何物带来好处，会带来什么样的好处？这种好处的范围有多大？（参照我们列举的第2个方面）
B. 何人何物会受到伤害，什么样的伤害？伤害的范围又有多大？（同样参见第2方面）
C. 那些获益者和受害者在情感上有些什么反应？

最后这一点在许多故事中都没有了，这是不应该的。我们可以通过提问的方式来了解当事人的反应，关键在于我们提出怎样的问题。你可以询问人们，他们对于发生的一切，有什么样的感受；也可以询问他们，对发生的一切有什么样的看法。对于这两个问题的回答，可能得到完全不同的效果。

比如说，一位住在底特律（Detroit）的妇女，她负责管理一所由政府出资的犹太人幼儿园。现在她必须关闭这所幼儿园，因为政府的资金取消了。如果你问她对于关闭幼儿园的看法，她大概会说希望政府能够首先考虑到百姓的生活而不是军备问题。

然后你问她："你说你已经在这个幼儿园工作10年了，你一定对这里感情非常深，你个人对这件事有什么感受？"她可能会回答说："我的心都碎了。那天我听说政府不再给资助的消息后，回家大哭了一场。"

当我们询问人们的想法时，许多人会自动把自己的情感掩盖起来，用事先准备好的理性语言来回答你的问题，而不会完全把他们内心的真实想法告诉你。那是因为，我们所关注的只是他们的思想，而不是他们的心灵。当我们询问人们的感受时，我们就给予了他们表达自我真实状态的许可证。这时，读者才能从故事中获得一个人完整的形象，而不是半个人的形象。

5 作用——反作用力的形成及其行动。

A. 谁会对发生的一切抱怨最多？

B. 有哪些实际的努力在弥补、抗击、改变或者减弱事件的影响？这种努力的范围有多大？（参见第2方面的内容）

C. 这种努力的结果如何？

反作用是故事中的最后一个动态因素，也是只有一个成熟型的故事才能具有的因素。为了衡量这种因素可能导致的重要性，记者应该把重点放在"做了些什么"，而不是"说了些什么"上面。言语是廉价的，行动才是宝贵的。

如果故事的发展还没有成熟——比如，中心事件刚刚发生，还在不断发展之中——这时，记者能够来得及找到的反作用因素恐怕就只有反对者的口头抱怨和文字资料了。选取一、两个这样的信息放在故事里，但是一定不要放在一起。如果只有口头的表达，你的反作用部分将很难有强大的吸引力。一个懒汉也可以成为一名编辑顾问，甚至名扬四方，他根本不去阅读那些文章，只是在所有的文章后面都写上几乎一样的评语，然后就潇洒地去打高尔夫球了。想知道他写的评语是什么吗？这个连懒汉都知道的金规玉律就是：少说话，多行动；少观点，多事实。

6 未来——如果我的中心事件不受干涉，继续发展下去，会发生什么？

A. 对于我的中心事件，是否有关于其未来发展的正式研究和预测？这些研究和预测是怎么说的？

B. 我的事件当事人和观察者对于这个事件有哪些非正式的看法？当事人对于他们的未来如何看待？

C. 我能展现未来的可能情况吗？

注意，我们在第C项选择的词是"展现"。我们没有必要对未来给出肯定的结论——但是对于那些可能预示了未来的材料，尤其是那些可能成为预测未来的关键依据的材料，我们有权利和义务把这样的材料呈现给读者。

比如，在那篇有关科罗拉多河的故事中，记者通过大量信息告诉读者，美国的西南地区对于河流资源已经过分利用，而且如果沙漠的城市化建设进一步发展的话，这个问题将相当严重。但有一些人，并不把这种威胁当回事，他们认为通过人工降雨的技术，科罗拉多的河水能够迅速上升。我在故事的结尾没有正面否定这种看法，但我列举了反击这种看法的证据：

如果没有足够的云来实施人工降雨，该怎么办？700多年前，普韦布洛文明（Peublo civilization）①达到了顶点。从山里流出的溪水与河水源源不断地滋养着他们的土地，让印第安人能够耕田种地，建立城市，最终发展成一种文化。公元1276年，这里发生了一场大旱，这个文明也随之干涸，只留下了一座座建立在崇山峻岭之中的空荡荡的怪异城市。

那场干旱持续了大约25年。今天的沙漠文明，主要依赖于科罗拉

---

① 普韦布洛文明（Peublo civilization），古印第安文明，位于美国新墨西哥和亚利桑那州北部。

多的两个大型水坝：鲍威尔湖（LakePowell）水坝和米德湖（Lake-Mead）水坝。它们负责在干旱的时候把水送到沙漠里去。这里储备了4年的用水量。

这个结尾并没有给出明确的结论，但是结论已经非常清楚：大自然只要稍一动怒，那些宏伟的水坝、那些沿河建设的庞大的管道工程、那些计划和规划，都将变成垃圾。

以上这些问题，把一些具有普遍性的问题集中了起来，这和一位优秀记者在进行故事计划时所做的准备完全一样。在开始行动之前，我会依次思考一下这些问题，让我的报道更加全面有效。因为我能够借此知道我大概需要哪些材料，在我得到这些材料时，我可以检查一下它们是否符合我的需要。总而言之，这样的指导迫使我考虑到一些故事讲述的重要方面，并在自己的采访中把这些方面包含进去。它们是：时间、范围和多样性。最后一点尤为重要。

上面的计划向导适合运用在非人物类特写的报道之中。如果是人物类特写，我们的计划向导提出的问题会稍有不同。

人物类特写的报道要点

1 历史

　　A.我的写作对象的过去对于他或她的今天的现状有什么样的影响？

2 性质（取代了前面的"范围"部分）

A. 我的写作对象具有哪些与众不同的性质值得报道，个性、职业，还是其他方面？（这一点在综述中要强调）

　　① 我的写作对象有哪些行为举动反映着这些性质？
　　② 这些性质如何影响了写作对象的命运和生活？

B. 我的写作对象具有哪些典型性？他或她与同类人有多少类似性？（这一点在微观特写中要强调）

　　① 他们是否具有共同特征，哪些共同特征？

② 他们是否有同样的经历，哪些同样经历？

3 价值和标准（取代了前面的"原因"部分）
A. 我的写作对象最相信什么？他的这种信念在他实现目标的努力中有何影响？
B. 这些信念与同类人的信念是否相同？在哪些方面相同或不同？程度如何？
C. 这些价值观、标准和目标都是从哪里产生的？

4 影响
A. 我的写作对象对于周围人或同类人有何影响？这些影响是什么，是正面还是负面的？
B. 我的写作对象如何受到环境、周围人或同类人的影响？同样，这些影响哪些是正面，哪些是负面的？

5 反作用
A. 其他人对于我的写作对象的行为和态度有什么样的反应？可能的话，用他们的行动来告诉我。
B. 我的写作对象又是如何回应环境、周围人和同类人对他或她的影响的？同样，用行动说明。

6 未来
A. 我的写作对象认为他或她的未来会怎样？
B. 其他人对于这一点又怎么看？

这个关于人物特写的指导，要强调的是行动与反作用。没有了这种向导的提醒，记者很可能迷恋于一个滔滔不绝的写作对象，结果整篇文章都是对方的夸夸其谈，言之无物。这样的话，即使是一个迷人的特写对象，也会令人厌烦。

Step2：设置优先选项

现在，你可能觉得计划一篇报纸的稿件真是一件麻烦的事情，其实不然。实际操作起来花不了多少时间——我一般也就用一个多小时——而你真正得到的故事计划并不会像你想象的那么复杂。

我在做计划的时候，的确会考虑到各个方面的各个问题，但在思考的同时，我也会把那些和我这个故事想法没有太多关系的问题剔除出去。这就是我所说的，为你的故事设立优先选项。设立了优先选项的计划是一个更加简单的计划，因为它只关注少数几个重点。

以一篇典型的非人物类特写报道为例，我在动笔之前，会察看所有我们已经讨论过的动态因素——发展/影响/反作用，但是我的故事计划将只考虑那些最新的信息。如果这个故事还处于发展期，我知道我应该把主要精力放在对中心事件本身的细节挖掘上。我把这个方面的问题全部引入我的故事中，尽可能多地回答这些问题。但是，如果故事已经发展成熟的话，人们对于中心事件可能已经非常熟悉。这种情况下，我只需在报道中稍微提及一下中心事件，而不需要全面报道。相反，我应该把重点放在影响和反作用上面。

下面是我写的一篇有关新兴城市的报道，看看向导提出的哪些问题在我的故事中得到了重点强调：

莱特镇，怀俄明州（WRIGHT, Wyo.）——这里不是大草原上的巴黎。这里的街头没有咖啡馆——也没有医院、剧院、汽车修理厂或者比萨饼店。在这个人口只有1600人的小镇外面，只有漫无边际的灌木丛和一股的从不停息的风。

尽管如此，莱特镇还是一个值得一提的地方。现在，这里是一个新兴城镇，而不是5年前那个随便用砖头、木板搭建起来的城市。

现在的莱特镇是由阿科煤炭公司（Arco Coal Co.）亲手设计和打造出来的。阿科煤炭公司是大西洋福田公司（Atlantic Richfield Co.）[①]

[①] 大西洋福田公司（Atlantic Richfield Co.），简称阿科公司。美国的大型石油公司，主要从事石油天然气的勘探、生产、运输和销售，还经营化工和煤炭等业务。

的下属公司。这个镇就是为阿科公司巨大的黑雷煤矿（Black Thundermine）建立的。他们把煤矿周围散居的村民聚集在一起，组建了这个小镇，为的是让在黑雷煤矿干活的工人有一个满意的生活环境，不至于去胡闹。

显然，工人们是满意的。正因为如此，这个新兴城镇总是显得异常宁静，宁静得甚至有点乏味。这里只有一家酒吧，但这里绝对不是一个能够让老顾客乱丢凳子或者朝天花板放枪的地方，因为这家酒吧和一家家常菜饭馆开在了一起，而且是在一座新建的购物中心里面。这里的一切都是新建的。一座网球场、一所现代化的学校、一个拥有标准游泳池的社区中心在草丛中拔地而起。现在，这个镇上还有棒球联赛和瑜伽练习。

如果说莱特镇的生活是宁静的，那么它恰恰反驳了那种对于"新兴城镇综合征"（boomtown syndrome）的担心。随着能源开发为美国西部带来大量人口，许多人担心新兴城镇的突然过热增长会导致配套服务无法跟上，从而带来住房紧张、犯罪率上升、人口拥挤和许多其他社会问题。

更好的防卫

在参观了莱特镇和其他一些能源中心的城镇后，你会发现这种所谓"新兴城镇综合症"的恐惧是没有根据的。首先，政府已经大幅度提高了煤矿开采的税收，用这些钱来资助新兴城镇，减缓城镇建设的压力。另外，20世纪70年代初期能源开发的混乱经历，也让国家和地方政府对于现在城镇发展规划更加谨慎，他们对于能源公司提出了强硬的要求，让这些公司给予更多的帮助。

能源公司用出资的方式回应政府的要求，他们资助学校和其他公共设施的建设，修建更多住房，并积极参与城镇的规划。"地方政府的态度已经不一样了，能源公司只能按照地方政府的要求去做。"北落基山脉和平原地区的联邦能源影响办公室主任伯曼·洛伦森（Burman Lorenson）介绍说。许多时候，这些公司只能听从政府的要求，因为有些地方政府现在要求那些能源公司必须先同意帮助建设城镇，才肯批准他们进行能源开发。

《华尔街日报》是如何讲故事的

可怕的故事

这种强硬的立场是现实的教训换来的。俄怀明州的石头泉镇（Rock Springs）是20世纪70年代早期建设的新兴城镇，它就是新兴城镇建设失败的典型。城镇的迅速发展让这个地方的人口在4年里翻了一番，犯罪率和房价都迅速飙升，结果让这里成了美国西部最惨不忍睹的城镇。其他地方则从这里吸取了教训。

近几年来，许多悲观的研究者指出，像石头泉镇这样的惨剧在目前的新兴城镇浪潮中，还会不断重复上演。这样的论调也让那些地方政府的领导们提高了警惕。比如，有报道说，埃克森石油公司（Exxon Corp.）①将在西部建设总价30000亿美元的合成燃料工业，预计2010年投产。如此庞大的工程，将导致超过100万的矿工、车间工人、建筑商人涌入这片人口稀疏的土地。光是这100多万人的水源就是一个大问题，密苏里河（Missouri River）很可能为此而改道。

很多专家都清楚，现在的开发项目已经减少了许多，而且开发的时间也比他们研究中预计的要长。一些计划中的项目已经被推迟、取消或者缩小规模，这意味着西部地区将有更多的时间去思考如何应对城市增长。

但即便如此，现有的增长速度也已经达到了危险的边缘，为了消除城镇增长带来的负面影响，各能源公司都一改常态，令人惊讶地采取了合作态度。据一位能源公司的工作人员介绍，如果在前几年的话，多数公司会说，"不要跟我们说什么影响，把它从我们的财产税中拿走。"

而现在，越来越多的公司认识到，缓解这种城镇增长带来的影响是非常重要的。没有计划的能源开发不但会破坏一个城镇，也会让技术熟练的工人们远离这里。随着劳工流动率的上升，产量就会下降。在石头泉镇的一家矿业公司中，一年之内所有的劳力都被更换了。还有一个工程，因为劳力流失，产量降到了原定产量的三分之一。

所以现在为了保障生产，许多公司都采取主动合作的态度。雪佛

---

① 埃克森石油公司（Exxon Corp.），现在叫埃克森美孚石油公司（Exxon-Mobil Corp.），是全美最大的石油公司。

龙美国公司（Chevron USA）是加州美孚石油公司（Standard Oil Co. of California）的分公司，阿莫科生产公司（Amoco Production Co.）是印第安纳美孚石油公司（Standard Oil Co. of Indiana）的分公司，这两家公司都参与了俄怀明州西南部的石油开发工程，他们分别向当地政府捐赠了50万美元。阿科煤炭公司为了他们在科罗拉多的项目，也出资参加项目周边的道路修建、水利工程修建和土地开发项目。

该公司还出资1700万美元用于莱特镇的建设。如果幸运的话，公司可以从土地销售和其他方面收回这笔钱的四分之三。阿科公司认为，这笔钱是花得值得的。为黑雷煤矿雇用和训练一名大型设备操作员就要花费1.5万美元，如果他因为无法为自己的家庭找到合适居所而离开的话，生产上的损失和重新培训一名操作手的费用，将让阿科公司的钱包叫苦不迭。幸亏阿科公司建立了这个小镇，目前矿上的劳工流动率只有往年的10%左右。

其他公司也在吸取教训。埃克森公司在科罗拉多西部的油田项目附近修建了梅萨镇（Battlement Mesa），一个最终能够容纳2万~2.5万人的社区。在犹他州（Utah），消费者能力公司（Consumer Power Co.）的分公司在他们的铀矿附近修建了一个名叫提卡布（Ticaboo）的小镇。

能源公司还在使用"创造性资助"（creative financing）的方式，帮助城镇建设它们自己的设施。俄怀明州的维特兰德（Wheatland）就是这样一个城市。总部设在北达科他州（North Dakota）首府俾斯麦（Bismarck）的北新电力公司（Basin Electric）正在这里建设一个发电厂，这个能源项目导致这里学校的学生爆满，已经没有更多空间来接纳新生了。

于是这个能源财团出资组建了一个非赢利的机构来负责修建更多教学楼。这个机构受当地教委控制，但不同于教委下属的其他机构。这个机构发行债券，用于筹资建楼。这些债券由能源公司作担保，以最低的利息率公开发售。等到教学楼建成后，地方教委从非赢利机构那里租用这些教学楼，而租金正好等同于发电厂建成后需要上交的财产税。

正在开发当中的社区都把那些受到影响的城镇作为研究对象。一个来自北达科他州能源三角区的代表团到维特兰德市仔细考察了一

> 《华尔街日报》是如何讲故事的

番。北达科他州能源三角区因为发现了煤矿资源，而出现了越来越多的大型能源工程。他们学到的经验之一，就是实行严格的分区管理制度。

现在，新兴城镇还有更多的收入来源。1975年之前，政府对于原油、天然气、煤矿、铀矿和其他能源的开采工程，基本上不收税，或者实行低税率。而现在，这些能源公司每年要从收益中拿出数十亿美元用于缴税。

扎普的救赎

各州的能源税率一路飙升，蒙大拿州（Montana）对煤矿开采征收的税率已经高达30%。最近，有反对者已经向最高法院起诉蒙大拿州的过高税率。尽管如此，美国各州都认为继续维持能源开采的高税率是必要的。俄怀明州，刚刚把石油和天然气的开采税从4%提升到6%，这一措施估计将为该州每年增加9500万美元的税收。

为了防止在能源耗尽后，出现发展停滞的现象，包括俄怀明州、阿拉斯加州（Alaska）和新墨西哥州（New Mexico）在内的一些地方，正在筹建一笔高达数十亿美元的信托基金，以防后患。目前，各州都从征收的开采税中拨出专款，用于新兴城镇的道路、学校、安全等各方面的建设。（蒙大拿州的一个镇用这笔钱购买了清路机，然后申请更多拨款修建街道，好让清路机发挥作用。）

对于北达科他州的小镇扎普（Zap）而言，这些基金是相当重要的。扎普位于能源三角区的群山之中，该镇曾经为缺少建设资金的问题伤透脑筋。"为了钱的问题，我们曾经绞尽脑汁，"小镇的审计员齐普·昂鲁（Chip Unruh）介绍说，"国家煤炭开采影响办公室（statecoal impact office）的政策解决了我们的资金短缺问题。他们成了我们的救星。"

延迟与失调

不管是政府的资助，还是能源公司的资助，都无法让正在发展高峰中的西部各城镇完全远离快速发展带来的问题。首先，计划也有出错的时候。位于科罗拉多州的海顿市（Hayden）预计该市附近将有一个煤矿开采工程要开工，于是开始出售债券扩建给排水系统。结果，这个开采项目并不成熟，该城市从这个项目中获得收益连偿还债券都不够。

在其他地方，地方政府与那些能源公司之间也没有形成完全的和谐。在科罗拉多州的加菲尔德镇（Garfield County），当地官员最近投票，决定暂不同意联合石油公司（Union Oil Co.）扩建位于当地的油页岩开采项目。他们要求该公司的总裁弗雷德·哈利（Fred Harley）或者其他掌权的主管人员必须向他们做出保证，扩建不会给该镇带来负面影响。"我们需要权威人士提供的保证和一本支票簿，"一位政府官员说，"要想让联合石油公司采取合作态度，就像拔牙一样困难。"

有时候，采取行动已经为时过晚。俄怀明州的伊云斯顿市（E-vanston），位于落基山脉的产油带。为了帮助地方政府应付过速发展的问题，35家能源机构组成了一个工业协会，共同为地方发展筹集资金，研究对策。但是这个协会直到1980年才建成，这时油田开发的高潮已经开始5年了。城市的道路上早就被重型卡车弄得拥挤不堪，除此之外，住房严重紧张，公共服务设施不堪重负。

"现在他们做的只能是用创可贴把出现问题的伤口盖住。"丹佛研究学院（Denver Research Institute）的资深经济学家约翰·吉尔摩（John Gilmore）说，他是研究新兴城镇综合征的专家。

让发展变成惬意的事情

有了过去的经验教训，加上新增加的税收资助和能源公司态度的转变，现在新兴城市建设状况已经比以前好了许多。"所有这些都大大降低了城市迅速发展带来的危险。"吉尔摩先生说。

这种危险还在不断降低。最近，科罗拉多西部的里奥布兰科镇（Rio Blanco）邀请华盛顿著名的阿诺德-波特律师事务所（Arnold & Porter）与西部燃料联合会（Western Fuels）进行谈判。西部燃料联合会希望在此开发一个煤矿，里奥布兰科镇要求与其签订一项具有广泛示范意义的协议。这项协议的基本内容是让该镇现在的居民不必为了小镇新增的人口支付额外费用。所有因为煤矿开发而来到该镇工作和居住的人，包括新增加的老师、警察和其他必需人员，他们给地方政府带来的额外开销都将由西部燃料联合会承担，这笔钱将达到1500万到1700万美元。

但是,即便有了能源公司的赞助和税收的收入,即便能源开发为当地的青年人提供了更多就业的机会,新兴城镇的发展还是需要付出代价。这一点,生活在西部乡村的人十分清楚。"以前镇上的人都互相认识,一辈子生活在镇上的老人走在大街上,能够叫出每个人的名字,和他们打招呼。现在这样的日子已经一去不复返了。"蒙大拿州佛塞斯镇(Forsyth)的一位居民说。这个宁静的小镇已经因为煤矿开采和电厂建设而改变了模样。在北达科他州能源三角区一望无垠的草原上,煤矿堆成的小山包如黑色巨人一样矗立在那里,许多农场主都对现在的这些变化怨声载道。

50岁的沃纳·本菲特(Werner Benfit)就是其中一位。他一辈子都在牧场生活。现在,他的一部分牧场已经被铲土机破坏。"我们和他们斗争了三四年了,但我们还是失去了土地,"他说,"我希望他们从没来过。"

仔细分析这篇报道,我们发现这篇报道很少涉及计划向导提出的范围部分问题,也就是中心事件(能源增长的需求)的涉及范围。这是因为,中心事件在这个故事里已经是给定事实,至于事件的影响也只是谈到"新兴城镇综合症"时简略地说到了几句。没有数据、没有引言、没有细节,只有简洁的陈述,但已经足够让读者对整个故事的背景有所了解了。

作者把几乎所有的报道精力都放在了对事件的反作用上——地方政府采取了哪些具体行动来减轻影响,这些行动有什么效果。作者提供了一些历史资料,但仅限于那些从过去吸取经验的公司和地方,唯一强调的细节是石头泉城。

与这篇文章相反,乔治·盖茨肖那篇关于墨西哥移民的报道没有涉及反作用方面,而是把重点完全放在了原因上,尤其是经济原因,同时把历史和地方因素作为辅助原因。在科罗拉多河的故事中,强调的重点是中心事件的影响范围——河流资源的过度使用以及依靠河流生存的人的未来。

在报道之前就决定哪些是重点,哪些不是,是一件非常危险和主观的事情。在这个阶段，我们掌握的信息有限，很难为故事设定详细的计划。所以，记者必须对自己的计划采取灵活态度，在工作中不断修改自己的计划。

通过这种计划向导的方法制定计划，目标明确，并把不确定性和风险程度降到了最低。首先，深思熟虑的计划一般都会执行得很好，即使有突发状况发生，也很少能改变故事的全局发展。一般情况下，记者只需对他的报道重点进行一些轻微调整就可以了。其次，那些看起来杂乱无章、令人心生畏惧的材料，在计划之后会变得越来越简单，越来越可行。最后，良好的计划能把那些不太重要的因素省略掉，突出和强调最重要的元素，从而让记者花费更少时间，写出更好的故事。

在计划层层完成后，我还要给我需要强调的部分加上最后一个元素，我把它称作"焦点和人物"。这个元素命令我自己在报道故事的关键部分时，要尽量关注最底层的信息。它提醒我如果不这样做，我的故事就无法成功。

要获得这样的材料往往是相当困难的，有时需要打很多枯燥的电话，有时还需要不知疲倦地在各地穿梭。与寻找这样的材料相比，寻找能够提供总体看法和分析数据的专家要容易得多，因为这些人和媒体往往有固定的关系，我们知道他们是谁，能够很容易地找到他们，而我们在使用他们提供的信息时，也公开验证了他们的权威性。他们是容易接触到的，因为这样对他们是有利的。

但那些专家很少有什么故事，他们至多只是帮助你讲故事的助手。真正的故事发生在大街上，没有公关人员向记者招手示意，也没有电脑吐出的诱人数据，那里的人也不会因为向记者提供信息而得到什么好处。这块领地对陌生人来说是凶险的，但是为了获得能够让读者信服的细节和直接感受，为了让他们相信我们的判断，我们必须到新闻第一线去。其实多数情况下，我们到那里去，同样也是为了说服我们自己。

我所说的底层，是事件发生的最底层。比如一位记者正在做这样一个故事：少数族裔的年轻人失业率上升，导致犯罪率上升，由此各大城市如何通过为年轻人，尤其是那些曾经有违法纪录的年轻人开设职业培训中心，来缓解这一日益严重的危机。我们的记者决定前往一两家职业培训中心进行采访，他的决定很对。他为自己找到了真相而洋洋得意。他在故事里描述了培训中心的状况，受训的青年人以及他们的日常生活。为了突出这些年轻人走出失败阴影的艰辛过程，报道中引用了很多培训中心主管和培训员的讲话以及一些相关信息。

这样够了吗？对不起，还不够好。真正的故事不在主管和培训员那里，而在那些年轻的黑人和西班牙后裔的身上。他们可能是郁郁不乐的，甚至可能是充满敌意的，但是真正的故事就藏在他们的心中和他们的亲身经历里。他们是这些培训中心存在的原因，但是记者有关他们的信息都是二手的。中心主管和培训员距离故事的中心很近，但是他们并不是故事的中心，只有他们的客户——那些受训者的直接经历和言语才是故事中最有分量的信息。

在我们的记者（一位接受过高等教育，年近40，从没担心过失业问题的白人）的内心深处，他当然也明白这个道理。但是他却回避了这个最主要的信息源，或者只是刚刚接触到故事的主角，就在第一道障碍面前望而却步。由于没有优先关注那些故事的主角，没有坚持去采访他们，记者的故事缺乏可信度，他的读者可能会从故事中获得一些信息，但他们不会真正投入到故事中去。

Step3：采访报道

对我而言，在整个报道过程中，最重要的事情就是你必须清楚，你需要哪些素材来推动故事的发展，这一点我们已经讲过了。有关新闻采访的实际操作，也有很多教材都介绍过，我们无需在这里重复那些内容。我们在这里只想强调几个点：包括如何进行有序的采访，如何在采访中突出优先项，如何通过采访把采访对象的价值在故事中体现出来。

在开始新闻采访时，记者首先想接触的对象是那些"**聪明人**"，如果他够幸运的话，他可以为他的故事找到一两个这种称职的合作者。这些人，能够帮助记者完成整个故事的构思。他们不仅能够引导记者把采访报道深入化，还能为报道的主题提供真知灼见，更重要的是，他们见多识广，能够对记者的原始想法给予冷静的批评。这些人也许并不会出现在最后的故事中，但是他们常常能够影响故事发展的方向。

这样的"**聪明人**"可以说是稀有动物，因为他不仅需要对故事主题有广泛了解，深入研究，还必须是一位大公无私的合作者，非常愿意提供帮助，因为他希望把自己知道的东西公之于众。他不仅能够告诉我们事件是怎样的，还必须能为我们提供有理有据的分析和预测，告诉我们这些事件意味着什么，或者可能产生什么影响。最后，他的立场还必须是客观、平衡的。这样的"**聪明人**"可能为某个党派的机构工作，他有自己的感受和看法，但是他能够脱离自己的背景和感受，从全方位的角度来研究整个事件，包括那些他本人并不赞同的观点。不仅如此，他能让读者体会到不同人的感情，而这正是记者希望在自己的故事中表现出来的。

根据他们所处的地位，这些"**聪明人**"还可能提供一些文件资料，不过更多情况下，这些材料来自下一个信息源——"**论文人**"。这些人为专门的研究机构工作，他们定期在媒体上公布他们的研究成果。有些这样的人自己并没有什么真知灼见，他们的存在完全是为了推动论文的传播。我们不需要和这些人交谈，但我们可以让他们提供一些专家的名字。不过，最好也不要和那些专家交谈，除非我们看到了他们的论文，真的觉得言之有理。

原因很实际。如果一位记者要写一个有关蝴蝶的故事，他可能会去咨询国家蝴蝶研究所的某位著名的昆虫专家，换来的是一个小时冗长晦涩的讲座，而记者必须再花上一小时的功夫才能把专家的讲座真正消化掉。3天后，他收到了研究所寄来的书面资料，内容几乎和当天讲座的信息几乎完全一样。所以，聪明的做法是先读资料，再去提问。

如果记者准备的是特稿写作，不论是"**聪明人**"还是"**论文人**"，可能都没有太大帮助。这时候，记者需要的是"**师傅**"。在纽约市的警察局，"**师傅**"指的是经验丰富而且人缘好的人，他们能够运用自己的能力帮助年轻的警官在事业上顺利发展。在一篇特写中，"**师傅**"通常是一位处在事件中心或者非常接近事件中心的人。这些人知识渊博，能够为记者提供有用的背景信息，并帮助记者找到其他能够帮助他的人，通常，他们还能帮助记者找到故事的主角。

以上这些工作，仅仅是为我们拉开了采访报道的序幕，采访报道中真正重要的工作是深入到故事的最底层，收集所有能够给故事带来活力的细节、插曲和人物。我认为这一部分的工作不应该过早完成,而是应该在我们对故事有了广泛了解后再开始行动,因为如果没有广泛的了解,我可能不知道该听谁的话,该寻找什么信息。不过,并不是所有时候都能接触到最底层,所以如果你有机会能够提前深入到底层收集材料的话,你应该抓住这样的机会。一般来说,我们最后得到的故事还是取决于故事决定提供给我们的信息,正如我的一位政治家朋友所言:"如果你得不到牛排,就拿一个三明治。"

确实,有些故事中并没有太多的生活气息,另一些应该有生活味道的故事却没有。还有一种类型的故事,我把它称为"闲逛型",这类故事如果没有关注焦点和中心人物,就无法完成。卡伦·埃利奥特·豪斯(Karen Elliott House)这篇有关农业部的报道,就是我一直推崇的。

华盛顿(WASHINGTON)——多尔顿·威尔森(Dalton Wilson)有丰厚的薪水、很长的头衔和一张干净的办公桌。

威尔森先生今年52岁,是美国农业部农产品外销局(Foreign Agricultural Service of the Agriculture Department)行政主管助理的助理。有一天,一位记者找他聊天,看见他的桌上仅仅摆了三样东西:一块糖、一包烟和威尔森先生的一双脚。他正背靠坐椅,阅读着《华盛顿邮报》(Washington Post)上面的房产广告。

记者问他,一个拥有这么长头衔的人,到底需要做些什么工作?

"你是说,我应该做哪些工作吗?"威尔森先生笑呵呵地说,"我来告诉你去年我都干了些什么。"

结果是,年薪高达2.8万美元的威尔森先生,去年一年都在评估农业部出版的油脂刊物的时效性和有效性。他说自己已经习惯了这种节奏缓慢的工作,还有一次,他花了一年时间研究使用卫星预测农业产量的可行性。

为34位农民服务的官僚

威尔森先生的节奏,就是农业部的典型生活节奏。这里有8万名正式职工,平均下来,每位官僚只用管理34位美国农民。现在,卡特总统(President Carter)正在进行政府重组计划,改革政府机关的工作效率,而农业部的现状就生动地说明了总统在改革中所面临的问题。

最近，随着农民数量的逐年下降，农业部加强了自我宣传的力度，在熟练完成传统工作的同时，也在开发新的工作项目。结果导致大批官僚在从事大量没有明确意义的工作。

"没有人能够真正管理农业部，"华盛顿民主党人士托马斯·福利（Tomas Foley）说，"这个部门太庞大了。"托马斯是美国众议院农业委员会（the House Agriculture Committee）主席。

除了正式职工外，农业部还有4.5万名零时雇员，这些人占据了首都华盛顿的5座大楼，另有1.6万人分布在全国各地。这些员工负责开办妇女的自我认知项目，为鉴别西瓜的优良制定标准，为农作物产地测量面积——尽管政府有关农作物种植面积的限制早已作废。

接下来文章告诉我们，农业部部长鲍勃·伯格兰（Bob Bergland）即将要求所有员工上交一份对自身工作的评估报告。

但是员工们并不着急。"他不会这样做的。"一位年轻的数据专家说，他的脚也摆在了桌上。"他根本没有时间去阅读这些报告。"另一人补充道。第三个人说："不用担心，伙计，那些工作量最少的人会有最充足的时间来撰写自己的评估报告。"

随便在农业部走上一圈，你就会发现这里有很多不对劲儿的地方。在主办公楼的各间办公室里，古老的钟表停留在各个不同的时间点上，一动不动。任何时间，都有数以百计的人在走廊或者阳光明媚的自助餐厅里闲逛。

游手好闲已经成了一个严重的问题。去年，农业部部长办公室向各主管部门下达了一份备忘录，要求各部门严惩"华盛顿办公大楼里消极怠工的现象"。还有一份备忘录发给了所有员工，警告他们"工作缓慢、上班报到后就赶去吃早餐、延长喝咖啡的休息时间、延长午饭时间以及迟到早退"都是"有损公共形象的行为"。

但是今天，懒惰的现象依然非常明显，而且已经成了办公室里开玩笑的话题。一位正在自助餐厅的长椅上休息的年轻员工说："我惟一关心的工作就是早餐、午餐、两个咖啡时间，并且在每天下班时第一个冲出办公大楼。"有些玩笑是无意识的。"我真希望明天生病，"一位女员工对电梯里的同伴说，"可我不能，因为和我一起工作的女同事已经计划明天请病假了……"

对于许多员工而言，要想找到工作动力真的很难，因为他们的工作看上去毫无意义。市场部的保罗·贝特（Paul Beattle）去年一年基本上都在制定西瓜的优良标准，该标准通过西瓜的形状、花纹斑点等方面来区分西瓜的好坏，但是这样的标准对于瓜农和西瓜零售商来说，毫无意义。不管怎样，他说，至少大多数消费者能够通过这个标准从外表上来判断一个西瓜的好坏。

农业部家政主管的副助理阿瓦·罗杰斯（Ava Rodgers）表示，她的工作中，有一半时间是在全国各地旅行，出席全国4000多位家政专家举办的各种活动。记者请她举一个典型的工作日来说明她在办公室里的工作，罗杰斯小姐说："我今天早上回答了十几个电话。这就是我的工作。普通的一天。"她每年的薪水是3.37万美元。

在这个部门的其他一些地方，有2000名员工正在忙碌着为新的水坝项目制定计划，尽管这样的计划在10年前就已经存在，并且一直等待着批准建设的答复。伯格兰部长表示，他已于几周前下达了一项命令，停止有关水坝建设的进一步计划工作。但是，水力资源主管助理乔·哈斯（Joe Hass）表示，他并没有接到这样的命令……

这样的情景还有很多。如果没有豪斯提供的这些相关的小插曲，那种懒惰的官僚形象，那种不讲实际效果、自以为是的工作形象，就不会这么生动、令人信服地展现在读者面前。而豪斯选择了一种最简单可行的方法来获得这些资料——在农业部里面闲逛，向人们询问他们的工作情况。

"闲逛型"的故事完成得很少，原因是多方面的。首先，这种类型的故事很危险，我们可以预先设计我们想要的故事，但是如果我们闲逛的过程中什么也没得到，该找谁承担责任？另外，这一类型的故事是需要花费时间的。记者往往需要花费好几小时、好几天甚至好几周的等待，才能等到一些需要的故事发生。

最后，关于这类故事的采访技巧也与我们习惯的采访技巧不一样。我们通常接受的训练是在采访过程中收集信息，毫无疑问信息采集是采访的最大目标。这种导向，让我们更习惯于清单式的采访。记者为了挖掘事实,在采访前细心列出一系列具体问题的清单,然后把这些问题像子弹一样发射给信息源。但是在"闲逛型"的故事中,记者很少用到这种传统的采访方式。在这样的故事中,记者更多地依靠于闲逛过程中偶然接触到的所见所闻,而不是正儿八经的采访。他必须明白,他开始获得的信息可能很少,因为他的信息源对于他的出现有一个适应的过程,只有在他们消除了对他的疑虑后,他们才会表现出真实的一面。如果记者强行闯入他们的生活圈中,把一连串的问题抛给他们的话,只会增加他们对新闻记者的反感。

这一点,在所有故事的采访中都应该注意。好的采访意味着获得事实,但是好的故事有更多的要求。当我们处于故事的最底层时,我们必须让信息源知道,我们是作为普通人与他们交谈,而且我们是真的对他们感兴趣,这样才可能获得我们需要的信息。千万不能把信息源当作柠檬对待,期望在几分钟内就把所有柠檬汁都挤出来。

我认识许多记者,常常因为得不到好的引语而苦恼。他们故事中的人物显得很拘谨,对自己的言语非常谨慎,不愿表达真实的自我。我猜测他们这样的反应是因为记者把他们当作柠檬在挤。记者的采访成了冷淡的商业交易,而不是平等的对话。

我不喜欢和那些对我没有兴趣而只对我能为他们做些什么感兴趣的人进行交谈。故事的信息源也是一样的,因此最好的办法就是和信息源建立至少30分钟的友好关系。记者可以用聊天的口吻介绍一下自己的工作,然后在信息源不太忙的情况下,表示一下自己对他本人的兴趣,比如他的工作、他的生活背景——包括他居住的城市、他所属的机构、他工作的公司以及其他与之相关的方面。这不是欺骗。记者是真的感兴趣,或者是应该感兴趣,因为这样的谈话,能够让记者对信息源有大致的了解,知道他的影响力有多大,他对生活的看法是怎样的。这些判断对于记者后面的谈话非常重要。

记者最开始提出的问题,应该是广泛的,没有威胁性的,这样可以让被访问者有几分钟时间来判断一下采访者的意图,以及采访者是否可信。在这种信任建立后,记者的问题逐渐具体、清楚起来。一般而言,他这时得到的回答会更加坦诚和全面,效果要比一上来就劈头盖脸地发问要好得多。

我并不是说我们要努力和信息源建立虚假的亲密关系。多数的信息源都能一眼看出这种虚假，他们的警惕性反而变得更高。我的意思是，记者作为讲故事的人，不要仅仅把信息源当作提取信息的银行。做不到这一点的记者，最好改行去做电脑程序设计员。

还有一些记者一说起来就没完。他假装对于故事的内容非常熟悉，已经达到或者接近专家级信息源的水平。他害怕表现出自己的无知，而事实上，他确实很无知，这一点他应该在采访开始时就坦白。他忘记了如果他这样做的话，如果他能够像学生接近老师那样接近他的信息源的话，他就能够激发那些专家们的内心愿望，因为专家们都是喜欢炫耀自己的知识。相反，如果记者自己假装很在行，他们得到的信息往往很少。

信息源可能很快发现记者是个假冒的专家，因而不再搭理他。或者，更糟糕的情况是，如果我们的专家没有识破记者的伪装，他可能开始使用专业术语与记者探讨一些深不可测的问题，他以为记者会很熟悉这些问题；而后者也频频点头，假装听懂了一切，实际上却是丈二和尚摸不着头脑。在这种糊里糊涂的情况下收集的材料，如果再被记者愚蠢地用到自己的故事里，就将像眼镜蛇的蛇毒一样，造成致命的伤害。

有些调查性报道的记者为了证实某些信息的真实性，会假装知道一些他们并不知道的内容，以骗取信息源的许可或认同。让我们看看下面这段对话，看看嗅觉敏锐的记者如何从涉嫌腐败的工会官员口中套取信息的。

记者（没有丝毫根据）：你为什么从工会的养老基金中私自提取5000万美元，给了"胖子"路易·本尼迪托（LouieBenedetto）？

工会官员（惊骇）：天呀，你哪里知道的？只有200万……

记者：你上当了！

很厉害，是吗？不过，这样的场面仅仅是记者的异想天开。在真实世界里，工会官员根本找不到。他很可能躲在阿卡普尔科（Acapulco）①帮着"胖子"路易一起花钱呢，而我们根本无法证实这些。

---

① 阿卡普尔科（Acapulco），墨西哥南部港口城市。

在采访过程中，用自己滔滔不绝的讲话来填补沉默的记者，往往错过了得到好引语的机会。让信息源来填补沉默。如果你认为被采访者的回答并不完整，或者对方的回答没有表现出他们的真实想法和感受，那就继续等待下去。开始的时候，他可能有点不自在。他可能会感觉到他的回答没有让你满意——这时他往往会对之前的陈述进行补充，或者完全推翻前面说过的话。这时他说的话往往比开始说的话更有用。

如果你在采访中提供太多帮助，反而可能什么也得不到。比如一位记者要采访一位牛仔，记者希望这位在草原上长大的牛仔表达一下对自己工作的感受。"斯利姆（Slim），"记者问道，"既然报酬那么低，工作又那么枯燥费力，你为什么还要做呢？你到底喜欢这个工作什么？"这是一个难以回答的问题，斯利姆不是什么演讲家，他简单地告诉记者，因为自己喜欢户外生活。这个答案没有足够的戏剧性，于是我们的记者立刻缩小范围。"告诉我，斯利姆，"他喋喋不休地说，"是因为喜欢在空旷的原野上看落日吗，还是喜欢和牛儿、马儿在一起，或者是喜欢朴实独立的生活？"

牛仔带着感恩的表情，如释重负地说道："对，就是这样的。"记者无形中免费为对方完成了工作。这可不行，记住一定要让你的信息源自己完成他们的工作。

但是记者什么时候才算完成了他们的工作呢？什么时候才可以停止采访报道工作，开始动笔写作呢？据我所知，多数记者都是忍痛离开电话，因为他们对于自己收集到的材料并不满意。他们觉得自己还没有掌握所有需要的材料。这种情况往往是因为他们没有一个故事计划，不知道他们收集的材料是否符合自己的需求。

我在进行采访报道的时候，会单刀直入，从我认为最关键的一个两个或三个部分开始。在我获得的材料已经能够说服我自己，而且能够给读者提供不同的证据和细节之后，我就开始着手写作了。一般情况下，在我收集最重要的材料时，那些次重要的材料也会自动冒出来，所以这时候开始写作，是完全可以的。

我也常常因为不知道自己的材料够不够写出一个故事而烦恼。到底该不该动笔呢？这时，我总会提醒自己：所有的故事都比想象中要长。如果我的稿件要符合篇幅的要求，说不定我还要删除很多内容呢。这些年来，还没有一位记者跟我说过，他已经与他想到的采访对象都交谈过了，但写出的故事还是太短。我遇到的麻烦往往是如何给自己的故事瘦身，因为规定7页的故事总是写到第11页还收不住。

　　限定交稿时间是有帮助的。但这种限制不是不切实际的限制，那种根本不考虑挖掘故事的时间，根本不考虑意外干扰的限时，是毫无意义的。所以，你必须仔细研究你的故事计划，预测出大概需要的采访时间和写作时间。对于看上去比较困难的工作要多留出一些时间。如果稿件很重要的话，再额外多算几天。这样，你就不会有无法按时完成的借口。

　　如果你的故事和未来没有太多联系，或者并不是什么紧急的话题，不必制定具体的完成日期。但是你要规定自己完成这篇故事的天数。这样做是为了对付你在工作过程中遇到的无法控制的突发情况，比如你必须在一到两天内完成另一篇突发事件的报道，或者你因为感冒无法工作，或者你必须代替外出的同事写稿。但是只要你在工作，只要你没有突发事件的干扰，你就应该把时间花在你的故事上，不管你是否真的能写出一些东西。

　　这种方法对于那些记者们惯用的借口毫不留情。如果你把一上午的时间花在阅读杂志上，如果你的午饭一直吃到了下午，如果你又把下午的时间花在和同事们的聊天上，很好，你每次浪费的都是工作时间，只要进行一下记录，你就能立刻发现自己浪费了多少时间，还剩下多少时间。

　　随着交稿的期限日益逼近，你不得不花费更多力气在你早该完成的工作上。正如塞缪尔·约翰生（Samuel Johnson）[①]所说："如果一个人知道他两个星期后就会被吊死，他一定会集中精力。"

[①] 塞缪尔·约翰生（Samuel Johnson），（1709-1784），英国著名语言学家，文学翻译家。

第 5 步

组织材料和结构

★ 在我阅读每篇采访记录和文件资料时,我都会把这些资料里面的信息挖出来,然后依次放到我准备好的 6 个盒子里……

★ 你可以经常离题,但不能离开太久。

★ 如果故事中没有突出的动态元素存在,离题是一个改变故事节奏的好办法。

《华尔街日报》是如何讲故事的

记者的工作不可能永远停留在采访报道阶段。如果他的信息源正在肯尼亚打猎,一个月之内都回不来,如果另一个信息源曾经受到其他记者的伤害而对他避而远之,如果记者外出寻找受关注的焦点和人物,结果却被大风雪困在了内布拉斯加州(Nebraska),不得不在汽车旅馆消磨时光的话,他最好赶快从混乱的采访工作中跳出来,看看下一步该干些什么。

大多数记者在结束采访后,都会觉得自己手头掌握的材料不如想象中好。要记住,记者永远不会拥有完美的材料,他们只需要足够好的材料就行了。那么,我们该怎么处理桌上这些足够好的材料呢?

问一下编辑们,新闻写作常犯的毛病是什么?多数编辑都会告诉你:"糟糕的组织结构。"但这只是疾病的症状,并不是真正的病根。导致这种现象出现的根本原因,是经不起推敲的思考,尤其是在前期的构思阶段。许多相关的书籍已经告诉了我们该怎么做,我们并不需要再去老生常谈。这一章里,主要强调在组织故事结构时经常被忽略的一些方面,包括突出故事的焦点、合理分配素材以及建立一条能够把所有内容以最佳方式串联在一起的叙述主线。

要想在上面三个方面做好,我们的故事结构组织工作应该在一条法则的指导下进行。这也是我最近才归纳出了的一条法则,我把它称作**"激进读者参与法则"**(Laws of Progressive Reader Involvement)。记者要完成一篇优秀的报道,他必须能够站在读者的角度上思考问题,他必须让读者对他的故事感兴趣。所以,让我们来看看最激进的读者是什么样的?我们又该如何把他们吸引到故事中来?

Step1:**逗我呀,你这个家伙**。有本事你就来哄我吧!我为什么要读你的故事,给我一个理由?记住,我并不欠你什么,也不想从你的故事里得到什么好处。

Step2:**告诉我你能干些什么**?不用开玩笑了。你的故事到底说了些什么?请不要给我空洞的解释,也不要什么琐碎的细节——直接告诉我到底发生了什么?

Step3:**真的吗?你怎么证明你说的都是真的**?让我来看看你的逻辑,让我来看看你的证据。我已经花了时间来读你的故事,我会耐心看下去——但你最好能够说服我，不要让我失望。

　　Step4：**好吧，我买了**。你要让我记住这个故事。把故事写得清楚一点，把故事写得有力一点。给故事一个强有力的结尾，好让整个故事牢牢刻在我的记忆中。

　　我们不必为第一步担心，这实际上说的就是故事的导语，这是我们再熟悉不过的了。但是许多记者坚持认为，除了一个正儿八经的导语，故事的开头没有别的选择。这样的想法可不对。事实上，只要他们愿意，他们可以选择任何形式的开头。另外，如果你暂时没有想到合适的导语，你完全可以把导语放在一边，去做下面的工作。我们会在本章的最后解释这样做的原因。现在，还是让我们从头说起。

<u>写作前如何处理材料：</u>

第一遍：泛读材料

　　浏览一下所有的采访资料和相关文件信息，不用花太多时间，这样的浏览不是为了发现细节，而是为了对整个事件有一个大体上的感觉。把不相干的材料或者重复的材料放到一边。

　　现在，对你的主题陈述进行最后的修改。故事的主题陈述是你故事计划中最重要的一部分。正如我们之前所言，在你开始整个故事的采访报道之前，你要对自己的想法有一个简明扼要的总结，这些提纲挈领的文字将指导你的采访报道工作，现在它们也将继续指导你的材料组织工作。

　　让你的故事主题陈述尽量简单、清楚，突出故事的主要方面。如果有动态元素的话，一定要强调它们。省略细节和说明，这些现在还用不上。

　　耐心打造你的主题陈述，因为这些句子不仅仅是你写作过程中的指导，它们还将成为整个故事的一部分。在写作过程中，你的陈述应该能够明确提醒你，哪些方面应该得到强调。

　　这种精心打造的主题陈述能够满足读者在"激进读者参与法则"第二步中的需要：告诉我你在这里干什么，请用最简单的文字直截了当地告诉我答案。这样的主题陈述还能让你的思路更加清晰明确，这样在"激进读者参与法则"的第三步，当读者要求完整的、符合逻辑的报道时，你能让他们相信你的故事是真的。最后，好的主题陈述中往往还蕴藏着好的导语，这一点我们会在后面讲到。所以，在你从事的所有写作工作中，主题陈述的写作应该是最重要的。

编辑们往往把整个故事中提纲挈领的部分称为"中心段落"（nut graf）。千万不要从字面上理解这个词组，成为这种形式的奴隶。的确，主题陈述可能在故事中成为一个自然段落——但这并不是说，它就必须是这样，而且许多情况下，它也不应该是这样。有些故事中，一个好的主题陈述就只有一句话。还有些故事中，一个好的主题陈述从一个段落的中间开始，到下一个段落的中间结束。另有些故事则需要好几个段落才能容纳主题陈述的内容。关键在于主题陈述的性质以及它如何清楚地定义整个故事，而不在于它采取什么样的形式。

在第一遍泛读的过程中，你还应该关注那些引起你注意的结论，把它们记下来。在你的研究中，埋藏着许多分散的信息，把这些信息组织在一起，你往往可以推断出故事的结论。你在主题陈述中已经决定了故事的论点，现在你要做的是把零散的论据整合起来，为你的论点服务。

在那篇关于伐木工的报道中，我采访了伐木生活的各个方面，但直到我通读我的材料时，我才真正体会到伐木工团体的本质。伐木工人们喜欢恶作剧，他们排斥外人，他们排挤妇女，他们构成了一个独特的团体，这个团体内部难道不存在某种特殊的同志友谊吗？

第一遍的泛读，也是为结尾寻找材料的好机会。故事的结尾就和故事本身一样千变万化，但是新闻报道的结尾往往具有一个共同特征——就是可以随时被省略。那些要节省空间的版面编辑，能够随时砍掉结尾，而不会影响整篇故事的事实性和完整性。这种外科手术一样的切除行为，让故事的结尾残缺不全。从审美的角度来看，这种行为是令人沮丧的，但是对于实际效果而言，故事的效果并没有受到影响。故事的结尾把整个故事安装在读者的心中，但是它的作用就像一幅美丽油画的外框一样，应该是可以取掉的。取掉了外框，图画依然是完整的。

这个事实告诉我们，千万不要把最好的素材藏在最后。不要把重要的事实性信息和说明放到故事的结尾里。这些重要的信息应该放在故事的主体中,作为确凿的证据来支持作者的观点。一般来说,我们也没有太多这样的信息,能够让我们浪费在结尾里。只要记住了这条限制,用什么样的方式结尾都是可以的。

第二遍:精读、标注索引

这是材料组织的深入阶段。在这个阶段,你要缓慢、仔细地阅读所有的材料,把那些被忽略的细节挖掘出来,然后给每个信息标注索引,按照不同性质给它们进行分类。这些类别的划分不是凭空产生的,而是和采访阶段使用的指南对应的。这样的划分是有原因的,我们在后面谈论叙述主线时再来解释。

需要提醒你的是,如果你的记忆力很好,能够有条不紊地记住你掌握的信息,而且你的故事也不是十分复杂的话,你可能不用在索引上花太多工夫。如果不是这样,你最好还是乖乖做好索引工作。我总是给我的资料标注索引,而且也督促其他记者这样做,如果他们的故事包括很多方面,又涉及许多信息源和文件资料的话。

我是怎么做的呢?我首先要让在采访中使用过的计划向导发挥新作用。把几张空白的打印纸订在一起,把采访之前计划向导提出的各部分内容分别列出来,每个部分之间留下足够的空白,以便我做记录。虽然我很清楚在具体的故事中,这些部分不可能都得到强调,但是我还是会把6个部分都列出来——历史、范围、原因、影响、反作用、未来(如果是人物特写,就列出人物特写的6大要素)。我这样做只是希望有位置能够把我认为可能感兴趣的内容都列出来。

然后,我一边仔细阅读所有的采访记录和文件资料,一边用自己的速记方式在有用的内容旁边做上记号,并把主要信息记录在空白纸的相应位置。比如,我正在写作一篇有关地方政府与当地印第安人争夺用水权(Indian water rights)的故事。我进行了一次有效的采访,我把这次采访的资料标注为5号,于是我给它编码T5,T是我对采访(interviews)的缩写。

我的采访对象是一位部族律师,我们把这个部族称为科科莫(Kokomo)。部族律师给我介绍了一个他刚刚办理完毕的诉讼案。作为原告的部族，在与附近一个叫做布姆斯维勒（Boomsville）的城市进行的诉讼中获胜。后者被判定非法使用印第安人的水源。律师还向我介绍了滥用印第安人水源的情况有多严重，他说："如果由着这些城市胡来，它们一定会把这个国家所有的水源都抽干。"（If the cities had their druthers, they'd dry up every reservation in the country.）他给我展示了美国总审计局（General Accounting Office）的统计数据，说明全国有多少水源冲突是与印第安人有关的。我把这些数据记录了下来。

然后，他把现在的水资源争端现象与过去进行了对比。20年前他刚刚当上部族律师时，这种冲突并不明显。当时城市都还没有发展起来，都是一些小镇，而印第安部族的农业也才刚刚起步，他们的经济收入主要来自放羊。双方的水资源都非常充足。现在，草地都被羊群吃光了，印第安人希望通过增加5万英亩的灌溉农田来弥补经济收入的下滑。而当年的小镇已经发展成了大都市，对用水量的需求也大幅度提高。

这就是我采访到的主要内容，我将用下面的方式给T5号采访记录进行标注：

历史栏：T5-O. Kokomo econ20, sheep.

这些标注告诉我，这份材料是对一个部落（Kokomo）20年前的经济状况（econ代表economy）的观察（O代表Observation），同时提醒我该部落的经济基础是放羊（sheep）。

范围栏：T5-q, druthers, dryup——nf ind wtr gao.

这个标注有两层意思。第一部分提醒我T5号采访里面有一个很好的引语（q代表quote）可以用在我的中心报道里，druthers和dryup是这条引语中的关键词。第二部分告诉我在同一篇采访中，我记录了总审计局（GAO）有关印第安人水源问题（ind代表Indian，wtr代表water）的国家级数据（nf代表national figures）。如果律师能够直接提供有关文件给我，或者我从审计局那里直接获得了相关文件的话，我会在注释中加上D（代表documents）的标记。

反作用栏：T5-Ill. Kokomo w/litig Bmsvl.

Ill指的是我在T5号采访中有一个一个具体的例子（Illustration）可以说明印第安人是如何和城市争夺水权的。这是一个法律诉讼案

(litig代表litigation)，kokomo战胜了Boomsville（w代表win，Bmsvl.代表Boomsville）。

原因栏：T5-O.Kokomo-Bmsvl comptn:grwth v.ltd.sply.

这里的O同样表示我对双方冲突（comptn代表competition）的原因有一项观察结果（Observation）——这是一个矛盾冲突（v.代表vs.，连接对立的两边），一边是双方都在不断发展（grwth代表growth），但是另一边水资源供应却十分有限（ltd代表limited，sply代表supply）。

在我阅读每篇采访记录和文件资料时，我都会把这些资料里面的信息挖出来，然后依次放到我准备好的6个盒子里。我对材料的分类不是按照信息源的类型，而是按照它们对于故事不同方面的强调作用。对于我的故事作用最大的盒子里条目最多；其他盒子里的条目会少一些，也可能没有。如果一则信息可以放在不止一个盒子里面去的话——比如一条不仅说明了事件的范围，也暗示了背后的原因的引语——我会在两个盒子里分别做好摘录。最后，我不仅能够知道我掌握了哪些信息，而且在编码的帮助下，我还能知道这些信息是什么性质的：是数字，还是引语；是实际的观察，还是生活中的实例。

很好，但是我们为什么要这样做呢？很少的采访能像我们上面列举的采访那样，包含那么多有价值的信息，我没有和你开玩笑。索引确实是一项费时费力的工作，我也不喜欢做这项工作。但是我还是选择把它做下去，因为如果我不做的话，我会更加苦恼。

我在写作过程中，常常会遇到困惑的时候，常常会遇到稿子改了一遍又一遍的时候。之所以会出现这样的情况，往往是因为我不知道自己有些什么材料，也不知道这些材料说了些什么。这时候，我会把所有材料都忘掉，把我心中对这些材料的想法都抛弃，强迫自己返工、重写或者调整段落顺序。这样的遭遇还算好的呢，至少我还能动笔。有的时候，就是因为没有对收集的资料进行分类，害得我找不到正确的主线，根本连动笔的机会都没有。我的研究杂乱无章，我只好把所有材料抛到一边，到外面去饱餐一顿，希望等我回来后，所有的困惑都能够烟消云散。可是这样的好事从来没有发生过。最后，等到我的材料已经布满灰尘了，我不得不花比正常写作多好几倍的时间去整理它们，而我写故事的乐趣已经大打折扣。

有了索引的工作，就为我的故事元素勾勒了一幅有序的图画，避免我在写作过程中浪费时间和精力。就像在动手采访报道前，首先要构思好故事的想法，才能让采访工作目标明确一样，在动手写作之前，做好材料的索引工作，能让写作变得更加顺利。不仅如此，索引还有别的好处。

给细节做好记录还能够帮助我有效地记忆它们，让我在写作过程中能够对我使用的数据、引语、事件了如指掌，如果我忘了的话，我的笔记也会提醒我。我对材料的熟悉程度越高，我在写作中底气也就越足。在真正的写作过程中，我一般并不需要索引，因为材料都已经记在了脑子里。但是，在我的初稿完成后，我会通过索引来检查我故事里的内容是否符合原有的记录。通常，我都不需要进行实质性的改动。

在写作过程中把索引抛开是一种自然行为，因为我不希望自己的创作被中断。如果我写得很顺手，处于思如泉涌的状态下，我可不希望因为要查阅某个记忆不清的数据（我的材料里有这个数据吗？）而打断我的思路。我可能会在材料中找到这个数据，但那时我的写作魔力已经消失了。

叙述主线 (Narrative lines)

每个故事都是一条流动的河，从上游到下游建有多个控制水量的水坝。每个水坝后面都有一个大水库，在这里河水仿佛停止了流动，感觉就像在静止的湖面上。但事实上河水是流动的，尽管你从表面上看不见，河流还是在流向大海。我们作为讲故事的人，应该让读者意识到他们是身处于流动的河流中，而不是平静的湖面上。故事是发展的、流动的、递进的。读者在故事的河流中泛舟，他们的船就是我们为故事选择的叙述主线。

我使用的叙述主线有三种。有时候，它们会同时出现在一篇故事之中，但是总会有一种是控制故事结构的主线。这三种方式分别是：

1. 板块递进主线

现在,我来告诉你把手头的材料按照6大板块标注索引的最后一个原因,这也是最重要的一个原因——索引后的材料就是搭建故事的积木,能够让你想象中的故事最终变成有形的实体。

多年来,我对于那些组织有序的文章都特别关注:它们为什么会有良好的结构,它们与那些混乱无章、令人费解的文章究竟有哪些不同。我一直在寻找这其中的奥妙。我发现其中一个很重要的原因是,这些文章的作者能够成功地对材料进行划分。在主题陈述之后的文章主体中,他们把材料分类汇集成不同的板块,每一个板块都反映了故事的某个特定方面。这些板块正好与我们的采访/写作计划向导给出的6大部分十分类似。

在明确了故事的不同板块后,这些记者会选择一个有序、有效的方式来发展这些板块的主题。他们可能首先把与事件影响范围相关的细节材料都汇集起来。然后,他们可能把所有与原因相关的材料都汇总在一起,并依次做下去。他们做的,实际上是组织文章结构的第一条重要原则:**把一个故事中的所有相关材料聚集在一起**。

这项原则指的是,如果你在写作之前,根据向导给的6大方面对材料进行了归类,那么在写作过程中,你应该把同一类型的材料放在故事主体的同一个位置。在索引的帮助下,这项工作会简单很多。你可以清楚地知道,你有多少材料是与故事的影响有关的。你对这些材料的内容有大致印象,而且你也知道这些材料的形式,因为你已经把它们标注成事例、引语、数据和实际观察。

把相关材料聚集在一起的这项命令几乎适用于所有类型的材料,唯一例外的是历史部分的材料。有时候,我会把所有的历史材料都放在一个部分里,如果历史材料不是十分重要,不用占据太多笔墨的话。但更多时候,我会把历史材料分散使用,用在那些能与现实形成对比,或者能加强故事真实性、帮助读者理解的地方。把太多的历史材料放在一个板块里,容易让读者脱离现实事件,而现实往往都是故事的主题所在。

除了历史方面以外,分组归类的方法对于其他材料都是适用的,这个方法能够让故事的表达更清楚,逻辑性更强,更具有说服力,它还能赋予故事以力度。如果材料被分散在故事中，故事的逻辑性及其力度都会大打折扣。材料零散的故事，会让读者觉得一团糟，让编辑大失所望。

不过，任何事情都不是绝对的。把相关资料分类集中也只是一个普遍原则，并非绝对原则。我们不可能在每个故事里，把所有相关资料都一点不漏地集中在一起，但是我们可以在大多数故事中，让相关信息成组出现，而不是分散出现。能做到这一点，就已经很不错了。

现在，来总结一下：首先，你已经有一个主题陈述，这个主题陈述简要概括了故事中最主要的几个部分，并且用清晰明确的语言说明了这些部分在一起要表达的意思。而且，你已经重新组合了你的细节信息，把相关材料组建成对应的板块，来突出你在主题陈述中强调的重点。你下一步要考虑的事情，就是如何把这些板块有序地排列出来。

要想找到合适的顺序，最好的线索就在你的主题陈述中，在你对各个信息板块强调的轻重之中。在主题陈述中得到最多强调的那部分内容，基本上就是你应该最先展开的内容。

举例而言，如果在你的故事中，中心事件本身就极具新闻性，或者具有其他方面的重要性，你大概首先要从范围部分着手，让这一部分的内容紧跟主题陈述。接下来，如果你感兴趣的是中心事件背后的推动力，你的故事就应该深入到原因部分的材料里去。然后，你可以使用影响部分和反作用部分里的材料。最后，选取未来部分里的材料作结尾，如果你有这类材料的话。

这是一个幼年型故事采取的典型推进顺序。如果是一个成熟型的故事，写作顺序又不一样了。在成熟型的故事中，中心事件已经被广泛报道，不再是新闻，主题陈述中强调的不再是事件的范围，而是事件的影响以及/或者反作用。这时候，作者完全可以把中心事件作为一个给定事实，只需用少量笔墨介绍一下，让读者对整幅图画有大致了解就行了。作者第一个要强调的重点，第一个需要精雕细琢的板块，应该是影响部分。

还有些故事中，过早地出现中心事件有可能与整个故事的逻辑不符合。因此，即便中心事件具有很强的新闻性，作者还是会选择首先向读者介绍中心事件背后的原因，然后再来勾画中心事件的范围。

必须提醒你的是，一个故事重要的是有一个好的开头，至于后面的内容按照什么顺序摆放，这个问题并不是太重要。作者并不需要为他的故事苦苦思索出一个完美无缺的叙述顺序，这样的顺序是不存在的。某一个叙述顺序可能比另一个叙述顺序要好那么一点，但也有可能几个不同的叙述顺序对于一篇故事同样有效。

知道了这一点，作者就能够更加自由地讲述自己的故事。他可以选择顺其自然的方式，从某个想法、某句话、某个地名、某个人名或者某个事件引出下面的故事内容。这样的方式至少有一个好处，就是你不用为了让故事能够按照预先设定的叙述顺序讲下去，而煞费苦心地撰写毫无意义的过渡段落。总而言之，你只需要精心设计一下最开始的一、两个细节段落——至于后面的部分，你应该让故事自己来告诉你下面该讲些什么。千万不要在动手写作之前，就把整个故事的叙述顺序都制定出来。

为了更清楚地了解整个工作的程序，让我们来选择一篇具体的文章进行分析。下面这篇文章，是我对耕地流失的报道。这篇文章的复杂程度中等，但是也包括了三个重点强调的部分——范围、原因和反作用，另外，未来部分也得到了程度稍弱的强调，历史部分提及的很少，至于影响则完全没有，因为耕地流失目前还没有影响到农作物产量。尽管如此，因为在未来部分强调了可能导致的结果，所以读者会自己估算可能带来的损失。这也是为什么，虽然没有涉及影响，但是故事里已经有了反作用的信息出现。

1. **荷姆斯泰德，佛罗里达州**（HOMESTEAD，Fla.）——驾驶着皮卡穿梭在戴德镇（DadeCounty），番茄种植者罗齐·斯特拉诺（RosieStrano）指着车窗外一块块的土地，这些土地因为含有天然的石灰石成分，都是番茄的高产田地。但是现在，这里没有番茄，只有不断发展的购物中心和商品房。

2. 斯特拉诺先生最近刚刚失去了一块640英亩的土地，这片土地是他租借来种番茄的。但是土地主人更感兴趣的是让土地生产更多的利润，而不是生产番茄，所以他把土地收回，重新细分。"一切都没了，"满身汗水、体格强壮的斯特拉诺先生抱怨说，"总有一天，城市化会把我们大家都赶走——你再也不能让这片土地恢复原貌了。"

3. 在过去15年时间里，因为东北部大城市迈阿密（Miami）的城区扩建和其他方面的发展，戴德镇已经失去了5.5万英亩农田。而该镇的南面是盐沼地，西面是大沼泽国家公园（Everglades National Park）①，农民们没有发展的空间，他们的田地被越挤越少。原来，这里到处都是尚未开垦的土地，现在，已经全都没有了。

故事的开头朴实自然又不乏趣味，材料来自范围部分的报道重点和人物。正好故事的发生地点戴德镇是受危害最严重的地区之一，这让我们把斯特拉诺先生的个人遭遇同整个地区的遭遇联系在了一起。

4. 同样的情景在这个国家的其他地方也在上演。在新英格兰（New England），农场已经找不到了，只剩下空空的谷仓；在加利福尼亚的沿海地区，到处都是一排排新建的房屋。

5. 全球市场对于美国的粮食需求量在增加，但是这个国家，却正在以令人担忧的速度，失去一种最重要的资源——生产粮食的土地。已经意识到问题严重性的各州县，正在紧急寻求改善措施，希望能够保持农村的绿色田地，但效果令人失望。眼下，越来越多的推土机正驶向那些曾经是耕地的地方。

6. 据美国农业耕地研究所（National Agricultural Lands Study）的数据统计：每年城市开发商要侵蚀300万英亩的农业用地。这个在去年成立的研究机构，主要任务就是评估耕地流失的问题，并且寻求可能的解决方法。在这300万英亩被占用的农田中，有三分之一是基本农田——那些最肥沃、最适合农作物生长而且成本投资最低的土地。每年失去的基本农田的面积，相当于在纽约和旧金山之间修建一条半英里宽的高速公路的面积。

7. 到目前为止，这种损失并没有得到太多关注。自从第二次世界大战之后，农业生产力大幅度提高，农产量也在每年稳定增长。另外，一些被城市发展夺走土地的农民，又在其他的国家预留地上，

---

① 大沼泽国家公园（Everglades National Park），美国佛罗里达州南部的一片亚热带沼泽地区，以其内的野生动物，特别以鳄鱼、短吻鳄鱼和白鹭而闻名。

开始了新的耕种生活。

8. 但是现在，这个伤口已经开始隐隐作痛。美国曾经拥有2.3亿英亩的基本农田，但是最近10年来，农田逐渐减少，现在美国尚未破坏、可以开垦的基本农田只剩下7200万英亩。还有迹象表明，农业科技的发展速度正在迅速下降。

9. 这个国家还有很多没有被开垦的优质土地，但是把这些土地开垦成农田将花费高额资金。从长远来看，农田开发的前景十分暗淡。"如果我们指望的新科技没有出现，如果城市化和土地腐蚀的速度得不到控制，我们会失去我们的选择。"美国农业耕地研究所的执行董事罗伯特·格雷（Robert Gray）指出。

10. 农业部科学教育局的负责人安森·伯特兰（Anson Bertrand）也警告说，不要指望新科技能够快速解决一切问题。"我们已经把我们储备的所有知识广泛运用到各地，"他说，"但即便这样，各地采用新技术的速度依然比不过土地流失的速度，所以我们农作物产量没有显著增加。"

11. 土地也变得疲惫了。50年代，每亩农田的年均增产量可达到3%，最近几年，年均增产量已经不足1%了。尽管现在使用了更多的化肥和农药，一些地方的农田还是出现了减产的现象。与此同时，国际市场对于美国农产品的需求量却在大幅度提高。在过去10年里，美国的农产品出口额从每年60亿美元骤升到每年320亿美元。实现这个份额的时间，比原来规划的时间提早了10年。

这几个段落写的是范围部分的内容，并且把故事的主题陈述也包括了进去。第4段，出现了一个新的地点因素，说明我们的中心事件是全国性的。请注意，我们在这里采用了形象的描述，从新英格兰地区空空的谷仓到加利福尼亚一排排新建的房屋，读者脑海里有了形象的画面。

第5段是故事的主题陈述。我基本上是把我在材料组织开始阶段起草的主题陈述逐字逐句照抄了过来。这个陈述已经把我在后面要强调的内容都很好地概括进去了，而且，它强调的是动态信息——土地流失、设法挽救、推土机继续前进。

在第6段，我们引入了一个数量信息，就是土地损失的总数。同样，我们努力让这个数据形象化，所以我们采用了高速公路的比喻。紧接着在第7段，我们介绍了一些历史信息。然后我们提供了另一个更具体的数据信息——基本农田的数量。我们完全可以把这个数据和第6段的数据放在一起，但是这样的话，整个段落就会显得太拥挤，数据太多。

在第8段的最后，我们引进了一个有关"农业科技"的观点，这个观点把我们的关注点从土地流失转移到其他信息中。从这句话开始，一直到第11段，范围部分的最后一段，讲述了与土地流失有关的其它信息。我们看到，农业科技发展速度的减慢，让土地流失问题显得更加严重；土壤耗竭的现象已经出现；而农产品出口的压力正在不断增加。

整个范围部分，包括从中产生的导语部分，具有很强的多样性。我们采用了多种不同的元素来说服读者，而不是把某一种元素超负荷地强加给读者。这些段落里有简洁、独立的引语，这些引语既有来自高层的，也有来自基层的。这里还有一个热点的地方，有一位处于故事最基层的主角，一个形象划分的地理范围以及三个能够突出中心事件的相关事例。

12. 在接下来20年时间里，世界人口总数将增长50%，达到60亿人。由于这些人口增长区大部分都是长年食品短缺的地区，全球市场对于美国农产品的需求只会有增无减。全球气候的一点微小变化，都可能破坏全球脆弱的粮食供应关系，给缺粮地区带来致命的打击，甚至造成数以万计的灾民被饿死，就像现在正在非洲东部上演的惨剧一样。环境气候学家们相信，本世纪的多数时间里，全球气候对农作物的生长已经算是格外关照了。

13. "以后我们会面对更多像东非这样的地方，"伯兰特先生说，"会有更多的饥荒、更多的饥民，那些现在有充足粮食的国家以后也可能面临粮食不足的压力。我们需要所有的耕地。"

很明显，这两段说的是未来，为什么会把未来部分放在这里呢？让我们看看第11段的后半部分，里面已经提到了美国农产品出口量在不断上升。这个现象引出了有关在未来几年，全球市场对于美国农产品的需求量会继续上升的想法。这一点是非常可能的（至少从目前的状况看来），尤其是考虑到气候因素和全球人口的增长。所以，我在第11段后面写的内容，已经清楚地为我指出了下面的写作方向——对于未来可能出现的状况给予有根据的预测。这种自然的过渡是最好的，值得被列入文章结构组织的重要原则中去：**让你已经写出来的内容告诉你下面该写些什么。**

这并不是说，你可以在写作时随心所欲，根据一两句话的内容就把整个部分打断，跳到别的部分中去，然后再跳回来。你应该让一个部分完整展现以后再离开。但是，你可以运用这个原则来组织同一个部分里的相关内容；同时，当你完成了一个部分的写作时，让它指导你进行下一部分的写作。

在第12段里，记者突然出现了，他没有躲在气候学家、人口学家以及他们的研究和报告后面，用好几个冗长的段落来说明一个道理；相反，他站出来，用自己的语言对专家们的研究进行了概述，并且得出了一个任何人都能得出的结论。这个结论在第13段中，又通过伯兰特先生的话得到了扩展和强调。

14. 未来可能真的会这样。但是对于个体农民来说，还有许多其他诱惑在考验他们，比如金钱。这个国家大部分肥沃的农田都在242座大型都市和许多乡镇的周围，随着城市化的不断扩展，城市周围的土地价格在不断上升。把土地分割后出售给城市发展部门，得到的利润是作为农田的10倍。戴德镇的一位农场主最近以每亩12.5万美元的高价出售了自己的土地，而这个高价还在吸引更多的农场主。

15. 出售土地还有另外一个原因：农场主们可能找不到人继承他们的土地。据北加利福尼亚农场管理局的一位官员介绍，很多农场主的后代都涌到城镇里来工作。"一个20岁的年轻人，如果在农场里帮老爸种菜，每小时的工资也就3、4美元；而他在城里超市工作的朋友，每小时能挣到8块半，干的活就是负责验收他种出来的蔬菜。这样一比较，你还会愿意在农场里工作吗？"这位官员反问道。

16. 一个农民卖了地，其他的农民也会相继效仿，整个农业将会变得越来越萧条。今天这里关闭一个饲料供应点，明天那里关闭一个农机修理站，剩下的那些不愿意放弃土地的农民会陷入一种所谓的"无常综合症"（impermanence syndrome）之中——陷入这种症状的农民越来越深信：要不了多久整个农业社会就会解体，农民不再受欢迎，整片土地都将被重新开发。于是，在周围出现了越来越多不喜欢农场味道和噪音的邻居后，更多的农民开始选择放弃土地。

17. 这种冲突在亚利桑那州（Arizona）的沙漠河谷地区（Salt River Valley）已经非常尖锐。在那里，一群数量逐年减少的农民与菲尼克斯城（Phoenix）及其他城镇的居民很不和谐地生活在一起。亚利桑那州中南部的斯科特斯德市（Scottsdale）的居民声称附近农场喷洒的农药给他们的身体健康带来严重影响。自1970年以来，河谷地区的耕地减少了三分之一。这里一半以上的土地已经被城镇覆盖，而从前这里90%的土地都是耕地。

18. 无常综合症还导致了另一种土地流失现象——土壤腐蚀。感到城市的发展步伐日益逼近，农民们放弃了等高耕作法①和其他一些保护农田的方法，不再出资修建梯田和更有效的灌溉系统，只种一些短期农作物，以便在最短时间内从土地里获得最大收益。

19. 另外，对农产品需求的增加，让一些农民开始开发山里的荒地，这些土地本身质量就不好，很容易腐蚀。从大草原地区（Great Plains）②到密西西比三角洲（Mississippi Delta），农民们拆除防风林和防护林，为新出现的巨型拖拉机开辟道路，以便获得更多土地，结果导致更多土地暴露在狂风暴雨之下。

20. 在许多地方，包括艾奥瓦（Iowa）、田纳西（Tennessee）西部、密苏里（Missouri）以及太平洋西北部种植小麦的帕卢斯地区（Palouse）③，土地被损坏的速度远远超过了土地更新的速度。因为想要不断提高产量，"这里的农田正在用完全错误的方法被耕种着，仅仅为了多挣一点钱。"美国农业耕地研究会的土壤学家艾伦·海德鲍（Allen Hidebaugh）表示。

21. 尽管农业部正在为农民们提供资金和措施来控制土壤腐蚀问

---

① 等高耕作法：一种保护农田的耕作方式，沿等高线进行横坡耕作。
② 大草原地区（Great Plains），原北美中部广阔的草原地带，从加拿大阿尔伯达、萨斯喀彻温、马尼托巴诸省向南延伸至美国德克萨斯。其大片土地用作饲养牛群和种植小麦。
③ 帕卢斯地区（Palouse），美洲土著人帕卢斯族居住的区域。

题，但是政府的其他一些行为却让这种现象日益严重。比如，环境保护部门号召修建新的污水处理工厂，以便增强乡镇的污水处理能力，这同样也导致了更多的污水流入农田。

22. 在佛罗里达的大沼泽国家公园里有3.3万英亩私人土地，这是这个国家最好的番茄产地，这片土地的一部分已经被国家公园管理局（National Park Service）征用，目的是在这里重新种植自然的绿色植被。但是现在，这里长满了令人讨厌的"垃圾"植被，这些植被已经在佛罗里达生根。番茄种植者对于这块被征用的土地耿耿于怀，其中就有斯特拉诺先生，他曾经多次请求这片土地的所有者不要把土地卖给公园管理局，但都徒劳无功。

23. 和斯特拉诺先生一样，许多农民虽然在农场工作，但是他们无法控制农场的命运，因为这里的土地并不属于他们。许多农场的土地都落到了开发商手中，他们把土地囤积起来，以便应付未来的住房需求。还有些农场的土地落到了投机商的手中，只要遇到利益召唤，他们会立刻把土地分割出售。在戴德镇，半数以上的农田所有者都是非农业人士——据说其中还包括了南佛罗里达的一些毒品大亨，他们把非法的毒品收入转移到房地产投资中来。

  原因，这几个段落讲的都是原因。我们把导致耕地流失现象的原因都集中在了一起。第14、15段讲了两个原因，一个明显的经济原因和一个不太明显的社会原因。请注意这个从抽象到具体的过渡：在概括介绍了把土地分割出售的价值后，立刻紧跟了一个具体的实例。同样，一个有关土地继承问题的概括结论也得到了一个底层实例的支持，这些具体的事例有助于读者对文章的理解。

  在第16、17段，我们知道了农田减少的影响是如何像滚雪球一样越来越严重的，本来没有卖地的农场主受到"无常综合症"的困扰，也开始出售土地。这个问题很自然地过渡到了第18段，并与另一种土地流失现象——土壤腐蚀联系在了一起。接下来的第19、20段很自然地讲到了土壤腐蚀的原因。请注意我们是如何把一个信息与另一个相关信息连接在一起的，以及我们如何把所有这些相关素材集中在故事的同一个部分里。

  在第21、22段，联邦政府的政策，作为导致土壤流失的一个重要原因，被单独提了出来。第21段的第一句话突出了整个问题的讽刺性——农业部在努力保护农田，而其他部门则在努力减少农田。整个部分到第23段结束，在这一段里我们知道了许多农民并不是土地的所有者，而真正的土地所有者并不知道什么是稻谷，什么是小麦，而且也不在乎这些，对他们而言，土地不过是金钱的另一种形式。这种态度无疑是导致农田被分割出售的一个重要原因。

请仔细阅读一下第17段，这一段讲述了沙漠河谷的情况，这是一个具有多重元素的例子。这个例子可以分别放到两个部分里去。首先，它可以放在范围部分，因为沙漠河谷是一个热点地区，这里农田流失的现象很严重；另外，它还可以放到原因部分去，因为它体现了农民与城镇居住者的矛盾，这个矛盾是"无常综合症"的一部分。我选择把这个例子放到原因部分里来，因为这里是我最需要它的地方，而且放在这里可以突出矛盾冲突，而冲突总是吸引人的。

我把沙漠河谷的材料集中放在了一个地方，这样读者对于这个地方和这个地方发生的事情就有了一个更集中的了解。这个做法为我们带来了另一条组织文章结构的原则：**尽量把同一信息源的材料放在一个地方。**

也就是说，把某人提供的所有证词，把与某个地方、人物或机构相关的所有事件，都集中在故事的同一个地方。请注意我们用了一个词语"尽量"，因为这条原则并不是什么铁定的规律，它经常会被打破，一定要灵活运用。比如，如果我们进行的是人物特写写作，这个原则当然不能，也不应该被用于对主角的处理上，那样做显然是愚蠢的。即便是在非人物特写类的写作中，如果有关某个信息源或某个事件的材料比其他材料更重要，更具有故事性的话，我们也不应该运用这个原则。最后，即便是在一个拥有很多信息源和事件的故事中，也可能会有某个信息源提供的材料对于故事的几个不同部分都有用的情况，而且没有这些材料，这些部分的强度就会减弱。如果真是这样，把上面的原则抛开，把你的材料分散使用。我在这个故事中，对于罗齐·斯特拉诺这个人物的处理就是这样的。

但是在你决定打散你的材料之前，一定要三思。因为把同一出处的材料集中使用的原则能够让你的表达更清楚，对于写作的人来说，这还是一项有益的纪律。

首先，这项原则自动避免了重复现象，而重复是许多故事的通病。把一个人说的话都集中在一起，能够让作者从中选出最突出、最有力的话，放在段落里最需要的地方。这当然是有好处的。

其次，这项原则还能突出材料的重要性，加深读者对材料中的人物、地方或事件的印象。如果材料被分散，其重要性也就相应减弱。最重要的是，如果把材料分散，读者在阅读过程中很可能出现记忆空白，对某些信息似曾相识，又记不起在哪里出现过。如果材料是集中出现，就不会有这样的问题。

举例而言，我们的读者在某个故事的第2页遇到了一个毫无特点的银行家，名叫史密斯（Smith）。叫史密斯的人实在太多了，所以很容易被遗忘。这位史密斯先生，是联合信托银行的执行副总裁，他含含糊糊地讲了一些有关存款单的事情，然后就消失了。一直到故事的第6页，作者又把这位银行家请了出来："来自联合信托的史密斯先生说……"

读者肯定要皱眉头。他已经忘了谁是史密斯先生。自从他在第2页第一次遇到史密斯先生后，又发生了很多事情，他又遇到了许多其他的信息源。于是他停下来，试着记起这位史密斯先生。故事的发展节奏被中止了，而作者将面临丢失读者的危险。如果作者对好几个信息源的处理都是这样的话，他肯定会失去他的读者。即便相关的材料都被很好地收集在了一起，读者遇到他必须记住的人名时，也往往会迷失方向，放弃阅读。记住，千万不要依赖于读者的记忆，指望他们能够记住那些琐碎的细节。

24. 佛罗里达和美国的其他47个州，都在通过降低农田税收的方法努力保护现有耕地。但是这个政策明显是失败的。一方面是因为降税的政策让那些投机者更加觉得土地有利可图；另一方面，设立农田专用地的政策也没有得到支持，因为不论是地方政府，还是土地所有者都强烈反对，他们不愿把土地划分出去，失去潜在的巨额利润。

25. 尽管面临地方的反对，俄勒冈州（Oregon）还是坚持在全州范围内推广土地划分政策。该州的法律现在要求地方政府对土地资源进行详细登记，上交各块土地的使用计划，并且把最好的土地划分出来，作为"农田专用地"。这些土地的所有者将得到高额的税收优惠。

26. 其他一些城镇也自行采取了一些类似的措施。艾奥瓦的黑鹰镇为土地建立了"谷物种植适宜度"的测量标准，让城市发展避开那些优质的基本农田。加州中部的圣克鲁兹镇（Santa Cruz County）是该州的重要农产地。1978年，该镇的居民通过投票表决的方式，通过了保护农基地的决议。现在，该镇把所有土地划分成6个等级。最好一级的土地是1A级，这样的土地不允许被分割。最低的是2D级土地，这些土地一般是农民和其他居民经常发生争执的一些小块土地。这些土地是完全可以用于城市开发的。

27. 有些农场主希望对自己的土地进行重新评估，以便把耕地另作他用。但是他们的申请要接受评审团的严格评估，这个评审团是由其他农民组成的。在最近的一次会议上，一位果农表示他的农田受到菌类植物的影响，已经不再是优质农田，他请求评审团同意他分割农田。评审团对他的陈述表示怀疑，他们指出菌类生长在该地区非常普遍，是可以控制的。于是这位果农的请求被驳回了。"要想改变一块1A级土地的资格，恐怕连国会都要惊动。"地方农田局的主席小查尔斯·巴尔（Charles Barr Jr.）说。

反击。这几个段落简单直接地讲述了对农田流失现象采取的控制或阻止措施。同样，我还是利用上一部分的最后一句话，引出了这一部分的内容。在第23段的最后一句话中，我提到了"南佛罗里达的毒品大亨"，"佛罗里达"这个地名，成了我连接两个部分的桥梁，让我顺利过渡到各州的税收政策上，开始了反击部分的陈述。

然后，我又运用了一些细小的过渡信息，把这个部分里的各个内容串联在了一起。有关税收政策失败的陈述很自然地引出了另一项失败的政策——土地划分政策。反过来，对土地划分政策的描述，又引出了俄勒冈州推行这项措施的具体事例。然后我们进一步深入到各乡镇采取的措施中，最后把关注的焦点放到了圣克鲁兹镇上。

28. 现在来评估这些政策和其他保护措施的有效性还为时过早。没有人知道，这些措施是否能在全国范围内被广泛采用，以阻止农田流失的现象。如果这些措施无法发挥作用，根据全国农业耕地研究会的预测，从现在到本世纪末，这个国家将失去大量农基地，总面积将达到一个印第安纳州的大小。而美国中部的玉米带（Corn Belt）①，将因为农田流失而每年损失相当于10亿美元的玉米产量。在疯狂炒作房地产的佛罗里达州，基本上所有的农基地都将消失殆尽。而加利福尼亚，作为美国农田面积最大的州，将失去15%的优质农田。

　　本段的第一句话实际上是对反击部分进行的一个概括性总结，而剩下的内容则是对未来的预测。你大概会注意到，我在这里打破了"把相关材料集中在一起"的原则，因为在这部分之前，我们已经有了关于未来部分的简短段落（第12、13段）。我之所以把未来部分的材料分开使用，是因为这两方面的材料之间有着非常清楚的界线。前一方面的材料讲的是全球粮食供应短缺的可能结果；而上面的材料讲的是农田继续流失下去的可能后果。虽然说的都是未来，但是两份材料不同的侧重点，让我决定把它们分开使用。

　　29. 在戴德镇，罗兹·斯特拉诺正驾驶着他的皮卡，巡视着那些他已经失去了的土地。每年，他都会这样做3、4次，每次他都非常沮丧。在华盛顿，土壤学家海德鲍先生，把一首从专业杂志上剪下来的诗歌贴在自己的墙上。诗的最后两小节是这样的：

30. 蔓延的购物中心下
埋藏着一个秘密
阳光雨露召唤着它
大地却无法听见

看啊，看那些城镇和它们的产物

---

① 玉米带（Corn Belt），美国中部的一个农业区，主要是衣阿华州和伊利诺斯州，也包括印第安那州、明尼苏达州、南达科他州、内布拉斯加州、堪萨斯州和俄亥俄州的部分地区。此区的主要产品是玉米和食玉米的家禽。

> 《华尔街日报》是如何讲故事的

> 看那如网密布的马路下
> 被密封的
> 是一片肥沃土壤的棺材
> 是一片未来稻谷的亡魂

结尾,不仅做到了前后呼应,同时再次突出了故事的主题。一般情况下,我们不会使用诗歌作为文章的结束,而且上面这首诗歌的作者,也不是什么名人。但是,这首诗的内容完美地反映了整篇文章中的事实内容,让我无法拒绝。请注意我在结尾段落对感情方面的处理:除了斯特拉诺先生的愤怒和悲哀外,这首无名小诗让整个情绪中又添加了一些酸苦。

在这样一个需要强调好几个板块内容的故事中,你并不需要在每个板块内部的结构组织上花费太多功夫。因为每个板块中,都会有几个少量的关键元素,你可以依靠这些元素的指引来完成你的写作。即便你遗漏了几个,也不会对你的整篇文章产生巨大影响。

但是如果故事是有侧重性的,有一两个板块的内容决定了整个故事的性质,我们就需要对故事的结构进行精心设计。比如在上一章出现的有关新兴城镇发展的故事,这个故事里反作用的部分占据了大部分内容,其他内容则很少。在组织这个故事的结构时,我首先问自己:反作用行动中有哪些行动者,他们都分别采取了哪些行动。我找到了3个采取不同反作用措施的行动者——能源公司、地方政府和各州政府。于是,我就围绕着这3个不同类型的反作用者搭建了整个反作用部分的框架。

按照这个顺序,我们首先看到能源公司的行动:现金赞助、建设新城镇、提供福利设施、提供创造性资金;然后是地方政府的行动:严格的区域管理;最后,我们把各州政府的行动集中在了一起:提高开采税、建立百万信托基金、对受影响的地区提供资金补助。这样的顺序非常清楚地说明了发生的事情。然后,我用一个简短段落表达了对这些反作用行为的看法——冲突依然存在,但也有潜在的机会,并且在最后对这些反作用行为的效果进行了评估。在这一部分的最后一段,我告诉读者这样的行为正在变得越来越广泛。

这样的组织模式同样适用于其他内容较多的文章板块，**基本的方法就是：找出差异，然后组织材料深入挖掘这种差异**。在这个新兴城镇的故事中，我的材料是围绕着那些行动者安排的，因为他们在采取不同的反作用行动。如果他们都做着同样的事情——比如，各州和各地方政府都在帮助能源公司新建他们自己的城镇，我的材料就会围绕着不同的行动来组织，而不是不同的行动者。

在对付有很多内容的范围板块时，我们也可以采用同样的方法。在原因板块中，我会权衡行动者和他们行动背后的不同动因；在影响板块中，我会找出不同的受影响者以及他们所受到的不同影响。

这样的板块递进主线同样也可以用于人物特写报道的结构组织，只要按照人物特写计划向导提供的6大方面去做就可以。不过，我觉得多数时候这样的方法并不必要。真正适用于板块递进主线的故事，还是那些没有明显主角，需要强调多个元素（行动、影响、反击）的故事。在这样的故事中运用板块递进的主线，能够确保信息表达清晰有力，避免矛盾和混淆，让故事在有序中前进。在人物特写报道中，主角会贯穿故事的始终，主角的出现很自然地把故事素材连接在了一起。但作者可能还是希望把相关素材按不同性质进行板块划分，这时候索引会给他提供很大的帮助。不过，即便选择了板块递进的主线，在人物特写报道中，作者在组织材料上还是有很大的机动性。

2. 时间主线

顾名思义，时间主线指的是故事的主体或者故事的大部分段落，都遵循简单的时间发展顺序。比如，在人物特写报道中，主角在不同时间采取的行动或到达的地方可以串起整个故事，就像我在下面这篇有关牛仔生活的特写里所表现的：

1. 拉夫特第11农场，亚利桑那州（RAFTER ELEVEN RANCH, Ariz.）——绳索在空中飞旋，马背上的男人正准备把一头小牛从牛群中牵出来。他突然用绳圈套住了小牛的后腿迅速收紧并且把收回的绳索牢牢套在马鞍前面的扶手上，就这样骑马人把那头倒霉的小牛拖到其他人中间。

2. 一个人用鞭子抽打着小牛的背部，另一个人把预防针扎入它的体内。在鲜血、灰尘和嚎叫声中，这头牛的牛角被锋利的去角器割掉；在皮肉烧焦的气味中，这头牛的身上被烙上标记；它的耳朵也被牛仔用小刀划上了独特的记号（牛仔们更喜欢通过耳朵的记号来识别牲畜）；它同时还被阉割了。这一切行动都发生在一分钟之内。

3. 吉姆·米勒（Jim Miller），那个坐在马鞍上的人，大笑着瞅着被释放的小牛奔向它的妈妈。米勒先生已经64岁了。土生土长的他，从5岁起就在亚瓦派镇（Yavapai County）养牛、放牛。他还会坚持牛仔的生活，直到有一天他再也不能把一条腿跨过马背为止。"我就知道做这些，而且我喜欢做这些。"他说。

4. 牛仔的符号已经深深烙在了他的身上：破损的腿和膝盖、错位的肩膀和胳膊肘、一块被马鞍前面的扶手拉伤过的大腿肌肉。他右手的手指被严重损伤，让他无法完全控制这些指头。这是一个套索牛仔的标志，他们的双手因为长期拽拉绳索而变形。尽管如此，米勒先生依然是牛仔套索比赛的冠军。

这样的开场一开始就把读者带到了故事的现场，虽然读起来有些累，好在这里面包含了很多和故事相关的动作，并且让故事的主角以工作状态出现在读者面前，这正是我所希望的。

5. 吉姆·米勒是一位牛仔。在西部依然生活着很多牛仔。有些牛仔戴着用彩色羽毛镶边的黑色帽子，驾驶着大货车在西部狂奔，驾驶座的旁边还放着6罐库尔斯啤酒（Coors）①。这些人是小地方的牛仔，他们唯一认识的马，是戴着眼罩的马。

6. 还有些牛仔在夕阳西下时出现，背着做旧的皮包，穿着时髦的牛仔三件套和蜥蜴皮的靴子，银色的鞋扣像汽车前灯一样耀眼。他们到牛仔聚集的夜总会里，互相打量对方的装束。这些人是城里的牛仔，他们唯一认识的牛，是机械化养殖的牛。

7. 最后，还剩下很少数量的真正牛仔，是像吉姆·米勒这样的。他们的靴子又破又旧。他们依然对牛、马的特征习性了如指掌，他

---

① 库尔斯啤酒（Coors），美国第三大啤酒生产商。

们知道旷野中的日出是什么样子，他们也同样深知，这个在美国被最大程度浪漫化的职业，实际上是多么危险艰辛，而收入又是多么微薄。这样的牛仔现在已经所剩不多了。"真正的牛仔，我认识的，"米勒先生说，"许多都已经过世了。"

8. 身材魁梧的他大笑着，对于那些伪牛仔的出现，他又好气又好笑。"这些人简直让你为自己是一名牛仔而感到耻辱，"他说，"现在，连医生、律师、小商贩们都开始头戴牛仔帽，脚穿牛仔靴了。"但是他坚信，他们中没有一个人会愿意过真正的牛仔生活，他们对于牛仔生活的认识，只是一种幻想。

9. 在这个以放牧为主的小镇里，米勒先生也曾经是个典型的新手。据他介绍，在他十几岁和二十岁出头的时候，他对牛仔的工作也是知之甚少，他经常不知道该如何让自己的马听话，而且他还必须做许多杂活。现在，他已经是马背上的"沙皇"，牧场里所有的活，他都出类拔萃，除了给牛"打标记"这件事情，因为这个活在马背上可完成不了。现在牧场里的工人基本上都是附近村子里的男孩，他们每天坐车到这里上班。米勒先生自己也是一样。过去那种一群牛仔在西部穿梭，从一个牧场到另一个牧场，睡大通铺，住简易工棚的生活，已经再也看不到了。

10. 也有一些没有改变的事情。给牛"打标记"，据米勒先生介绍，"还是牛仔的工作中报酬最低的工作"。30年代，在亚瓦派镇，牛仔的报酬是每月45美元，包吃住。现在的收入标准是每月500美元，不包吃住。现在的牛仔有社会保险和一般的工伤保险，但是他们没有养老金，没有生活指数调整补助，没有医疗和养老保险和其他形式的补助。

11. 米勒先生是牛仔中的精英。他为费恩土地和牲畜公司（Fain Land & Cattle Co.）工作，这家家族企业拥有整个牧场，他们付给米勒先生的工资是每月1150美元，这是因为米勒先生是牛仔们的工头。牛仔工头是整个牧场的指挥官，他在工人中起着表率作用，他和他们一起工作，负责日常的牲畜管理。还有的时候，牛仔工头或者其他负责人，还必须充当牧场里的遗传学家、会计、铁匠、厨师、植物学家、木匠、锡匠、外科医生、心理医生、机修工、护士和其他一些职业的人。"今天的年轻人有太多的选择，他们完全没有必要费力成为一名优秀的牛仔。"牛仔工头悻悻地说。

这一部分的内容和我的主题陈述是一样的。请注意，人物特写报道中的主题陈述和我们前面所说的非人物类特写的主题陈述是不一样的，人物特写的主题陈述并不是为了概括故事内容，而是为了突出主题的特性。人物特写的主题陈述一般会列出故事主角的两个或三个方面，说明主角的与众不同（综述型人物特写），或者典型性（微缩型人物特写）。这样的主题陈述无法被完整地搬到故事中去，但是它发挥的作用和其他类型的主题陈述是一样的。它关注的是整个故事，告诉读者这个主角为什么值得关注，所以主题陈述必须尽早完成。

我给这个故事制定的主题陈述非常简单——在伪牛仔充斥的时代，一个真正的牛仔的生活和工作。这句话告诉我，要尽量去寻找真实的牛仔生活和想象的牛仔生活之间的差异，在写作过程中，对它们逐一对比。上面的这些段落讲述的就是这些差异，告诉读者我们为什么要选择吉姆·米勒这个人物。

12. 那么，为什么还有人要当牛仔呢？

这是一个很自然的问题。为了让这个问题更有分量，我在提出这个问题之前，首先列举了牛仔生活的种种缺点，然后再引出这个问题，让读者迫切地希望知道，为什么会有人真的喜欢这项工作。实际上，我是在帮读者提出这个问题。这种提问方式能够让读者感到记者的存在，但是这种方式不能滥用。如果提问太多，整篇文章就变成了智力问答的笔录。

请注意，这个问题在接下来的段落里并没有得到直接回答。但是，后面的故事实际上都在回答这个问题，并且从这里开始出现了引导整个故事的时间主线。

13. 现在，在米勒先生的管区还是清晨。这个管区的面积超过了5万英亩，到处是绵延起伏、被灌木和短草覆盖的山脉。工头带着两名全职的帮手在这里工作。今天，他们要去海拔7800英尺的明格斯山

(Mingus Mountain)，看看那里还有没有春季放牧中没有发现的牧草供牛群食用。米勒先生仔细检查着经过的土地。遍地的牧草刚刚发芽，透出一点绿色。它们能否长大，满足整个牧场的供应，还要取决于这个夏季是否有充足的雨水。

14. 对于这一点，身为工头的他除了默默祈祷，也想不到别的办法。这片土地实在是太大了。在其他大部分职业中，人们都把自己和大自然隔离开，呆在工厂或者办公室里，抽取大自然的某一小块资源，或者通过外力榨取大自然的财富。但是对于牛仔来说，他们只是这个广袤草原上一个微小的斑点，他们的工作微不足道，他们控制自然的力量几乎为零。上一个微小的斑点，他的工作微不足道，他控制自然的力量几乎是零；不论是在拉夫特第11牧场，还是其他牧场，真正的主人只有一个，就是大自然。于是，牛仔们知道，面对大自然带来的危险和挫折，他们只能屈服，并试着从内心里感谢大自然的给予。

15. 一头公牛从围栏下面钻了出来，在草原上狂奔，四只蹄子有力地敲击着大地。"这是一个好兆头。"一位牛仔嘀咕着。

16. 牛仔们可不是骑着马在山岭之间悠闲漫步，他们是开着货车来到这里的，而那些牧牛用的马匹也是在一种特殊的拖车牵引下来到这里的，它们也乘坐交通工具来上班。尽管米勒先生自己是在没有围栏的大牧场、流动炊事车、帐篷和简易工棚的环境中成长起来的，但是他很愿意接受现代的方法。他使用电烙铁给牛打标记，因为这样更加快捷。如果牛群数量不太多，他甚至选择使用小型拖车把牛群从牧场的一个地方运送到另一个地方，而不让牛群走路过去，因为食用牛每少一磅肉，牧场就要损失67美分。

17. 但是他和其他有经验的牛仔们，在是否继续骑马放牧的问题上，态度十分明确。在他们看来，牛与马之间有一种微妙的化学反应，这种奇妙关系是不能取代的。"附近的一些蠢人试着驾驶摩托车放牧，根本就不是那么回事！"工头嘲笑着说。他坚持认为，一批训练有素的好马拥有天生的本能和灵活性，它能够轻盈地跳到牛群中去，把食用牛和小母牛分开，这是任何机器都无法做到的。

18. 到了明格斯山后，马匹们开始艰辛跋涉。没有平坦的草原让马儿奔驰，只有崎岖、陡峭、杂草丛生的山谷。牛仔们要沿着山谷走上去，到山上的高地去。带刺的树干随时都可能把它们划伤，这是一份相当危险的工作。但是一块资源丰富的高地，对于任何牧场都是宝贵的财富。在冬天，高地上的温度要比其他地方高，因为冷空气都集中在山谷的下面，而且这里处于积雪线以上，常年生长着有营养的胭脂栎和其他灌木。

19. 在四周长满橡树和松柏的空旷高地上，18岁的特洛伊·托梅林（Troy Tomerlin）停了下来，嘴里咀嚼着一片嫩叶，思考着他的未来。他会驾驶反铲挖土机，开挖土机挣的钱可以是现在工资的两倍，他现在每月的收入是500美元。"但是我不知道我能否适应那样的工作，"他说，"在这里，我可以和动物们在一起，和它们一起工作，在山谷草原中穿行。如果在办公室里，除了办公桌什么也没有，而且我不喜欢别人盯着我做这做那。在这里，吉姆告诉我们该做些什么，具体怎么做你可以自己选择，我喜欢这种生活。"

20. 突然，一片黑云开始在山间翻滚。上周，牛仔们就遭遇了高尔夫球大小的冰雹袭击，这也是他们工作的一部分。不过这还不是最可怕的，对于在山中空地上行走的人来说，闪电才是最可怕的，许多牛仔都因为闪电而丢了性命。去年夏天，一个闪电把特洛伊击晕，差点要了他的命。还有的时候，马匹受到闪电的惊吓而四处狂奔，牛仔们被马匹从马背上摔下来，或者被马镫绊住无法脱身，不是丧命，也是致残。"我有三个好朋友，都是这样被马拖死的。"米勒先生轻声说。

21. 幸好这片乌云很快就过去了。18头躲在灌木丛和岩石缝里的牲口又被赶出来，继续向高地前进。汤米·斯图尔特（Tommy Stuart），一个曾经参加过牛仔竞技表演的优秀骑手，在灌木丛中奔来跑去，把迷失方向的牲口赶到一起。他用一系列奇怪而又充满音乐旋律的叫声、喊声和呼声，招呼着牲口前进。一头倔强的公牛怎么也不听召唤，汤米只好用绳索来对付它。只有在牛儿不听话时，牛仔才能使用绳索。一个频繁使用绳索的牛仔一定不知道如何赶牛，米勒先生说。

22. 在他看来，赶牛也是有诀窍的。这个诀窍就是观察牛的耳朵，牛耳朵竖立的方向就是它们准备前进的方向，这样牛仔就可以预先知道牛要往哪里走。在赶牛的途中，米勒先生还会经常让牛群停下来休息，这样可以让母牛和小牛有亲密相处的时间，它们的脾气会变得更加温顺，也就更愿意听话了。"如果你不让它们休息，"他说，"它们会开始奔跑，浑身越跑越热，然后就发疯了。那时你怎么赶也是没用的，你必须让你的牛群保持冷静。"

23. 小牛的断奶期是一个十分敏感的时期。这个时候他们已经和母牛分开，但是还没有完全摆脱母子的关系。这时候的小牛，已经具备了一定的体格，但是情绪非常烦躁，而且容易感染肺炎。在牛群结束了一天的生活，静静地躺下来休息时，只要一声汽车发动的声音、一声狗吠或者夜间的一声鸟叫，都可能刺激到它们的神经，让它们在牛圈中惊跑，或者冲倒栅栏，或者互相往对方的身体上撞。米勒先生在约勒大牧场（Yolo ranch）当工头时，就曾经两次遇到这种情况。

24. 这次，一路上没有出现意外，骑手们顺利抵达高地。没有传统的流动炊事车和牛杂碎乱炖——一种由牛脑、牛舌、牛心、牛肝、牛骨髓和洋葱一起烹制的食物，每个人只能静静地坐在简易工棚里，等待着工头分配食物：牛排、青豆、沾着肉汁的面包和装在蛋黄酱罐子里的冰茶。

25. 根据传统，牛仔工头有雇用和解雇手下牛仔的权力。在吉姆·米勒手下干活，除了活干得不好会被解雇外，还有两件事也会让他炒你的鱿鱼：虐待马匹和无端抱怨。后者，是至今仍然通行的一条牛仔原则。在牧场里，每月500美元的薪水换来的是对牛仔工作的绝对忠诚。工会管理对于牛仔们来说是一个完全陌生的概念。如果一个人不喜欢他的老板、他的工作或其他事情，他会二话不说，当场退出。

26. 解雇一个人非常简单。不会因为解雇费的问题争执不休，也不用担心员工投诉。"我只用告诉他们'就是这样'，他们就自己走了。"米勒先生说。

27. 如果一位牛仔工头需要助手，他只需来到普雷斯科特市（Prescott）酒吧街上一家名为"宫殿"的酒吧里。按照米勒先生的说法，这里是劳工中心，到处都是在当地已经游荡了好几个月的人，很多人已经成了"欠债好几百美元的酒鬼"，他们急需找到合适的工作。不过现在，米勒先生已经很少去那里要人了。"现在，那里都是嬉皮士之类的人，他们连牛和马都分不清楚。"他说。如今，牛仔们会主动给他打电话，如果他们需要工作的话。

28. 吃完午餐，牛仔们站起来去照顾一头因为生小牛而受伤的年轻母牛。如果他们无法让它站起来走路，它就死定了。

放牧的路程和我们的时间主线，在这里重叠在一起。我有意选择了放牧的自然过程，因为在这个过程里充满了潜在的动态元素。

这是一个很长的板块，这个板块的材料组织遵循了这样一条原则，这是一条比其他原则更加严格的原则：**你可以经常离题，但不能离开太久。**

如果故事中没有突出的动态元素存在，离题是一个改变故事节奏的好办法。实际的观察、解释说明、描述、指导或者分析，都是离题的不同方式。故事中最好的引语，实际上也是一种离题。简单地说，多数的故事内容中都有离题的现象存在。唯一不算离题的元素，是那些实际发生的事情，是那些真正推动故事发展的动态元素。

接受了这项原则，实际上是把读者对动态元素的青睐放在了首位。如果我们把一篇故事比作一条修建了许多水坝的河流，读者就是沿着河水顺流而下的人。而那些离题的段落，就是河流中相对平静的水面。如果河面平静的时间太长，久而久之，读者很可能会在太阳底下睡着，根本忘记了河的存在。因此，我们要让读者能够尽快地从平静的水面中驶出来，让他们的小船重新回到浪花四溅的河水中——也就是故事的动态中。

这项原则也是我的写作过程中最有效的监督警察。每次，当我开始挖掘一条离题的通道时，我必须能够快速返回。它敦促我用更简洁的笔墨，省略重复的信息，选择最有价值的元素，并且把信息集中报道，而不是散落在故事里。我离题的原因是因为离题能够带来变化和信息。但是，如果我说了太多的废话，站在我肩膀上的警察就会用他的警棍敲击我。

在上面这个放牧的板块中，你就能看到他的作用：

第13段：没有动态元素。我们还没出发，但这段里有米勒先生的观察。

第14段：还是没有动态元素。我们加入了记者的观察。

我在这里要打断一下，讲讲另一条经验。在这个故事里，我觉得自己有必要突出放牛这种工作与其他工作的不同之处。但是怎么突出呢？我的牛仔们不会告诉我很多，因为他们没有参照物。同样的原因，不懂牛仔的人也没法告诉我。研究牛仔的社会学家也许能够给我答案，但是这样的人读者并不喜欢，因为他们不是故事的参与者。于是，我使用了自己作为读者代理人的特殊身份，通过在现场对双方面的观察，告诉读者我所看到的差异在哪里。

第15-16段：以动态元素为主。停止解释。
第17段：牛仔工头的解释。
第18段：观察之后的行动。
第19段：没有动作。使用引语。
第20段：动作。天气变化的元素出现，把我们带到对工作危险的观察之中。

故事在按顺序发展。乌云的出现把我们引入与天气有关的危险之中——闪电。闪电的出现又引出了另一种危险——被惊吓的马匹拖死。在前面的段落中，马匹乘坐交通工具的现象把我们的思绪从故事中拉出，转而思考起现代放牧手段和马匹在放牧中的作用。而在明格斯山上的艰难跋涉，则让我们观察到了高地对牧场的重要作用。

第21段：都是动作，牛仔们赶牛。
第22-23段：没有动作。引入离题段落，介绍赶牛的诀窍。
第24段：动态段落。骑马人抵达高地，准备午餐。

请注意我们对历史片段的运用。在描写午餐时，我们首先介绍的是过去牛仔们吃的"牛杂碎乱炖"，还详细介绍了这种食物的原材料。这让读者感到故事的真实和权威性，同时也让现在与过去形成了对比。

第25-27段：有一个离题部分，讲述牛仔的雇佣和解雇制度。
第28段：动态段落。回到午餐中。结束放牧路程板块。

> 在接下来的板块中，我介绍了自己对牧场办公室的访问，并且通过记录牛仔工头结束一天工作回到家中的片断，让我的时间线得到延伸。最后，我在结尾部分询问了米勒先生对自己未来的看法，这正好呼应了本文的主题。

29. 在拉夫特第11牧场的办公室里，比尔·费恩（Bill Fain）的电脑告诉他，他准备出售的食用牛每磅肉的成本大约是68美分，而他可以指望的售价是每磅67美分。这就是今天的牧牛业，费恩先生介绍说，他是费恩土地和牲畜公司的副总裁，也是他们家族中第三代的牧场负责人。微薄的利润让吉姆·米勒这样的专业人士显得更为重要。

30. 这位牛仔工头被公认是该地区最精明的牲畜鉴别家，他负责为牧场挑选购买种牛。正是因为有他在，这里的牛群才能保持高质量。他自己说，牧场里的小牛出生成功率已经达到了80%，这对于一个拥有700头母牛的大牧场来说，是个相当不错的比例。不仅如此，他对牧场的土地保护得也很好，让土地得到了休息和更新的时间。

31. "我们的产品不是牛，是草地，"费恩先生说，"吉姆很清楚这一点。有很多人能套绳索，能骑马，并且喜欢这样的生活，但是真正像他这样，能够每件事情都做好的人，已经寥寥无几了。"

32. 牧场外面，汽车在马路上穿梭，这个地方曾经被叫做"寂寞山谷"（Lonesome Valley）。现在，这里的6000位居民决定不再把自己的命运栓在牛的身上，他们开始多样化投资，把一块牧场卖给了一家开发商，在上面建立城镇。费恩公司也在开发自己牧场的一块土地。

33. 这种局面让牛仔的工作更加艰难。经常有牛群被射杀的事情发生，那些躲藏在树丛中的屠夫，会用电锯把牛肢解，然后搬到旁边的小型货车上，溜之大吉，只剩下牛头和内脏。附近的居民把牛栏拆下来当柴火，朝牧场的水箱射击，有意拆开围栏把牛群放出来。费恩先生不得不承认："人和牛不能生活在一起。""真让人生气！"米勒先生说着，眼中闪烁着冷酷的愤怒。

34. 目前，费恩家族经营的许多牧场已经被出售了，大部分都卖给了对放牧一窍不通的投资者。他们不知道什么是赫里福德牛

(Hereford), 他们更关心的是如何减免所得税, 而不是管理好牧场。这些投资者的出现, 让牧场的价格大幅上扬。结果是, 如果有一位年轻人真想养牛的话, 他很可能没有足够的钱买下一个牧场; 即便他真的买下了牧场, 他也很难从中获得回报。"我真的看不到养牛业的未来。"米勒先生说。

35. 也许还没有那么糟糕。在亚瓦派镇周围那些幸存下来的家族牧场里, 放牧的生活还在继续。在皮普尔斯山谷 (Peeples Valley), 今年有15头小牛命丧美洲狮的血口, 捕狮猎人乔治·戈斯维克 (George Goswick) 正在韦弗山脉 (Weaver Mountains) 搜寻这些狮子的踪迹。在草原上, 母马刚刚生下了许多小马驹, 其中的一些马驹将有幸得到特威斯特·赫勒 (Twister Heller) 的温柔指导, 他是这里最好的驯马师。在海斯牧场 (Hays ranch), 牧场主约翰·海斯先生一边忙着给一头狂暴的赫里福德牛注射抗生素, 一边抱怨着牧场无处不在的蝗虫。牧场太大了, 蝗虫太多了, 他只能学着接受这些不速之客。

36. 夜幕降临, 吉姆·米勒回到家中, 他的家位于普雷斯科特市郊区。他在这里拥有5英亩的土地和一个大马厩。他和他的妻子琼 (John) 已经在这里生活了10年; 在他们结婚后的头27年, 他们一直住在米勒先生工作的牧场里, 他们在那里养育了4个儿子、两个女儿, 并教会了他们骑马和套绳索。但是没有一个儿女继承父亲的职业, 因为这个职业挣不到钱。

37. 明年, 米勒先生就65岁了, 他计划辞去牧场工头的职务, 开始领取社会保险金。不过他说, 他永远不会停止牛仔的工作。这里很少有人在马背上生活了一辈子后, 能够舍得离开。吉姆的朋友, 汤姆·里格登 (Tom Rigden) 现在依然在自己的牧场里赶牛, 给小牛阉割, 尽管他双目失明已经快8年了。

38. 米勒先生如果想找一个白天在牧场里的工作, 没有一点问题。在这个已经找不到几个真正牛仔的时代, 他说, 高手永远不会为工作发愁。

在这个故事的中心板块——放牧行程的板块中, 读者们被频繁地带到行程之外的地方, 但是却不允许停留太久。大部分的离题内容都在半个到一个半段落之间，之后肯定会有新的动作接上来。最长的一个离题部分，讲的是牛仔雇佣制度，也就3段。

这篇故事里没有太多吸引人的动态元素，它们给读者传达的信息在重要性上还不如那些建立在它们基础上的离题段落。但是，这些是我所有的动态元素。我知道在读者的阅读过程中，动态元素的作用有多重要，所以我把这些动态元素分开使用，利用它们把整个故事缝在一起。

时间线给予这篇故事一个自然的顺序，但它也有自己的弊端。首先，这条主线在带来顺序的同时，也很可能限制了作者。如果某个元素比其他元素更重要，如果这个元素是新闻的核心内容，作者很可能想把这个元素提前，对其进行强调。但是如果作者受到时间线的束缚，他可能无法自如地做到这一点，尤其是在这个元素的时间比较靠后的情况下。另外，如果一篇故事需要重点强调主题的两、三个方面，我认为也不适合采用以时间线为主的叙事顺序。

时间线在这篇牛仔的故事里发挥了很好的效果，这是因为故事的中心——真正牛仔的工作和生活——是一个非常广泛的概念。我们要讲述许多细小的事情，才能让读者了解到牧场的工作。没有某个单一事件是至关重要的。所以，我才能花上一天的时间，来记录和评论牧场里的琐碎工作，而我的目的正是要给读者一个整体的印象，而不是某个具体的信息。

3. 主题线

这种形式的叙事顺序关注的是具体信息。作者不再围绕着时钟安排材料，而是集中精力打造他从故事中挑选出来的重要信息。他的主题陈述告诉了他哪些内容是重要的。他可以把最具戏剧性的元素放在最前面，不管发生时间的早晚。如果几个重要元素之间相互关联，他可以把它们交织在一起，也可以把它们分别对待。

再来看看第二章出现的伐木工人的故事。你一定还记得，在所有可以选择的元素中，我挑选了两个重点元素：这项工作本身的高度危险性以及这个伐木社会的特性。我不想让读者对这些工人的了解只是一幅总体上的抽象图画，所以我刻意地把对他们的描写都集中在他们面临的危险和他们遵循的规则上。如果选择时间线的顺序，我可能不得不加入在我范围之外的元素，并且按照时间顺序来排列我的元素，而不是按照重要性的顺序。所以我选择了主题线，只围绕着危险和死亡以及伐木工作的规则和制度来组织材料。

我故事的前5段实际上就是我的主题陈述。它们分别介绍了我要强调的两个方面，首先是把数字转换成普通人能够理解的形象文字，然后向读者展示了伐木群体的一个标志——不计后果的大男子主义。

然后我把两个元素分开对待。首先描述的是危险和死亡方面的细节信息，我用了5个段落从多方面向读者展示了这份工作的危险性，因为我要证明我在故事开头给出的判断。接下来，我用了12个段落描述伐木工人的同志情谊。最后，我突出描写了这个最危险游戏的参与者——伐木工，并把两个重点强调的方面交织在了一起。故事的结尾虽然展望了更安全、更平稳的未来，但是读者的心中依然会有一种淡淡的失落感。

上面的故事之所以在这里被引用，是因为每个故事都代表了一种类型的叙述主线。不过，还有许多故事，会同时使用到两条甚至所有的三条主线。在那篇关于替补棒球投手的故事中，有一条主线是主题线，围绕着这条主题线展开的是故事的两个重点方面：投手的空虚感与大小棒球联盟比赛的不同。不过，作者还采用了时间线，他按时间顺序记录斗牛队一周的比赛行程。故事的主题还在继续，但是叙述结构发生了变化。

按照板块递进主线发展的非人物类特写报道，也可以选择一个或多个叙述主线。比如，有一个关于两家公司商业竞争的故事，作者可以选择一条时间线，来讲述两家公司之间的一系列的冲突事件。同时，作者还想从这些事件的主要当事人中选择一位，通过描述他的性格特征来分析冲突产生的原因。这个时候，作者就可以引入另一条主题线。这条主题线，可能不是贯穿全文的，而只是作为整个故事中的一个迷你人物特写占据几个有效段落。

在仔细梳理了所有这些材料，完成了结构组织的准备工作之后，作者发现他的故事虽然还没有写出来，但是已经有了腹稿。他知道故事要讲些什么，而且已经有了简明扼要的主题陈述，他还对故事的叙述结构有了初步想法，也为故事主体的开始部分选好了材料。他掌握的材料将帮助他很自然地得出结论，实际上他很可能已经想好了结尾。

他把第一行字敲在电脑屏幕上——屏幕很快变成了一片字墙，但很快又全部消除了。因为，他没有导语。

他试着写了一个，很快就放弃了。他又试了一个，同样感觉很差。于是他去和同事聊天，想寻找一点灵感，回来后，依然毫无所获。很快，到了午餐的时间，漫长的午餐……

在经历了反复思考、资料整理、建立索引、组织材料这些工作后，这样的结局似乎很不公平。但这也是可以想到的。如果研究证明人的左大脑和右大脑功能相同的话，这样的麻烦就可以避免。

但是研究显示，人的左大脑负责理性思考，负责按命令进行工作，按计划执行程序。它完成的是点对点的线性思考。它就像一个没有想象力的辛勤工作者，只要你告诉他怎么做，他就会执行。虽然有时候他也会发出微弱的抗议声，但是你一举起鞭子，他就会屈服。

而人的右大脑则正好相反，它对理性毫不在乎。它依靠的是直觉、情感和创造力。这里是灵光闪现的地方，这里是想象力插翅飞翔的地方，这里是孕育伟大的画作、音乐和文学作品的地方。这里，也是许多优秀故事的导语产生的地方。

但是，人的右大脑就像一个任性的孩童。尽管现在有大量的辅导班在叫卖驯服右脑的方法，但我从来没有发现一个真正能做到这一点的人。右脑只有在它想工作的时候，才会运转。这就是为什么，即便作者已经按照本书的指导正确完成了所有的步骤，他还是有可能被导语卡住。这是因为，他之前所有的思考几乎都是由左脑完成的，是受主观意愿控制的，而现在他要运用的是他不能控制的右脑。

如果科学家的研究结果是正确的，那么那个坐在电脑前绞尽脑汁，非要把导语写出来才肯继续往下写的顽固家伙，实际上是在和自己的本性作对。他很可能花费太多的精力和时间在导语上，等他得到他的导语后，只能匆忙对待剩下的故事内容。

所以，如果你被导语卡住了，最好的办法就是把它放到一边。不要理会那个不听话的孩童，转身去找听话的那半边大脑。你的主题陈述已经完成，你完全可以根据主题陈述的指导开始撰写那些按照逻辑顺序发展的故事部分。

你写着写着，快乐的意外就会发生：一条导语会突然蹦入你的脑海。我就经常遇到这样的情况，我也经常看到别人遇到这种情况。我认为这种现象实际上证明了另一项科学研究成果——人的左右大脑能够同时独立地思考不同的事情。身为一名面临交稿期限的作者，你当然希望你的大脑能够为你提供这样的服务。

但是，万一这样的幸运没有发生，万一你写完了整个故事，还是没有找到导语的影子，该怎么办呢？如果真是这样，重新审视你的主题陈述，一个好的导语可能就隐藏在里面，在下面一章我们就会告诉你如何在你的主题陈述中寻找导语。现在，你已经完成很多。

遵循你的本性，这一点很重要。只要你这样做了，你就不会空手回家，你就有理由期待明天。如果你非要与本性作对，非要死缠着导语不放，你很可能空手而归，心中只有失败和空洞的感觉。为自己的顽固而付出的代价，实在是太高了。

第 6 步

处理导语、数据和引语的诀窍

★ 那些真正精彩的故事，完全可以开门见山，直入主题，让故事本身来抓住读者，而根本不需要在导语中做广告。

★ 太多的数据无异于毒药。

★ 虽然我希望作者们不必愚蠢到必须引用太空宇航员的话，才能确定明天的太阳是从东方升起的，但是确实有的时候，有的作者会像条件反射一样，非要借助别人的口，才能说出一些完全没有必要的结论，或者完全可以由他自己说出的结论。

在写作的过程中，我们要做出数以百计的细小决定，才能把我们手中的材料打造成我们理想中的故事。每个故事都是我们的工艺品，我们要像细心的工匠那样，对我们的材料精雕细琢。尽管在每一件作品中，我们遇到的问题，做出的决定都不尽相同，但是这每一件作品又都有一些共同之处——这是每个故事都具有的元素。处理好这些故事中的关键元素，我们的故事就有了可读性。所以每个元素都很重要，值得我们逐个地详细分析。

导语的处理

如果某人花费了22.95美元购买了一本小说，他一般都会耐着性子读完故事开头的几十页。首先，他不愿承认自己浪费了22.95美元；其次，小说的形式已经让他提前有了心理准备，愿意长时间地坐在那里，耐心等待故事的进展，他并不期待故事被快速展开。

但是同样的人在阅读报纸时，心情是完全不一样的。一份报纸的价钱便宜多了，所以如果报纸上没有可以吸引他的内容，他会毫不犹豫地把它扔到垃圾桶里。相对于他对小说的投资而言，他在报纸上的投资基本可以忽略不计。他懒惰地、不耐烦地扫视着报纸版面，要求找到能够立刻吸引住他的内容，这和他对小说的态度截然相反。在阅读报纸上的文章时，他的第一步要求是：作者必须吸引他，抓住他的好奇心，给他一些必须阅读下去的理由。如果故事的导语没有完成这些功能，读者会扭头走开，下面的故事再好，也无法吸引到读者的目光。

我们的目标是抓住读者的心，让他们觉得自己的投资物有所值。所以，任何的导语——尤其是第一段，如果导语不止一段——不仅仅要抓住读者的注意力，还要让他产生往下读的愿望。只要他多读几行，他就会希望自己投入的时间和精力得到回报，就会更加耐心地读下面的故事。只要是与故事有关的内容，并且能够激发读者的好奇心，任何形式的导语都可以。导语可以是引人注目的，比如要是火星人入侵了新泽西（New Jersey），作者只需要把这个信息放在第一段，就一定能吸引到眼球；导语也可以是文笔优美的描写，让读者觉得阅读是一种享受，希望继续得到更多的享受。

《华尔街日报》是如何讲故事的

抛开这些吸引人的因素不谈，在我看到的优秀导语中，许多都含有一个共同特质——神秘。第一段首先抛给读者一个悬而未解的问题，迫使他到后面的段落中去寻找答案。就像下面这条导语表现得一样：

去年暑假的一天，在圣彼得海滩（Don CeSar Beach）上有一个名叫比利·香农（Bill Shannon）的男孩。他正在墨西哥湾（Gulf of Mexico）里游泳。他已经靠近了深水区的标志，他突然感到腿部碰到了一个有弹性的东西，就在这时，他看到水面上浮动着鱼翅。

这段文字出自佛罗里达的一位小学四年级的学生之手。其实，鱼翅属于一条友好的海豚，但这位同学的导语迫使我们想把故事继续读下去，一探究竟。所以，请记住读者对导语的要求。

一条使用引语的导语，同样也可以是神秘的。来看看下面这条：

路易维尔，肯塔基（LOUISVILLE Ky.）——查尔斯·戴维斯（Charles Davis）说："我的工作就好像每天都在被人亲吻，亲得嘴巴都疼了，但我喜欢这份工作。"

这个导语看上去有点粗俗，但它达到了目的。我们想知道这个人是何方人士，他的工作又到底是什么。继续读下去，我们发现戴维斯是通用电气公司（General Electric）的货运部经理，那些货运公司不停地找他，拍他的马屁，希望从他那里拿到运单。他的公司和其他公司都越来越重视他所从事的这项工作。

请注意，这条导语里没有细节，也没有与主题陈述相混淆的内容。因为在这个时候，读者对于故事还没有产生感觉，他们只是在漫无目的地浏览，如果碰到一条充满细节的导语，他们可能马上越过。省略细节的导语不仅简洁明了，而且可以让吸引读者的神秘感更加突出，正如上面这条导语所表现的。现在，我们再拿这条导语和下面这条有关药品市场的导语比较一下：

❌ **修改前**：爱索迪尔（Isordil）是一种硝酸盐类药品的名称，用于缓解心脏病患者的胸痛症状。该药品由美国家用产品公司（American Home Products Corp.）[1]的艾夫斯实验室（Ives Laboratories）研制生产。该药品于1959年上市，现在已经占据了46%的市场份额，年销售额达1.5亿美元。

这条导语好像是药品字典上的一条名词解释。它一开始就把一箩筐的数据和名称抛给读者，为读者的阅读设置障碍。不仅如此，这条导语里还缺乏一个能够吸引读者、刺激读者的噱头元素。让我们看看该如何修改这条导语：

✓ 修改后： 和一些类似的硝酸盐类药品一样，爱索迪尔也是一种用于缓解心脏病患者胸痛的药物。但是这种药品几乎控制了半个市场——并不是因为这种药的成分有多么与众不同，而是因为该药品一直是市场关注的热点。

不是最好的，但是已经好了很多。这条导语说明了市场运营的重要性，这也是这个故事真正要讲的内容。但是我们有意在导语中省略了该药品的具体推销行为，以便让读者继续往下读，去寻找答案。导语中仅仅是把这种药品成功的主要原因一笔带过，简单明了。由数字和名称造成的混乱局面不见了。具体这种药品占据了多大的市场份额，它的销售额有多少，它的生产商又是谁，这些在导语中都不重要，完全可以被放在下面的段落中。当读者接受了导语，开始投入时间和精力进行阅读后，他们对于这些数据和名称的态度会好很多。

有些时候，导语中的神秘感是专门加入的，就像这条有关DC-10喷气飞机货舱门设计错误的导语所展示的：

满载着346名乘客和机组人员，土耳其航空公司的DC-10喷气飞机从巴黎奥利机场（Orly Airport）顺利升空，目的地是伦敦。危险发生在12000英尺的高空。

---

[1] 美国家用产品公司（American Home Products Corp.），世界最大的药品和健康产品生产公司，总部位于美国新泽西。

最后一句话是有意加上去的，目的就是为了吸引读者继续读下去。在下面的段落中，作者为我们重现了飞机升空后，尾部货舱门被吹掉，机舱内瞬间减压，导致飞机控制系统失灵，最后造成了机毁人亡、无一生还的惨剧。

多数情况下，读者之所以会产生好奇，不是因为作者在第一段中说了些什么，而往往是因为作者在第一段中省略了什么。省略的元素可以是各种各样的：一个动机、一个证明、一个例证。还有的时候，如果导语包括了好几段的内容，作者可能会在第一段里制造神秘，在第二段里解答读者的部分疑问，到第三段才完全揭开谜底的面纱。那个有关墨西哥移民的故事就是这样的例子：

那皮扎罗，墨西哥——在这个人口只有1200人的小村庄里，一个令人吃惊的、高效的美国贸易项目正在进行，不过山姆大叔对此却毫不知情。如果他知道的话，他一定不会喜欢。

两个神秘点：什么样的国际贸易正在进行，而美国并不知道？为什么这个秘密让美国发现了会不高兴？

那皮扎罗的街道上已经有了街灯，新盖的砖房屋顶上都伸着电视天线，这里还有一座现代的社区活动中心和一家诊所，另外还有一个名为"加州北好莱坞"的斗牛场。这是一个很合适的名字。斗牛场的开销，还有这个村庄所有其他地方的建设资金，都来自北好莱坞。作为交换，那皮扎罗最主要的出口物资就是男性人口。

我们获得了进一步的信息，但是还不够。这项交易的本质到底是什么？

数十年来，这个村庄一直有系统地把村里的男人送到北方加利福尼亚地区的小工厂和商行中工作，他们都是非法的移民。而数十年来，这些人都把他们的劳动所得寄回了老家，其中的一部分成了市政建设的专款。

现在我们知道了所有事情——而且已经花时间读完了故事的前三段，并很有可能继续阅读下去。

虽然神秘的导语能够吸引到读者，但是千万要记住过犹不及的教训。如果导语仅仅是故弄玄虚，毫无实质性内容，全部都是未解的谜语，或者全部都在为后面的内容做广告，这样的话，还是尽量避免的好。最常见的就是"公告牌型"或者"吹嘘型"的导语。这样的导语从头到尾都在叫嚷着同一句话："喂，我有好听的故事要告诉你。"下面就有一个例子：

这是一个充满了电视剧元素的真实故事。

这个故事讲的是一位患有罕见血液病的妇女，如何因为支付医药费而债台高筑。在读了这个故事后，我可以肯定地说，没有医院愿意购买这样的剧本。

"吹嘘型"的导语总是令人失望的。如果导语已经吹得天花乱坠，后面的故事最好不是一般的精彩，否则一定会让人失望。遗憾的是，多数故事都做不到这一点。而那些真正精彩的故事，完全可以开门见山，直入主题，让故事本身来抓住读者，而根本不需要在导语中做广告。

还有一种导语，看似轻描淡写，实际上却是精心设计的。注意下面这条导语的作者是如何以一种带有迷惑性的平静和轻松感觉，来为一个有关俱乐部足球联赛中出现的种族冲突问题揭开面纱的。

洛杉矶（LOSANGELES）——一个寒风凛冽、阴云密布的早晨，朱利奥·玛切桑（JulioMarchesan），一位厄瓜多尔地方足球队的教练，正在观看他的球队与一支美国足球队激战。球场上，美国队的形势很不利。突然，一位在球场上受挫的美国球员冲向玛切桑先生——打掉了他的鼻子。

接下来，让我们说一说一条好的导语可以采用哪些形式。什么时候在特写故事中采用直截了当的硬新闻导语会有更好的效果？什么时候该采用具体事例作为导语？什么时候该选择描述性导语，通过与主题有关的一句引语或者一个生活片断来吸引读者的目光？什么时候又该选用带有变化的总结性导语呢？

究竟选择什么类型的导语，要取决于故事的性质。在特写的写作中，许多记者都把直截了当的硬新闻导语排除在外，而选择一些讨巧的噱头放在故事的最前面，毕竟，他们是在写一篇特写，不是吗？但是如果故事含有硬实的新闻价值，作者应该让这种价值开门见山地表达出来，就像下面这条导语：

贝弗利山（BEVERLY HILLS）——保险业历史上最大的丑闻就要找到主角了。这就是美国公正基金集团（Equity Funding Corp. of America），一家在保险销售行业蒸蒸日上的金融机构。

这篇文章，是揭露公正基金破产内幕的第一篇报道，它详细介绍了后来被认为是美国历史上影响最大的商业欺诈行为。公正基金集团伪造了数十亿美元的保险销售记录，欺骗再保险人；伪造死亡证明和政策文件；大范围伪造公司帐簿。

这条导语没有俏皮的语言，它只是迫切地告诉读者，发生了重要的事情。趣闻性的导语或者举例式的导语，会埋没这条新闻的价值，而带有噱头的概括性导语，则很可能淡化了新闻的重要性。

话说回来，多数的特写故事都缺少硬新闻的那种中心新闻事件。所以，作者在选择导语时，更倾向于趣闻式的或者举例式的。这两种类型的导语被广泛运用，一部分原因是因为它们容易操作，另一部分原因则在于太多的作者都认为，这两种导语既能吸引读者的注意力，又比较简单安全，不用费太多力气。这种想法没有错，但是这样的导语也是有标准的。如果作者选择的生活片断没有达到一定的标准，很可能产生相反的效果。

举例式导语的使用标准包括：

1. **简洁**：导语中的例子必须清楚明了，能够被立刻理解。

读者不愿意思考任何复杂的东西。如果你描写的场景需要加以解释才能说明它与故事主题的关系，那么哪怕是最简洁的解释，也会让故事陷入困境，让读者逃之夭夭。最理想的举例式导语就像一个吸引鱼儿上钩的鱼饵，其长度最多一、两行。

如果鱼饵不能做到优美简洁，最好放弃，改用其他形式的导语。用更简单的信息代替复杂的例子，把复杂的例子留到后面再用，那时候读者已经投入到故事之中，会更愿意听你讲例子。来看下面这条导语，这是一篇关于PIK计划①的故事，当时美国政府为了减少一些农产物的储量，决定向同意减少农田的农民支付一定的农业商品。

罗彻斯特，明尼苏达（ROCHESTER，Minn.）——乔·汤普森（Joe Thompson）的农场上，玉米已经堆成山了。这都是最近两年丰收的玉米——足足有27万蒲式耳②，足够全国人民吃上两个星期的玉米薄饼。但是政府还想给他更多的。

这样的描写非常简单，但是却完美反映了PIK计划的现状，不需要任何解释说明，就把事例和主题连接在了一起。导语还同时抛给了读者一个谜团，为什么还要给更多呢？作者当然会在后面解释什么是PIK计划，这样谜团就自然解开了。

2. 与主题表达方向一致

在一篇关于迈阿密的古巴人居住区小哈瓦那（Little Havana）的故事中，作者在导语中描写了一位老人，他只知道这位老人被称为"拿着画像的老人"，因为他走到哪里，都带着一幅古巴独裁者巴提斯塔（Fulgencio Batista）的画像，这位独裁者后来被卡斯特罗（Fidel Castro）取代。在导语里，抱着画像的老人正在咖啡馆里，滔滔不绝地讲述着革命之前古巴的繁华生活。

这段素描式的描写非常棒，即有号召力，又有感染力。如果这篇

---

① PIK计划（Payment-In-Kind），美国政府于上个世纪80年代初推出的实物支付计划。根据该计划，政府以国有农业商品支付给因耕种面积减少而造成经济损失的农民。旨在减少库存的谷物、大米和棉花，稳定市场价格和降低政府仓储成本。
② 蒲式耳（bushel），美国惯用的体积或容量单位，用于度量干燥固体。10蒲式耳等于35.24升。

故事讲的是那些背井离乡的古巴人，在经历了这么多年后，依然在精神上对家乡恋恋不忘，希望回家的话，这将是一个非常好的导语。

但是恰恰相反，这篇故事讲的是迈阿密的古巴人如何开始切断他们与故乡的情感纽带。他们已经放弃了回家的可能性，开始申请成为美国公民，并且积极参政议政。导语的内容和故事的主题完全是自相矛盾。

这时，导语中的骗局被揭穿，观众的心理期待发生了180度的大转弯。他们不喜欢这样。谁也不愿意被误导。在这种情况下，导语中那位拿着画像的老人，最好作为一个客观元素放到范围板块中去（说明在有些古巴人心中，回家的渴望依然是强烈的）；也可以把这位老人放到故事的结尾里去，让整个故事在结尾处产生一种出乎意料的感觉。

3. 有内在趣味；只有精彩的生活片断才能让导语光彩照人。

如果导语中的人物本身很无趣，或者事件根本没有意思的话，只能是画蛇添足，效果还不如一条普通的导语。至少后者能够让读者快速地进入到故事主体中去，而不用在毫无意义的事情上绕圈子，就像下面这条导语一样：

✗ 埃斯特维勒，艾奥瓦（ESTHERVILLE，Iowa）——当约翰·莫雷尔公司（JohnMorrell&Co.）宣布将在11月关闭这里的牛肉加工厂时，"每个人都很着急，"迪恩·汉森（DeanHanson）说，他已经在这里宰了25年的牛，切了25年的牛肉了。

典型的废话型导语。引语非常普通，完全是意料之中的，整个段落的语言单调乏味。汉森的观点，缺乏能够激发读者内在兴趣的元素，而这正是举例式导语所必需的。

报纸上有许多这样的废话型导语。如果说有一部分记者热衷于在文章中使用相反的例子，那么更多的记者热衷于在导语中使用没用的例子，他们以为只要有人物出现，就能够化腐朽为神奇，把青蛙变成王子。事实从来不是这样。如果你拿不出一个充满活力的导语，你最好还是选择一个普通的导语。

4. 有焦点：被导语中的描述所吸引的读者，会期望导语中的内容与故事的主体有密切关系。

在通常情况下，导语中选择的事例都应该反映出故事主题的某个方面。因为导语实际上是为整个故事设定的基调，被导语中的描述所吸引的读者，会期望导语中的内容与故事的主体有密切关系。如果你摆放在导语中的事例，和故事的主题毫无关系，或者关系不大的话，读者完全可以指责你在导语中故弄玄虚，挂羊头卖狗肉。

反过来，如果导语中的事例选自故事的关键部分，而且很快就在后面得到了重点强调，读者会有一种导语中的承诺终于兑现的感觉。在那篇有关耕地减少的故事中，导语中描写了番茄种植者斯特拉诺和他失去的土地，然后迅速把这个问题扩大到整个戴德镇，并且在主题陈述前后，把这个问题扩展到全国层面。导语告诉了读者，"范围"是这个故事中要强调的板块，紧接下来的内容也证实了这一点。

不过，什么事情都不能走极端，要灵活对待。如果你从故事的关键部分中选不出非常好的例子，而其他部分又刚好有一个非常动人、非常鲜活的小片断，并且这个片断能够很顺利地引出你的主题陈述，那你还等什么呢？当然要用在导语里。如果一条导语遵守了所有的原则，但依然像白开水一样平淡，这条导语就犯了一个最致命的错误：它对读者没有吸引力。

不管怎样，一定要有焦点，一定要有突出的东西。不要把你的导语变成水果沙拉，这种导语往往是把各个部分里的细节和有趣的片断都汇集在一起，堆成满满的一盘，在一个混乱的段落里呈现给读者。下面的导语就是一个典型。这是我在多年前看到的，原作已经找不到了，但是我记得十分清楚，除了个别名称有所改动：

亚的斯亚贝巴，埃塞俄比亚（ADDISABABA，Ethiopia）——从玻璃建筑高耸入云的现代首都出发，来到最现代的新机场搭乘飞机，穿过埃塞俄比亚高原贫瘠的土地，进入西南部绵延起伏的山区，就到了布吉伍吉部落（BoogieWoogie）的帐篷前，部族长老阿布布鲁每

《华尔街日报》是如何讲故事的

天早上起来，都会到帐篷前的平地上小便，借此测试风向……

这当然是一个有趣的段落，但不是导语。从首都到高原，到山区，到部落，内容很丰富，但我们还是不知道这篇文章究竟要说什么。我们只知道这是在埃塞俄比亚，这一点信息是远远不够的。

以上，就是我们为一条优秀的举例式或趣闻式导语列出的必要条件，这一系列的条件也许会让许多作者望而生畏。考虑一下，还是首选概括型导语或者总结型导语吧。这样的导语应该比较简单，而且能够更快地把读者带入到故事主体中去。下面这条导语就非常直接，这个故事讲的是电脑在商业交易中的广泛使用所带来的问题：

电脑来了——紧跟而来的，是骗子。

仅仅用了12个字，作者就点明了他的故事主题，并暗示了"电脑"和"骗子"这二者之间有关系，这种神秘感吸引读者继续看下面的故事。在接下来的几句话中，我们了解到电脑在商业交易中被广泛使用，但同时也可能导致更多的盗用资金以及其他类型的欺诈行为。

概括型导语也可以包括重要的焦点和人物。但是通常情况下，在作者掌握的材料中，这种够分量的材料也不多。如果他在导语里说的太多，故事的主体就会显得缺少描述，变得不可信、没有分量。

其实，写好一条概括性的导语，也绝非易事。这样的导语必须对故事的各部分进行简单概括，但是作者如何能够把这样的概括变得有趣、吸引人呢？悬念又从哪里来？

正如我们前面所言，当作者正在用左半边大脑撰写故事的主体部分时，这样的灵感很可能从右半边大脑里突然蹦出。如果灵感没有蹦出，作者可以在完成故事的主体部分后，再来重新组装故事的主题陈述，从中挖掘出一条概括性导语。

在这样做的时候，作者可以选择一种比主题陈述更加轻松、更具戏剧性的语气来撰写导语。同时，他的导语中可以省略主题陈述中的一个或多个重要元素，为故事制造一种神秘气氛，吸引读者的阅读兴趣。他实际上是把主题陈述包装成了一条概括性导语。我在撰写下面这篇文章时，就没有出现灵光闪现的瞬间，但我还是从主题陈述中挖出了我的导语：

麦克道尔堡，亚利桑那州（Fort McDowell，Ariz.）——360名亚瓦派印第安人（Yavapai Indian）生活在狭小的保护区里，他们的祖先曾经在亚利桑那州1000万英亩的土地上驰骋。如今，他们终于第一次打赢了与白人的官司。这个白人想往印第安人的口袋里送上3300万美元，但那些印第安人却叫他滚开。

这笔钱是为了购买亚瓦派部族的一块沙漠，因为计划修建的欧姆水坝（Orme Dam）将淹没这片沙漠。欧姆水坝是耗资10亿美元的联邦水利计划中最关键的项目，整个亚利桑那州的政界和商界已经为这项耗资巨大的项目蠢蠢欲动13年了。但是这座建立在索尔特河（Salt River）与佛得河（Verde River）交汇处的巨型水坝，将淹没1.7万英亩亚瓦派部族的土地，而该部族拥有的土地总面积也只有2.5万英亩，这意味着整个部族不得不迁移到其他地方去。

于是，在1968年修建水坝的提案被通过时并没有提出任何异议的亚瓦派人，决定发起最后的抵抗。他们到国会去游说，在首都华盛顿发动了名为"泪迹斑斑"的游行活动，并且在公共场合把巴里·戈德华特议员（Sen.Barry Goldwater）团团围住。"这是我们最后的家园，"部族长老诺曼·奥斯汀（Norman Austin）说，"我们已经在这片土地上生活了那么多年，我们不想去其他地方。"

政府让步

政府当然可以没收这片土地，支付给亚瓦派人一定的土地征用费用，然后把他们的请求抛到一边。但是面对亚瓦派人"千金不换"的坚决态度，面对公众对亚瓦派人不断增长的同情心，面对印第安人和他们的环保盟友们（水坝将淹没佛得河两岸的居住地，淹没秃鹰的栖息地，并破坏考古遗址）提起的法律诉讼，那些支持修建水坝的人，最终选择了投降。

现在，多数支持修建水坝的人决定另辟蹊径，他们选择了一个不会影响到亚瓦派人居住地的替换方案。最后的决定将由内政部长詹姆斯·沃特（James Watt）做出，而他已经在非正式场合里表达了对替换方案的支持。尽管官方的最后决定要等到环境影响报告出台后才能公布，但是公众普遍认为，原来的欧姆水坝项目已经胎死腹中。

"真是太神奇了。"劳伦斯·阿肯布雷纳（Lawrence Achenbrenner）说，他是美洲原住民权利组织（Native American Rights Fund）的律师。他帮助亚瓦派人取得了斗争的胜利。律师说："许多好心人告诉亚瓦派人，他们是在回避现实，如果他们愿意和政府谈判，他们可以好好赚上一笔。3300万美元仅仅是暂定的补偿额度，实际上还可能给的更多。但是，亚瓦派人用他们的行动为其他部族树立了榜样，他们现在可以大声地说：'苍天在上，只要我们团结在一起，只要我们不放弃，我们就可以取得胜利。'"

现在，在群山环绕的索诺拉沙漠（Sonoran desert）上，印第安人们正在奔走庆祝，因为他们没有接受山姆大叔的钱。一个月之前，当沃特部长青睐修改方案的消息传来时，一些老人喜极而泣。"我在这里停下来大声抽泣，我的女儿说：'你怎么了？病了吗？'"73岁的贝西·迈克（Bessie Mike）回忆说，她是一位编织工匠，会编各种各样的篮子。

贝西身材矮小，穿着一身印花服装，坐在屋前的一棵树下。旁边是她的小屋，一间用炉渣砖砌成的淡紫色小屋。一辆顺风公司出产的复仇女神小轿车（Plymouth Fury）刚刚消失在远处的沙漠里。她刚刚收到了1100美元，这是4个月来她编篮子换来的收入。她为什么不愿意要10万美元呢？她为什么不愿卖掉土地呢？"这是我们的地方。"回答就这么简单。

并非所有的亚瓦派人都反对修建水坝。米歇尔·格雷罗（Michele Guerrero）没有住在保护区里，他住在梅瑟市（Mesa）。他曾经公开批评部族的决定，他认为出售土地换来的巨款对于改善部族的生活水平和教育水平有不可估量的作用。许多白人也因为同样的原因，觉得部族的决定是不可思议的，"想想看，他们有了这些钱可以做多少事情"。

但是一些亚瓦派人则兴高采烈地说，即便他们拿到了这笔钱，也很可能会把大部分钱浪费在狂欢上。这样的事情的确发生过。70年代中期，该部族曾经通过出售土地所有权换来了510万美元，有一位亚瓦派人从中获得了1500美元。他用这笔钱购买了全套西部牛仔的豪华装备，包括一双红色皮靴，然后开始和朋友们喝酒狂欢，并答应借钱给那些讨好他的人。第二天早上醒来，他已经身无分文，身上的东西都不见了，连那双皮靴也没了。

所以对于亚瓦派人而言，白人的钱就像冰块一样，转眼就会化掉，只有土地才是真正的钻石。在亚瓦派人充满对抗性的血液中，对土地有一种深厚而神秘的感情，这是一种许多白人都无法理解的情结。5年前，部族曾经就土地的出售问题举行投票表决，144人投票要求保留土地，57人投票要求出售土地。这57人大部分都居住在保护区之外的地方。现在，要想在麦克道尔堡找到那些投票赞成出售土地的人已经很难了。

和其他部族一样，亚瓦派部族对土地也采取共同管理的策略，而不是把土地划分给个人。他们把土地视作他们的信仰和文化中不可分割的一部分。"土地不应该归属于人——人是属于土地的。"弗吉尼亚·莫特（Virginia Mott）说，他是水坝工程的公开反对者。

眼下，部族的信仰和文化正在被忽视，而且因为白人文化的影响而慢慢淡化。亚瓦派族的语言已经到了濒临灭亡的境界，部族里最后一名巫师也过世了，只有那些老人还知道古老的信仰和习俗。还好在土地的问题上，亚瓦派人依然坚守传统的信仰，所以哪怕仅仅是淹没土地的想法，也是对土地的一种亵渎。

光荣牺牲

在亚瓦派保护区里，有些地方被巫师规定为神圣不可侵犯的圣地，墓地就是其中之一。亚瓦派族的墓地是一个个整洁的小土包。所有的坟墓都整齐地面向一个方向，那是神山的方向，神山的名字叫"四峰山"（Four Peaks）。在亚瓦派人看来，逝者依然是部族的一部分，打扰他们的休息将会给整个部族带来厄运。有一座坟墓埋葬着伟大的卡洛斯·蒙特祖马（Carlos Montezuma），这位亚瓦派族的医生，是印第安人的代言人，他一生都在为广大印第安人的利益四处奔波，直到1923年去世。他曾经预言，有一天白人将要修建水坝，淹没亚瓦派人的保护区。"白人们个头高大，能够高瞻远瞩，"他写道，"他们能够看到很多年以后的事情。"]

圣地还包括了亚瓦派族的保护神和守护者居住的地方。在亚瓦派族的传统中，他们受到一群精灵的保护。这些身高一米左右的精灵，居住在四峰山、迷信山（Superstition Mountain）和红山（Red Mountain）里面，还有亚瓦派人不敢靠近的麦克道尔堡废墟里。用大水冲走这些精灵？想都不敢想！

除了本身对土地的敬畏外，还有一些历史上的原因，让亚瓦派人对于白人的承诺总是非常怀疑。19世纪60年代，美国骑兵向他们许诺，如果他们搬到部队的兵营附近居住，他们将获得食物、衣服和土地，结果他们得到的是饥饿和天花。不仅如此，因为被安排和好战的阿帕契人（Apache）住在一起 [现在还有人称他们为"莫哈维-阿帕契人"（Mohave-Apache），尽管两个部族使用的语言完全不同]，他们的许多族人被惨遭屠杀。

建立保护区

当亚瓦派人再次聚集到规定属于他们的土地上后，白人又一次欺骗他们，把他们赶到了180英里以外阿帕契人的保护区去，许多人都在途中死去。1903年，亚瓦派人终于在这里建立了他们自己的保护区，从此以后，他们就再也没有离开过这片土地。尽管曾经有人威胁说，要把他们搬到索尔特河保护区附近，和他们祖祖辈辈的对手——比马人（Pimas）住在一起。

这就是为什么，他们对于白人的许诺都非常谨慎，在水坝事件中也是一样。白人们为了修建水坝，曾经许诺亚瓦派人，如果水坝建成，他们可以在人工湖里划船和钓鱼。其实亚瓦派人讨厌钓鱼，也不喜欢平静的水面。但是更让他们气愤的是，最近他们才知道，由于水面落差的关系，多数时间里所谓的人工湖都将是一片泥地，印第安人拥有的码头，将是全美独一无二的旱地码头！

尽管这次他们在欧姆水坝的战斗中取得了胜利，但是不论是亚瓦派人，还是他们的盟友，对于他们能否从此过上平静的生活，都没有太多信心。卡罗莱娜·巴特勒（Carolina Butler）是一位活跃的白人主妇，来自斯科特斯德市（Scottsdale）。她从一开始就在帮助亚瓦派人。她希望建立法律来保护弱小的印第安部落，不让他们的家园被这种大型工程破坏掉。亚瓦派人菲尔·多切斯特（Phil Dorchester）在得知菲尼克斯和斯科特斯德的水井都被化学物质污染了以后，绝望地说："迟早他们会到这里来，从佛得河里获得更多的水。他们只能这么做。"

年轻人应该保持警惕。77岁的约翰·威廉姆斯（John Williams）坐在轮椅上说："我现在是个废人，"他指了指自己没用的双腿，"但是我会告诉那些年轻人：上苍为他的人民造就了这片土地，不要把它卖掉，不要把它借给别人，把它一代一代传下去。这也是我的父亲亲口对我说的。"

故事的导语在第一句话中就告诉了读者，亚瓦派部族现在是一个很小的部族，他们已经被历史上著名的白人扩张运动挤到了墙角，濒临灭绝。作者强调了亚瓦派人现在的数量，这个数字正好和后面出现的土地赔偿金额形成了对比，用人数的稀少衬托出赔偿金的可观。导语的第二句话，揭示了整个故事的转折点：印第安人，一直以来的失败者，终于有了一次战胜白人的机会。最后一句话是对整个故事内容的粗线条勾画。

基本上，这个导语就是我在开始准备这个故事时制定的主题陈述，只不过我有意省略了几项内容：为什么会给3300万美元，要买什么，还有最令人疑惑的问题，印第安人为什么会拒绝这么一大笔钱，一笔足够让保护区里的每个人都脱贫致富的钱呢。正是这个在导语中没有被说明的动机，吸引着读者要继续读下去，为他们心中的"为什么"找到答案。

还有些导语留给读者的疑惑不是"为什么"，而是"如何"。在这样的导语中，读者可以知道故事的大致内容，但不会知道具体的过程和行动，这些内容只能在后面的故事中才能找到。这个小小的疑惑已经足够吸引读者。下面这个故事很简单，讲的是一种职业，从事这项职业的人，他们的工作就是告诉别人如何寻找快乐。让我们来看看故事的导语：

洛杉矶——如果你不知道给如何打发空闲的时间，你可能会用一部分时间去思考剩下的时间该去做些什么。如果你愿意付出一笔小小的费用，就会有一位休闲顾问给你解决烦恼。

导语已经告诉我们这个故事要讲些什么，但是休闲顾问具体做些什么，我们不知道。作者正是依靠这项职业的独特性来吸引读者的好奇心，他在导语中非常小心，尽量不去解释这项工作的具体内容。

这个导语已经很不错，但是我们还能让它变得更好。如果能换成下面这条，神秘感会更浓。

洛杉矶——如果你不知道给如何打发空闲的时间，你可能要花上一些时间去听一位新出现的专家来告诉你该如何使用剩余的时间。不过，记得带钱。

这条导语不仅模糊了"如何"的问题，同时也给这位专家蒙上了一层神秘面纱。

数据的处理

我们很清楚，太多的数据无异于毒药，所以作者在处理数据时，要做的第一件事情就是去掉那些无关紧要的数据。但是对于我们这些在《华尔街日报》工作的人来说，数据对于报导那些破产公司或者撰写财经新闻都至关重要，我们整天都在和数据打交道，去掉这些数据就像拔牙一样痛苦。在许多新闻故事中，数据为整个新闻定性，有时候数据本身就是新闻。

正因为如此，许多记者无形之中就拜倒在数据的石榴裙下，他们认为数据在本质上有一种神奇的力量。他们花大力气广泛收集数据，在他们撰写的每个故事中，只要能出现数据的地方，他们都不会放过。然后，他们百思不得其解，为什么编辑们还会认为他们的特写平淡乏味呢。

在进行特写报道时，我们必须改变对数据的态度，因为特写故事不仅仅局限在数字上。改变态度是痛苦的，但是只要我们想想那些小说家，我们就明白了。如果数据能够为整个故事定性，那么小说家完全可以把读者埋葬在虚构的数字之中，但是他们没有这样做。他们比我们更清楚。

我并不是说，为了博得读者的欢心，我们就应该省略那些有用的数据。这将导致"形式大于内容"的错误，小说家可以犯这样的错误，但是我们不能。几乎在所有的新闻故事中，我们都需要数据。在有些故事里，一个数据是如此重要，如果我们省略了它，或者只是匆匆带过，整个故事的力量都将被减弱。我要说的是，我们应该谨慎选择数据，仔细运用数据。

在新闻故事里运用数据时，优秀的作者从来不会在一个段落里运用过多的数据，这将为读者的阅读设置一堵困难重重的障碍墙。如果这样的段落不是一个，而是两三个连续的段落，基本上这堵墙就无法翻越了。这种障碍的后果会比其他任何错误都严重，多数读者将放弃阅读，所以不要这样做，永远不要！

优秀的作者会彻底改造他的数据，让这些数据多一些形象，少一些抽象。如果数据的具体信息不是很重要，他会把它变成概数："260万美元"要比"2，611，423美元"简单清楚得多。如果某件事物"增长了36.7%"，他可能会说"增长幅度超过了三分之一"。如果是"增长了98%"，他可能会说"几乎翻番"。这种简单、形象的数据表达方式，让读者更容易接受。

还有一些其他窍门：

- **用比率来代替庞大的数据。**

不要说"58，013，261名美国司机中，有14，654，231人驾驶的是进口车"。简单地告诉读者"平均4名美国司机中，就有1人驾驶进口车"。数字越小，越容易被记住；而数字越大，就越抽象。

- **用最简单的方法把意思表达清楚。**

如果必须引入一系列的相关数据，作者必须仔细思考段落结构，用最简单的方法把意思表达清楚。比如，我们要讲的内容是一个政府机构对于某个问题的关注度提高了，投入大量资金进行研究。不假思索地写法是这样的：

花费在"多余问题"研究上的经费被"无关紧要事务部"由1983

年财政年度的8.47亿美元增长到今年的12.6亿美元,增幅达到49%。

这句话中包括了4个数字,太拥挤了。我们的目的是要说明该部门加大了对某问题的关注度以及研究资金增加的幅度。如果采用下面的形式,效果会好得多,同时也把被动形态改成了主动形态:

在过去一个财政年度里,"无关紧要事务部"加大了对"多余问题"的研究力度,研究经费增加了将近一半,达到12.6亿美元。

● **提供一个参照对象,让数字更形象。**

如果某个数额巨大、难以记忆的数字对于故事十分重要,作者应该提供一个参照对象,让这个数字的意义更清楚、更形象。比如在一篇有关亚利桑那州水资源浪费现象的文章中,我们必须使用这样一个数据:该州每年的地下水透支量(从地下蓄水层中抽出的,超过自然水循环能力的水量)达到了250万英亩-英尺[①]。这个数字意味着什么?我可以形象地比划出一英尺水的深度,但是要比划出一英亩水就很困难了,更不用说250万英亩-英尺该是个什么概念了。但是当我被告知,这么大的水量足够让整个纽约浸泡在11英尺深的大水里时,这个数字不但变得容易理解,也变得更加生动了。我知道纽约是个大地方,我能想象出淹没整个纽约城的水量是多么庞大。就这样一个简单的转换,一个抽象的数字变成了一幅形象的图画,深深地留在了读者脑海里。

处理人物和引语

有太多的故事因为拥挤的人物而变得混乱不堪。少数几个真正有意思的人物,被埋藏在一群无关紧要的人物里,读者很难在故事中分清楚谁是谁。(这样的错误很可能会毁了一个调查性的故事。因为在调查性故事中,作者在一开始就面临着如何把一个复杂故事讲清楚

---

① 英亩-英尺(acre-foot),灌溉的水量单位,一英亩-英尺的水量可使一英亩的土地水深一英尺,即43,560立方英尺。

的问题。他很可能引入了一大批次要的信息源，而忽视了最重要的人物。这样的故事也许只有那些法律人士或者作者的亲戚才有兴趣阅读，而大部分读者，在读到第5段的时候，就因为偏头痛而读不下去了。）

一出戏里如果没有主角表演，只有一些跑龙套的人在台上，每人说上三两句台词，我绝对不会花30美元去看这样的戏。而我们许多记者，正在用类似的东西哄骗读者。我们的故事里充满了莫名其妙的人——这些无关紧要的人说了一两句无关紧要的话，然后就消失了。如果这样的人物又在后文中出现，再说上一两句无关紧要的话，情况就更糟了，因为读者早就把他们忘得一干二净了。

这样的错误让故事的发展速度大大减慢，故事的力度和清晰度也被削弱，惟一增加的是故事的长度。作者为什么要这样自讨没趣呢？

有的作者不敢把思想直接表达出来，他只能借用那些说废话的人来把显而易见的东西说出来。这些说废话的人帮助作者磕磕巴巴地讲完了故事。虽然我希望作者们不必愚蠢到必须引用太空宇航员的话，才能确定明天的太阳是从东方升起的，但是确实有的时候，有的作者会像条件反射一样，非要借助别人的口，才能说出一些完全没有必要的结论，或者完全可以由他自己说出的结论。

还有的作者在故事中大量地使用无关紧要的引语，是想告诉读者，他很认真地完成了他的功课，他曾经和很多人交谈过。看，这就是他们说的。这样的作者，如果在连续的两个段落里没有使用某人的引语，就会坐立不安。他害怕读者不会相信他写的内容。其实读者才不会这样想，他们更愿意看的是事实和行动。

上面这两种作者，都是因为恐惧而放弃了讲故事的职责，躲藏到了信息源的背后。还有一种作者完全是被信息源所吸引。如果他下意识地对一位和蔼的、乐意合作的信息源产生了好感，他很可能会在故事中不自觉地提及这位信息源，哪怕对方提供的材料是不重要或者根本毫无价值的。作者总想做个老好人，答谢信息源的帮助，但是读者却急得直跺脚，不耐烦地等待着这样的答谢赶快结束。

到底谁有资格出现在故事中？一位优秀的作者在这个问题上应该铁面无私。选择某个人物，或者不选择某个人物，都是有原因的。作者可能采访了大量的信息源，但这决不是把他们都放到故事中来的理由。

当然，这也不是说那些被省略掉的采访就是在浪费时间。我们进行广泛的采访，不是为了说服读者，而是为了说服我们自己。可能有7、8个被采访过的人都不会出现在最后的故事里，但是我们通过对这些人的采访，得出了更简单、更有力、更确切的表达。读者需要的正是这样的东西，而不是那些人滔滔不绝的讲话。

对引用的每一句话采取高标准、严要求，将有益于整个文章。

我们列举了一些选择引语的标准，一句合格的引语至少应该符合下面的一条或多条标准：

- **可信度**：信息源的陈述相当重要，或者他在某方面有相当的经验或研究，能够做出专家水准的解释。对于这样的信息源，他的资历使他的言语比你说的话更有分量，所以你一定要说明他的资历。

每个记者都明白这一点，记者犯的错误往往不是忽略了被引用者的资历，而是过分强调被引用者的资历，而忽略了他们讲话的真正内容。如果信息源是一位知识渊博的学者，但是他的发言概念模糊、晦涩难懂，或者说的都是一些显而易见的事情，那他就是一位不值得引用的学者。其实在接受采访时，专家们往往希望记者能够提出有意义的问题，而不是温顺地记录下他们的所有谈话。有资历是件好事，但是如果没有与实质内容结合在一起，资历就会变得一钱不值。

- **情感回应**：在直接引语中注入情感。我无法为这个标准给出严丝合缝的解释，这只是一种感觉。让一个人在讲话过程中能够真情流露，这才是好的引语。我可以总结谈话者的观点和评论，但我恐怕还没有资格去编辑一个人的内心世界。

- **鲜明有力**：信息源的表达要尖锐有力度。就像我曾经遇到过的一位在某个小镇上工作的房地产商一样，当时他正在与市长闹矛盾，于是他把市长称为"十足的蠢货"。信息源的话有时可能是偏激的，有时可能使用了形象的比喻，有时可能充满了地方的土话和俚语，正是这些与众不同的地方让他们的话更加真实可信，更加独特。他们的话就应该像狼牙棒一样，既有力，又尖锐。

- **多样性**：有时候，引语是你故事中的辅助工具；还有时候，它们会充当你的陈述中最后那一记重拳。这要取决于你选用引语的性质。好的引语就像三脚架的最后一条腿一样，让你的陈述变得坚不可摧。但是如果一条引语中，既没有实质性内容，又缺乏情感或者力度的话，最好还是舍弃为妙，哪怕是做辅助工具也不行。

一个为自己使用的引语制定"高标准、严要求"的作者，会发现他的严格是值得的。因为去掉了无关紧要的人物，他的故事脉络变得更加清楚。人物的行动成为故事的主导内容，故事的发展步伐更加明快。由于没有了其他废话的干扰，他所选用的优秀引语更加突出，作用更加明显。看到这样的结果，作者终于明白了，故事中人物的数量是无足轻重的，并不是说人物越多，就越有说服力。

我在做那个有关新兴城市的故事时，大概采访了35人。但是在最后的文章中，只有4个人的话是带着名字引用的，还有3个人的话没有指明说话人。尽管如此，这篇文章依然是一篇具有说服力的文章。在那篇有关耕地流失的文章中，我最后也只选用6个人的话，而我采访的人有几十个。一定要记住，越多并不一定就越好。

随着故事里的人物数量减少了，那些剩下的人物，会在读者心中占据更加重要的位置。他们不再是喋喋不休的讲话者，他们开始有了自己的个人特征。这正是讲故事的人希望看到的，他们也在努力实现这一点。

如果某个人物比其他人物都重要，如果他在故事中不止一次出现，或者出现在显著的地方，作者可能希望对这个人物进行一些细节描述，用简短的词语勾画出人物的形象特征，以确保读者能够记住这个人物。在耕地流失的故事中，罗齐·斯特拉诺被描述为"满身汗水、体格强壮"，这样的片断对于故事的进展没有作用，把它放在这里是为了突出斯特拉诺的个人特征，因为他是故事中的一个重要人物。

同样的处理也用在了伐木工"蜘蛛"·梅森身上。我们第一次遇到他时，他只是一个坐在班车里的普通工人。没过多久，我们开始讲述他家族的悲惨历史，并借此机会把他重新介绍给读者："'蜘蛛'·梅森不但又黑又壮，而且能说会道（"'蜘蛛'在18岁之前就用废了两张嘴巴"，他的同事说）……"

在重点突出一两位主角的同时，作者往往还会淡化其他人物的形象，一方面反衬出主角的重要，一方面也不想让配角抢了主角的风采。为了做到这一点，作者一般会给配角分配一些工作，但是不让他们说话。他们是故事中的临时演员。在牛仔的故事中，我们的主角是吉姆·米勒，我们的主要工作就是通过描写他的言语和行动来树立他的主角形象。如果其他人说话太多，就会让他的形象减弱。所以我们只给了另外两个人直接说话的权力，一个是牧场里的年轻工人，另一个是牧场的主人。

但是我们还需要告诉读者，米勒先生也是牧场工人的代表之一，而且他代表了一种生活方式。所以我征用了6名临时演员，他们没有说话，而是默默用行动来证明我们的观点。这几个人大部分都出现在快结束的观点段落中，在米勒先生说他看不到牧牛业的未来之后。

也许还没有那么糟糕。在亚瓦派镇周围那些幸存下来的家族牧场里，放牧的生活还在继续。在皮普尔斯山谷（Peeples Valley），今年有15头小牛命丧美洲狮的口中，捕狮猎人乔治·戈斯维克（George Goswick）正在韦弗山脉（Weaver Mountains）搜寻这些狮子的踪迹。在草原上，母马刚刚生下了许多小马驹，其中的一些马驹将有幸得到特威斯特·赫勒（Twister Heller）的温柔指导，他是这里最好的驯马师。在海斯牧场（Haysranch），牧场主约翰·海斯先生一边忙着给一头狂暴的赫里福德牛注射抗生素，一边抱怨着牧场无处不在的蝗虫……

明年，米勒先生就65岁了，他计划辞去牧场工头的职务，开始领取社会保险金。但是他说，他永远不会停止牛仔工作。这里很少有人在马背上生活了一辈子后，能够舍得离开。吉姆的朋友，汤姆·里格登（Tom Rigden）现在依然在自己的牧场里赶牛、给小牛阉割，尽管他双目失明已经快8年了。

还有一种淡化配角的方法被记者们广泛运用，这就是匿名引用。在人物众多的故事中，记者们尤其喜欢运用这样的方法来模糊一部分人物的特征，但是这种方法如果运用太多，就会让整个故事感觉像电话簿一样。

比如，和牛仔故事里只突出一个人物的报道手法不同，在伐木工人的故事中，我关注的是一个群体，这群人有着各自不同的经历。他们的声音对于讲述这个故事都是重要的，但是如果全部使用，很可能会把读者搞糊涂。所以，在我引用的20个人物中，只有12个人是有名有姓的。而且为了进一步减少混淆的可能性，这12个人大部分都只出现了一次，只有其中两个人曾经多次出现。

对于匿名引语的使用一定要谨慎，因为这种方式已经成了新闻界的瘟疫。许多记者还没有让信息源开口，就立刻给对方盖上了匿名的帽子。一个从神秘人物口中讲出来的故事，会让读者心存疑问，多了就会让人反感。读者希望看到的是有血有肉的人物，他们能够摘下面具，说出自己的想法。如果不是这样，哪怕是一个非常确切的故事，其真实程度也会大打折扣，因为令人信服的陈述已经变成了交头接耳的流言蜚语。

所以，如果"谁说的"对于证明信息的真实性非常重要，作者还是应该尽可能地给出每个引语的出处。匿名引用应该用在不太重要的信息上，或者那些主要用于支持其他证据的引语上。

森林里也是一个不允许有丝毫闪失发生的地方，任何一点点的失误都可能导致受伤，甚至死亡。在华盛顿的森林里工作的工人一般在1.5万左右，在过去的3年里，他们当中受伤人次达到2.8万，其中死亡75人。"这是你和树之间的生死较量。"一位木工老手说。

上面的这条引语是强有力的，并且给整个陈述带来变化——但是真正说服读者的还是数据。

有时候，信息源的背景非常显赫，但是他说的内容非常枯燥或者凌乱，很难直接引用。他要表达的意思是清楚的，但是他表达的方式让读者产生疑惑。碰到这样的情况，作者应该指明该信息源的名字和头衔，但对他的话进行解释和加工。你用更清楚、更简要的语言来取代他的原话，但是保留他的头衔以确保信息的可信度。

在那些直接引语过多，或者直接引语过长的文章中，整理过的间接引语能够让故事变得简洁清晰。这样的方式当然不是你的首选，但是有时候你得不到多方面的证据支持，只能多次引用同一个信息源。这时，你应该尽量把最有力、最真实的陈述作为直接引语，然后把其他的话转变成间接引语。这样的处理虽然只是一种多样化的假象，但感觉会比所有的话都是直接引语好得多。

在选择引语的时候，一定要选择简短、犀利的，不要冗长、枯燥的，并且尽量裁减到只剩下核心部分。有时候，你会发现你真正需要引用的只是一个词组，或者就是一个词。没关系。只要这个词或词组是生动切题的，你完全可以把它单独使用，这样要比把它和一堆词语放在一起力度更强。不过，千万不要在一句话中多次引用不完整的句子，就像下面这个一样：

波兰德（Borland）先生说洋李是一种"非常麻烦"的水果，它很难出售给年轻的顾客，因为它有"通便"的作用，看上去只适合"上了年纪的人"。

读者在看这句话时，精神必须高度集中，才能分辨清楚哪些是直接引语，哪些不是。而且他们很可能会和我有一样的想法，记者在写这段话时，并没有完全明白说话人的中心意思，所以才试图用这种方法进行掩饰。

处理结尾

一个好的结尾能够帮助你满足读者最后的要求：让我记住这个故事吧！不过新闻故事的结尾可不像小说的结尾，那种在小说中最常用的结尾形式——戏剧性的展现，让某个重要的新元素或者故事的逻辑线突然中断，在故事进入到一个高潮时戛然而止——并不适合用于新闻故事的结尾。我们可以从小说家那里学到很多其他技巧，但是报纸的读者可没有时间和耐心去等待一个意外的结尾。正好相反，在撰写新闻故事时，我们不得不在结尾通过某种方式对故事的主题再次做出阐释。

我所读过的最好的结尾，基本上都逃不出下面这三种类型：

前后呼应型

这样的结尾会提醒读者，让他们记住故事的中心思想或者关键元素。但是这种提醒往往是间接进行的。通过使用一些非事实性证据——象征、情感回应、观察后的评论甚至还有诗歌的片断。

比如在那篇有关迪斯尼的报道中，我们被带到了该公司的一所"大学"内，在那里作者告诉我们：

虽然培训课程主要针对的是公园里工作的年轻人，但老员工也会不时地回来温习一下，他们的课程主要是沃尔特的思想和哲学纲要。一位年轻的迪斯尼培训师给一位参观者展示了一系列讲述"迪斯尼方式"的宣传画。第一张就写着："我们是干什么的？我们是生产快乐的。"

这个简单的结尾充满了对故事主要内容的暗示和回响。我们记住了这个公司的中心目标。我们再次看到了，通过另一种方式，已故创始人依然延续着影响力；他的真理被一代代相传，在某种程度上缔造了他的不朽。我们还在结尾感到了一种潜在的对秩序和控制的追求，这一点在故事中有直接的描述。"我们是生产快乐的。"迪斯尼说，就好像这样珍贵的东西真的能够成为一种号召力，来指挥大家按照公司的意愿努力工作，让这种快乐通过米老鼠和唐老鸭展示出来。

在有关耕地流失的故事中，故事的中心思想通过结尾处斯特拉诺先生的沮丧和几句诗歌得到了再次展现：

在戴德镇，罗兹·斯特拉诺正驾驶着他的皮卡，巡视着那些他已经失去了的土地。每年，他都会这样做三、四次，每次他都非常沮丧。在华盛顿，土壤学家海德鲍先生，把一首从专业杂志上剪下来的诗歌贴在自己的墙上。诗的最后两小节是这样的：
蔓延的购物中心下
埋藏着一个秘密
阳光雨露召唤着它
大地却无法听见

看啊，看那些城镇和他们的产物
看那如网密布的马路下
被密封的

是一片肥沃土壤的棺材

是一片未来稻谷的亡魂

还有的时候，一个简单的总结就能给予读者他想要的结束感。在那个关于替补投手的故事中，最后一段就是这样处理的：

这周，卢参加的比赛中，有9局半对方一分未得，但他并没有赢得比赛，也没有什么精彩的救球。赛季已经进入尾声，他留在小联盟继续打球的希望日益暗淡。"我想我肯定是一无所获了。"卢说。他们在阿尔伯克基还有三场球，然后球队就要打道回府，参加图森当地为球队举行的"斗牛队之夜"庆祝活动了。

这个结尾让读者回想起来文章中已经描述过的内容——疯狂促销的小联盟赛事，替补投手心中日益逼近的失败感，令人厌倦的颠簸旅程。

展望未来型：

我们曾经简略地谈及未来发展部分对于故事报道的重要性。如果在你收集的材料中，正好这方面的材料很好，那你完全可以考虑用这些材料做你的结尾，它可能比其他材料都要适合，因为在大多数故事中，这样的结尾都是最自然的。未来部分的内容，往往是未知的，所以很少会成为整个故事计划中的重头戏。在故事的主体中，我们通常强调的是那些正在发生的事情，而不是那些将有可能发生的事情。

这是合理的。但是这些看起来在故事主体中没有太大用处的推测和展望，往往能够成为结尾处发人深思的好材料。在关于年迈的登山者菲尼斯·米歇尔的故事中，我们就选择了这种类型的结尾，来帮助读者记住故事的主题。结尾的时候，米歇尔被问及在伤病、死亡或者松懈的意志征服他之前，他还能坚持登山多久：

米歇尔先生自己也承认，自己的动作正在明显减慢，那些山坡也变得比以前更加陡峭了。但他十分确信，造物主不会和他开这么卑鄙的玩笑，至少不是现在。"我想我大概可以坚持到90岁。"他最后补充说。要真是这样的话,他还有12年的时间,还有20座他没有登过的山峰在等着他。

只要是一位拥有想象力的读者,在故事结束后,都会在心中看到这样的画面:一位老者在崇山峻岭中步履艰难地攀登着,他在与时间赛跑。

在有关亚瓦派部族的故事结尾处,我们看到两个印第安人在讨论着未来:

尽管这次他们在欧姆水坝的战斗中取得了胜利,但是不论是亚瓦派人,还是他们的盟友,对于他们能否从此过上平静的生活,都没有太多信心。卡罗莱娜·巴特勒(CarolinaButler)是一位活跃的白人主妇,来自斯科特斯德市(Scottsdale)。她从一开始就在帮助亚瓦派人。她希望建立法律来保护弱小的印第安部落,不让他们的家园被这种大型工程破坏掉。亚瓦派人菲尔·多切斯特(PhilDorchester)在得知菲尼克斯和斯科特斯德的水井都被化学物质污染了以后,绝望地说:"迟早他们会到这里来,从佛得河里获得更多的水。他们只能这么做。"

年轻人应该保持警惕,77岁的约翰·威廉姆斯(JohnWilliams)坐在轮椅上说:"我现在是个废人,"他指了指自己没用的双腿,"但是我会告诉那些年轻人:上苍为他的人民造就了这片土地。不要把它卖掉。不要把它借给别人,把它一代一代传下去。这也是我的父亲亲口对我说的。"

在描述菲尔·多切斯特眼中的未来时,作者采用的是不带感情色彩、以事实为基础的理性描述,但是在描述约翰·威廉姆斯对未来的看法时,文字是充满诗意的,这是全文中最精彩的一处引语。两种风格的描写,为整个故事构建了一个自然的结尾,也是对整个故事的一个补充。记住了,这样的好材料可不会像天上掉馅饼一样砸到你头上,你必须自己去寻找它。

展开拓展型

我们曾经说过，作者应该划定自己的报道范围，与其面面俱到却平淡无味的话，不如重点突出故事的一部分。但是如果要使用"展开拓展型"的结尾，我们就不得不打破这条规矩。

在故事的结尾部分，我们可以把突出报道重点的原则抛开，通过介绍给读者一些值得深思的新东西，让他们的视野在瞬间扩大。这样的结尾会扩大故事的影响力，让整个故事更值得记忆和回味。

就拿新兴城市的故事来说，这个故事的报道范围被严格地限定在产生的具体问题和解决问题的措施上。整篇文章讲的都是金钱利益与其他利益的冲突，讲的都是能源公司、地方政府和国家政府的具体行动，丁是丁、卯是卯，涉及的东西都非常实际。

但是在故事的结尾处，一个新的、不同的元素被介绍给读者：

但是，即便有了能源公司的赞助和税收的收入，即便能源开发为当地的青年人提供了更多就业的机会，新兴城镇的发展还是需要付出代价的。这一点，生活在西部乡村的人十分清楚。"以前镇上的人都互相认识，一辈子生活在镇上的老人走在大街上，能够叫出每个人的名字，和他们打招呼。现在这样的日子已经一去不复返了。"蒙大拿州佛塞斯镇（Forsyth）的一位居民说，这个宁静的小镇已经因为煤矿开采和电厂建设而改变了模样。在北达科他州能源三角区一望无垠的草原上，煤矿堆成的小山包如黑色巨人一样矗立在那里，许多农场主都对现在的这些变化怨声载道。

50岁的沃纳·本菲特（WernerBenfit）就是其中一位。他一辈子都在牧场生活。现在，他的一部分牧场已经被铲土机破坏。"我们和他们斗争了3、4年了，但我们还是失去了土地，"他说，"我希望他们从没来过。"

读者在结尾部分面对的是"新兴城镇综合症"的一种新的表现，这在前面的内容中是没有涉及的。这些微小的社会群体的社会特征，随着群体的不断发展而发生了变化，他们曾经拥有的美丽环境正在消失。这些影响是无法估计的，也无法与现实的发展相抗衡。

不仅如此，这个结尾说出了那些受到影响的人的真实感受，这也是之前的故事没有提及的。把情感的因素引入进来，是在努力提醒读者，这些受到影响的小镇并不是问题中的一个抽象地名，而是一个实实在在有人居住的地方。

处理记者自己

我们知道记者应该出现在他的故事里。但是，他什么时候该出现呢？他又该利用自己的形象对读者施加多大的影响呢？

下面就是为作者量身定做的角色：

1. 概括者/总结者

在讲述故事的过程中，作者必须一点一点把相关的材料汇集起来，然后对这些材料进行总结，把这些材料要表达的意义归纳出来。通常他会在段落的开头写上一句提纲挈领的话，然后用那些引语、数据和描述来向读者证明自己的结论。这个过程是在不断重复的：论断、证据、新的论断、新的证据。

不过，请记住：记者得出的结论在强度和戏剧性程度上一定不要超过支持该结论的材料，也就是说，记者千万不要夸大其词。在迪斯尼的故事中，记者总结了那些批评迪斯尼的人的观点，称他们认为迪斯尼是"一个庞大的、拥有多个售货口的廉价文化销售机"。这句话可不好理解。但是记者马上引入了批评家理查德·希克尔的言论，为这一判断做出了强有力的注解。

"迪斯尼的机器将毁灭童年时代最有价值的两件事情——童年的秘密和童年的安静。它让所有人都做一样的梦，它让美国所有的孩子头上都戴上了米老鼠的帽子。从资本主义的角度来讲，它是天才的产物；但从文化的角度来讲，它几乎就是一出惨剧。"

假设希克尔没有说上面这些话，而是这样说的：

"从资本主义的角度来讲，迪斯尼是天才产物；但从文化的角度来讲，它几乎就是一出惨剧。它从事娱乐产业并没有错，但是太多的儿童在从迪斯尼那里获得自己的梦想和幻想，而不是通过自己的想象力获得。"

这样的文字同样是批评的，但是语气相对缓和，而且没有明确指出迪斯尼的具体影响。如果记者的总结后面紧跟的是这样一段文字，读者就会觉得记者在夸大其词，因为实际的批评并不像记者总结的那样严重。

还有的时候，聪明的记者会放弃清楚的概括和结论，小心翼翼地把自己的意见穿插在整个故事或某个具体段落之中。这样做的记者，要么就是在报道一个非常专业的领域，要么就是在报道一个关注度很高、非常具有争议的问题。

比如说，除非记者是一名等离子物理学家，否则他没有资格仅仅因为7位专家中有5位表达了同样的观点，就声称核聚变的能量运用即将实现。读者很清楚，记者不是专家，他没有资格对这种观点和现象进行结论性的判断。所以任何结论都是不应该出现的。记者可以说，许多专家通过实验证明，核聚变能源的研究已经有了突破，或者即将实现突破。然后他就退到幕后，让专家和实验事实来说话，还要把反方的事实依据包括近来。要知道在这种专业的领域，绝对容不得想当然的结论。

另外，对于一些关注度非常高，可能引发读者情绪的话题，记者也要提高警惕。即便记者具有相当的专业经验，并且他所拥有的证据已经可以得出结论，他还是要小心谨慎。比如，有一名精通肿瘤学的医学记者，正在撰写文章介绍一种治疗癌症的可能方式，尽管他所收集的所有证据和观点都显示：一种新的生化酶对于治疗癌症非常有效，他也不能轻易地下结论说，这种酶就能够治愈癌症。他的结论必须非常谨慎，只能告诉读者已经有的实验结果和其他确凿的事实。因为这个结论是性命攸关的，许多人可能因为这个结论而产生希望，结果却受到无情的打击。所以，记者只能让读者根据可以得到的事实，自己来做出判断。

如果不是上面这样的特殊情况，记者完全应该把害怕犯错的恐惧抛到一边，清楚、直接地告诉读者，他掌握的证据说明了什么。他在每一个部分所做出的概括和结论将成为连接整个故事的骨骼，并且影响到故事的中心思想。胆怯只能减弱这些信息的力量，就像下面这段一样：

> 火星入侵者好像已经占领了新泽西（New Jersey）北部的大部分地区。根据当地指挥官通过无线电发回的最后讲话，柏根郡（Bergen County）"几乎已经失去了所有的兵力"，而从里奇伍德（Ridgewood）逃出来的民众则说，外星人已经杀死了该镇所有的报纸编辑。航拍的照片显示哈肯萨克（Hackensack）所有的建筑都被毁于一旦；而在帕特森（Paterson），准备从南部进行反击的海军陆战队带着60%的伤亡人员退回，仅有5架战斗机幸存，其他全部被火星人的光电子武器击毁。"他们已经控制了我们的领空，并且切断了我们各个部队之间的联系。"第三军区指挥官詹姆斯·威甘德（James Wiegand）将军说。

这个段落的第一句话是一个含糊不清的结论。什么叫"好像已经占领了新泽西北部的大部分地区"？！根据后面的描述，我们完全可以说：火星人把我们赶了出来，并封锁了整个新泽西北部。

2. 裁判

作为一个会讲故事的人，记者必须有能力控制一个故事或者一个段落中互相争辩的双方，否则，他自己就会被晾到一边，眼巴巴地看着故事中的冲突双方在那里争论不休。冲突是产生戏剧的源泉，但是如果冲突转化成了毫无意义的口水仗，读者很快就会感到厌倦。

如果记者把复杂的冲突当作乒乓球比赛来处理，他很可能会陷入这样的陷阱中。比如，A对B提出了专门的批评，负责任的记者当然要在故事中把A的批评传达给B，B当然会对A的批评做出回应，并主动向A开火。记者赶紧跑回去，把B的批评告诉A，然后这样不断重复。冲突的范围越来越大，但争论的焦点实际上是微乎其微的，而且两方的冲突已经到了无法阻止的地步。当这场唇枪舌战真正停下来时，读者早已经被这个令人疑惑不解的冗长故事吓跑了。

为了避免这样的情况，记者应该学会在关键时候做出自己的判断,同时对冲突的处理采取另一种方法。首先,他把双方的批评和指责汇聚到一起。然后,他把大部分无理中伤的话去掉(只留下一、两句来展示冲突双方的感情深度),同时把那些不能证实或者毫无根据的话都去掉。剩下的,就是争论的核心内容。

然后,他开始让双方轮流发言,就像一场炮兵决战一样,每方每次只能发射一枚炮弹,而不是像乒乓球比赛那样,双方在一个问题上来回反复。发炮弹的方式让双方的论点、论据更加有力,也更容易被读者理解,整篇文章也更加紧凑有力。

3. 观察者

在处理故事的中心章节时,记者要像一位向导一样,引导读者得出故事结论。他的结论可能很外行,但他还是应该列举一些事实证据来支持这个结论。如果没有这些证据,他的文章就是空洞的观点。在故事中心以外的地方,记者的身份还不仅仅是向导。通过使用读者赋予他的代理权,他很可能会成为自己故事中的另一个信息源。

为什么不呢?身为记者的他已经对报道对象有了充分了解,至少他应该如此。他自己又是一名受过专业训练的观察者。他见到了故事中的人物,去到了故事中的地方,看到了故事的发展,这些都是读者不能做到的。所有这些,都使他成为一个可信的信息源,当然这种可信是有限度的。

如果记者对于自己掌握的一切非常满意,他可以对于一些不是太重要的内容进行简单评论。他的评论虽然不会对故事的中心产生什么影响,但是能够让读者对于故事的某些方面有更形象的理解。而那些希望在所有主要结论后面都看到确凿证据的读者,当然也会信任记者对这些细微方面的描述。

记者应该好好使用读者授予他们的代理权,用这种权利来形象地描述故事中的人物和地点,这两个元素对于小说家都是非常重要的。我们都读过那种对报道的地方和人物毫无感觉的文章,这样的文章简直是一种浪费,因为记者完全可以通过电话采访写出同样的文章,而不需要花费高额的飞机票去实地采访。

有时候,只需要几个词的简短描述,记者就能够把一个地方或者一个人物的形象特点勾画出来,让它们在读者心中栩栩如生。还有的时候，记者可以通过简单地评论某地或某人的"本质特点"，来突出它们的形象。他可以说圣地亚哥（SanDiego）是"位于梅子汁产带上的一个遥远的省会城市"，或者说圣地亚哥是"如此松弛的城市，有时候简直让人昏昏欲睡"。

如果没有可信度更高的信息源出现，读者有时候也会接受记者对于某些重要问题的判断。在牛仔的故事中，我们就看到了这样的例子。当我希望展示牛仔工作与其他工作的不同时，我作为两个世界的观察者，我认为自己有资格给出自己的判断。同样，在伐木工故事的最后，也出现了主观的评论，我告诉读者，随着原始森林的消失，随着人工林场的出现，伐木的魅力也会随之消失。

那些不愿充当观察者的记者，对于那些不太重要的观点，不是完全忽略，就是要费劲引用其他信息来支持这个观点，而实际上他自己就可以处理这样的观点。对于后一种情况，记者引用过多的边缘信息源和微不足道的信息来证明某个观点，结果是故事的中心被淡化了，引用泛滥，节奏缓慢，内容冗长，读者困惑的概率也大大增加。在第一种情况中，整篇文章往往是平淡、单调、冷漠的。

不过，作为观察者的记者一定要非常小心。他不应该把自己的观点建立在纯粹的预测、模糊的二手资料或者个人的知识储备之上。他的观点应该来自他所报道的故事和其中人物的真实感受和体验，而且他一定要时刻提醒自己：我这样报道公平吗？我的感受和我的研究是否能为我提供足够的证据，让我做出这样的判断呢？不计后果的概括是会伤害人的，包括那些写下它们的人。

即便记者对自己的判断十分确定，他也不应该在故事中出现得太多。他的话会分散读者的注意力，也会放慢故事的节奏。如果一个故事中有太多记者的身影，那就不会有足够的故事。

第7步

让字和句抓住眼球

★ 如果他的打字机中蹦出的尽是一些诸如"问题、情况、反应或者利益"这样的抽象名词,他应该立刻停下来,问问自己能不能用更具体、更形象的词语来取代这些抽象词语。

★ 一个善于谈话的记者,不论他要写些什么,他都会问自己一个问题:我和朋友聊天的时候是这样说的吗?

★ 一定要记住:如果读者问的是时间,你不用告诉他们钟表的制作原理。

很多记者会认为，特稿写得好不好，关键在于讲故事的技巧，至于如何完美地处理语言文字，并没有想象的那么重要。和故事的遣词造句相比，精彩的构思、令人信服的事实、具有说服力的阐述以及完好的故事结构，似乎都更加重要。没有以上这些元素，记者的文章写得再美，也很可能是一个美丽的失败。他的文字可能会在一开始吸引住读者，但是他们很快就会发现整篇文章的华而不实。日本寿司看上去很诱人，但吃多了都大同小异。

又是一个大误区！文字的魅力是绝对存在的。它往往能够让记者的新闻故事更上一层楼。如果一个非常普通的故事拥有美丽的文字，这个故事会变成一个好故事，而一个好故事如果拥有了完美的文字表达，就将成为让读者回味无穷、久久难忘的故事。这并不是什么不可实现的梦想，这应该成为每个记者最终的奋斗目标。

遣词造句的第一步是正确地使用语法、句法，以及正确运用词语。我并不是这些问题的专家，而且我们也没有太多空间来讨论这些基础问题。所以，让我们假设你已经通过了第一关，有了一定的语法基础，成了一名专业的作者。现在，你要学习的是遣词造句的艺术。在掌握文字使用的基本技巧后，你最感兴趣的，就是如何运用文字的力量，让故事在特定的位置产生特定的效果。

下面，就是你需要考虑的一些问题：

具 体

有些词语和句子是模糊的，它们像海绵块一样，一抹一大片。还有一些词语和句子像细致的画笔，它们所表达的意思非常清楚，能够立刻在读者心中描绘出一幅精致的图画。它们是具体的、明确的，不是概括的、抽象的。

一个讲故事的人要尽量使用精致的画笔，而不要使用模糊的海绵块。如果他的打字机中蹦出的尽是一些诸如"问题、情况、反应或者利益"这样的抽象名词，他应该立刻停下来，问问自己能不能用更具体、更形象的词语来取代这些抽象词语。他所说的"问题、情况、反应或者利益"到底指的是什么？他能不能把这些模糊的词语丢掉，用一个更加准确的词语或句子来代替它们。

《华尔街日报》是如何讲故事的

有时候，模糊的词语也是不可避免的，因为它们也有存在的理由。但是多数时候，作者使用这些词语完全是因为他们的懒惰和粗心。只要他们稍稍检查一下，就会发现在他们的工具箱中完全有更好的词语可以使用，这些词语能够让他的故事更加清晰、明确。

首先，作者应该仔细审视他所运用的每一个名词。有的名词表面看来很具体，其实则不然。就是依靠这种谨慎的态度，他的"客轮"变成了"700英尺长的豪华客轮"，后者比前者更加具体、更加形象。他的"反应"变成了"害怕、憎恨、怀疑、热情、厌恶"或者其他更真实的表达。如果他要描写一场战斗，他会首先问自己："战役"和"小冲突"，哪个词更加准确。

如果具体的名词能够让他的故事变得清晰，那么具体的动词就能够增加故事的活力和表达的深度，就像下面这个有关一位脾气火爆的政治家的描写片断：

"不要以为我是一个疯子！"市长狂吼道。

好极了。我们立刻就能感受到这位市长的暴脾气，而他自己并没有完全意识到这一点。（请注意我在这句话里用了32个字才说明了一个准确动词所表达的全部意义。）

如果没有这些生动的动词，这篇文章可能显得非常啰嗦。再看看下面这个临近结尾的段落，看看作者是怎样描写的：

下一位进来的是个承包商，他负责6万美元的城市重建项目。市长的情绪非常激动。"你搞得太糟糕了，"他咆哮道，"你把这个项目出租出去，你把整个城市都骗了！在我看来，你不过是一头蠢驴！我希望我至少有一次是错的，那样我就可以对你有一点耐心。但是自从我来到这里，我就从来没有错过！"

承包商悻悻地走出来，一位地方贫民窟的房东踮脚走了进去。他希望那些房屋安全的检查员们不要再来找他。市长大发雷霆："你怎么能让人们住在像猪圈一样的地方？！你大概是给那些安检官员灌了什么迷魂汤吧。"

房东急得跳了起来，恼怒地说："我没有给任何人任何东西！"

市长暴跳如雷,嚎叫道:"修好你那见鬼的房子!"两个人怒目而视,互相对吼……

为了达到上面这种效果,讲故事的人不断修改他使用的动词。琼斯先生是赞赏某个想法,还是拥护某个想法?这两个词是不同的。史密斯先生是刚刚离开,还是逃走、离弃、或者迷失?市长的表情到底是沮丧,还是愤怒?

有些作者总是选择一些表达软弱、含义笼统的词语,而不去选择那些具体有力的词语,这当然是错误的。但是还有些作者,用华丽的词藻堆砌文章,给文章制造虚假、夸张的感觉。对于他们而言,任何短暂的困难都会变成"危机",任何矛盾都是"艰难的困境",任何针对白宫起草文件的修改都是对总统的"重大打击"。这样的作者应该考虑的不是如何加强文章的力度,而是如何降低文章的浮夸程度。他们让语言文字的价值变得低廉。如果真的有了什么危机,他们又该怎样把这个真的危机与他们之前制造的虚假危机区分开来呢——"巨型危机"?

治疗浮夸型作者的药方,与治疗胆怯型作者的药方是一样的——选择恰如其分的词语,让词语的准确含义与描写的真实情况相一致。

苛 刻

一位苛刻的作者总是惜墨如金。他难以控制自己。他的文章中找不出半点废话。

我说的"苛刻",并不是指文章的感觉,而是指作者对于自己作品的态度。你可能会感到奇怪,为什么要用这样的态度对待自己的作品呢?事实上,当两位同样出色的作者站在一起时,这个态度很可能就是唯一能够区分他们孰优孰劣的标准。为了不让自己的作品变得平淡无力、啰嗦繁复,优秀的作者往往会对自己的作品采取严格到苛刻的态度。

苛刻的作者在写作的时候拥有双重身份,这两种身份交替发挥作用。第一种身份是充满灵性的艺术创作者,第二种身份就是毫不留情的批评家,专门给作品挑刺。这样的批评家对作品不屑一顾,用最残酷、苛刻的态度审视整个作品。当作者在文章中流露出不恰当的感情，或者用词华而不实时，他会横加指责；当作者使用被动的结构或者对结论含糊不清时，他斥责作者的胆小怯弱；他对每一个逻辑点都提出质疑，要求作者对故事中出现的每个人物和事件都做出合理解释；不仅如此，他还时刻鞭策着作者，要在遣词造句上下功夫。他是最令人讨厌的人物，他比任何编辑都难对付，但他是艺术家最好的朋友。

没有规矩不成方圆。一位艺术家只有在这样严格的批评之中，在理性自我的不断鞭策之下，才能让自己的艺术变得训练有素，不会成为脱缰的野马，一发而不可收。软弱的批评是没有用的，因为一位艺术家要想充分发挥自己的潜力，就必须得到足够尖锐的刺激。这就好比有一位温和的编辑，他说服记者对某篇稿件进行了一些修改。但是没过多久，同样的问题又在这位记者的其他文章中出现了。为什么会这样？因为编辑的批评并没有给记者留下足够深刻的印象，让他能够从此不再犯同样的错误。

让我们看看一位要求苛刻的作者，会如何批评自己的文字。下面这篇文章讲的是美国金融界日益严重的吸食毒品现象。我们假设了作者的两个身份之间的对话。

28岁的迈克（Mike）是一位成功的证券交易员，他为华尔街地区的一家大型公司工作。和许多同事一样，他拥有相当不错的薪水（好的话，一年能超过10万美元），他喜欢自己的大部分工作，也拥有幸福的家庭生活。

但是和这个国家正在逐年递增的一群同行一样，他也吸食毒品。他说自己并没有沉溺于这种昂贵的白色粉末，他只是偶尔为之——有时是在工作的时候——因为他相信这种粉末能够给他带来力量和无限权力。迈克服用的大部分毒品都是自己购买的，但有时候那些股票经纪人也会把一、两克可卡因作为礼物送给他，为了维持他们的友谊，当然也是为了维持他们的生意。

艺术家：很好，这就是我想要表达的内容……

批评家：你开玩笑吧。这段文字充满了废话。如果把它作为新闻故事的开头,显然太长了。如果把它作为小说的开头,又太平淡无味了。第一段读起来简直就像名片上的介绍,而且根本没有告诉我们这个故事的主题。我才不管这个年轻的证券交易员到底有多富有和幸福呢。这和故事的主题有什么关系?

艺术家:但是……

批评家:住嘴,好好听着。"28岁的迈克……"弱,表达太弱。把主角放到最前面去:"迈克28岁"。然后你告诉我们他很"成功",接着又说他有"相当不错的薪水","超过了10万美元"。这就好像在说,他是一个体重330磅的肥胖、臃肿的胖子。这些都是重复的废话。你什么时候才能明白什么叫"冗余"?你还说"华尔街地区的一家大型公司",还是啰嗦。直接说"华尔街一家大公司"就行了,这样可以把原有的12个字减少4个字。这可是33%的冗余度呀。"和许多同事一样",谁在乎他的同事?他们是你的朋友吗?把他们甩掉!"喜欢自己的大部分工作",天,这样的表达太模糊了。他到底喜欢自己的工作,还是不喜欢?你快想好。"幸福的家庭生活",见鬼,这篇文章要讲的是毒品,而不是什么家庭关系。把孩子和老婆都甩掉。记住你的故事主题。在第一段文字中,至少应该有一点东西是与你的主题有关的,否则大家都要睡着了。我都准备跟自己说晚安了!

艺术家:我只是想给故事的主角一个更完整的背景……

批评家:我们不在乎他的背景。故事不是关于他的,而是关于他的问题。他只是一个例子,我们没有多余的空间浪费在他周围。即使需要这样做,你的描述也毫无用处。"迈克有一点喜欢自己的工作,也有一点喜欢自己的老婆"。这才是吸引人的句子,令人感兴趣的描述。你应该给我提供这样的句子。

艺术家(追问):那第二段呢?第二段又有什么问题?

批评家:好一点。比糟糕稍微好一点。第一句话中,你又把同事扯了进来。你太急于把故事展开了。我们会在这个段落之后,用具体的证据来展示吸食毒品的现象有多广泛。如果你明明可以展示给读者看,为什么还要说给他们听呢?把迈克拿出来单独对待,直到你已经完成了对他的描述,然后再展开。

"他相信这种粉末能够给他带来力量和无限权力",这句话也是错误百出。字典上明明告诉我们："力量"是力量，而"无限权力"也是拥有很大力量的意思，有必要把这两个词放到一起吗？还有，什么叫"他相信"？如果你产生某种感觉，你不是"相信"这种感觉。你要么感受到某种感觉，要么就没有感受到。够了！毛病够多了！赶快回去改吧！

我们艺术家听从了批评家的建议，修改了他的文章：

迈克28岁，是华尔街一家大公司的证券交易员，好年景一年能赚10万多美元。他喜欢自己的工作。他也喜欢他的毒品，通常是在下班的时候，有时也在上班的时候。

他声称自己并没有沉溺于这种昂贵的白色粉末，他只是享受毒品给他带来的无限权力感。迈克的大部分毒品是自己购买的，但偶尔那些股票经纪人也会把一、两克可卡因作为礼物送给他，为了维持他们的友谊，当然也是为了维持他们的生意。

艺术家的初稿用了252个字（包括标点）。尽管与批评家的合作非常痛苦，但是在接受批评之后，他的第二稿只有178个字（包括标点）。这说明他的初稿中，有将近30%的内容都是没用的脂肪。修改之后，他不仅获得了更多的文字空间，同时也找到了故事的节奏。抛掉冗余的和没用的内容，整篇文章的步伐会更加轻快。

除了批评的自我和创作的自我之外，作者的心中其实还有第三个自我，那就是编辑的自我。编辑和批评家一样，都注重文章的准确性，但是这两种身份之间，还有很多不同之处。编辑开始工作比较晚，一般都是到了文章的收尾阶段，他的评判对象是整篇文章。他关心文章的简洁程度，同时也关心文章的整体节奏，还有最重要的一点，文章的可信度。他可能会往文章中加入整段整段的内容，为了让文章更有说服力或吸引力。

与编辑的自我不同，批评的自我和作者同步工作，他看到的从来不是整体的文章，他只关注具体的表达和具体段落的逻辑关系。他没有自己的创造性思想，他的工作仅仅是修剪，而不是播种。

那我们为什么不把这位批评家解雇了，让最后的编辑完成所有工作呢？这个想法听起来很诱人，但通常都是行不通的。

如果没有批评的自我在一旁不断地给作者施加压力，艺术的自我就会失去控制，往往是写完了所有的稿纸，还有三分之二的故事没有讲出来。照这样下去，作者完成的一定是一篇"鸿篇巨著"，等编辑的自我开始工作时，往往已经无从下手。这时候，编辑的任务已经不是简单地修剪和润色，而是必须手持弯刀披荆斩棘，才能找到文章的重点。这样的工作绝不是编辑最擅长的。

如果艺术的自我在创作进行到一半时，对文章进行一下修改，他当然有可能丢弃一些言之无用的废话，让自己的作品更加集中，长度更加合适。但是即便他修改得很成功，还是会有一些废话和软弱的表达隐藏在他的故事里。而这些，还是会让编辑的自我超负荷工作。更重要的一点是，在上面这两种情况下，由于缺少了批评的自我在一旁的时时监督，艺术的自我将无法完美地展示自己的艺术才能。简明扼要是写作中一个非常重要的标准，而批评的自我就是检查这条标准最好的老师。

描 写

描写是文章中最能展示作者才华的部分，但往往也是文章的矛盾所在。有时候，充满灵感的作者，激情澎湃地写出了一大段文字，运用了大量可爱的形容词。但是当他把这个精心打造的段落放到文章中，结果就像把一枚重磅炮弹扔到了一锅汤里。这样的段落太雍容华丽，有太多的词藻，和整个文章的风格太不和谐，虽然他自己是越看越喜欢。这是艺术，是他自己的缩影，是他才华的结晶。如果哪个编辑胆敢把这样的段落给删掉，作者会冲上去掐住对方的喉咙。

还是同一篇文章，当真的需要运用描写来增加文章的感染力时，那个刚刚还词藻连篇的作者，却无法用自己的眼睛、耳朵和自己对事物的感觉，为读者描绘出一幅形象的图画。如果他的编辑要求他进行修改，他可能暴躁地说，他看不出为什么要用琐碎的描写来把文章弄得乱七八糟。总体而言，在这篇文章中，他的描写是失衡的，因为他过于任性。他的写作完全是为了满足自己的文学冲动，而丝毫没有考虑读者的感受。与这样的作者相反，训练有素的作者在向读者展示描写时，往往是为了达到一定的目的。这些目的中，最关键的一个就是推进故事发展。

有许多的描写段落，尽管文字优美、内容清晰，但对于整个故事的动态发展来说，都是一种打扰和离题的表现。只有那些与故事的主题相呼应的描写，才是能够推动故事发展的描写。举一个显而易见的例子，在人物特写中，所有描写主人公外貌、态度和行为的词语，都能让我们对于主人公有更深入的了解——这也是故事作者希望这篇文章达到的最终目的。在有关城市重建的故事中，我们需要的是有关受损地区和当地居民生活的描写，这样我们才能完全理解发生了什么事情。

描写还能为故事的主题提供其他方面的证据，从而推动故事的发展。以墨西哥移民的故事为例，整个故事的主要任务就是要表现出墨西哥中部的贫穷程度，让读者能够从感性和理性两个层面深刻理解为什么会有那么多墨西哥人来到美国。除了运用大量的事实、数据和专家的分析来说服读者外，作者还运用了描写，烘托故事的主题，比如下面这段文字：

……就在她说话的时候，一只大胆的老鼠蹑手蹑脚地向破旧走廊里的一小袋玉米窜去。她的公公立刻抓起一把扫帚，朝入侵者的头部猛击，"总算少了一张吃饭的嘴。"他边打边说。

如果上面的这个插曲被放在了另外的故事里，一个发生在墨西哥，但是与贫穷造成的移民现象无关的故事中，这样的描写很可能是离题的。但是在这个故事中，这个小插曲增加了读者对于故事主题的理解，推动故事向深入发展。

只要是能够有助于读者进一步了解故事主题的内容，任何讲故事的人都不会吝啬他的文字。他知道，只有通过对这些事物的描写，才能给自己的故事带来活力。如果描写的事物与主题关系不大，作者就会采取谨慎态度，因为他不希望让描写成为故事的干扰。

聪明的作者不会花时间去精心"打扮"每一个处于次要地位的人物、地点和事件，他甚至想都不会去想。但是他有可能从中选出一到两个能够留给读者深刻印象的事物进行描写，因为这些事物虽然与故事的主题没有紧密联系，但是能够满足作者的另一个目的——让读者参与进来。

一个自始自终站在外围看故事的读者，永远不会被故事打动。所以，作者要想打动读者，就应该使用我们前面提过的代理资格，把读者领到故事中来。让他们亲自走在一、两条大街上，亲自碰到一、两个故事中的人物，亲自目睹一、两个故事中的事件。这些细节的描述可能与整个故事的发展没有太大关系，但是它们能让读者产生真实感。

在选择这种描写的材料时，作者总是希望能够让读者参与的同时有所收获。他不会花时间去描写一位总裁的办公室，因为多数读者对于办公室都很熟悉，除非这间办公室有着与众不同的地方，或者能够反映出其拥有者的特点（参见迪斯尼的故事）。他会仔细描写大草原上的露天采矿："……煤矿堆成的小山包如黑色巨人一样矗立在那里……"，因为很少有读者能够亲眼看到这样的景象（参见新兴城市的故事）。他不会向读者描述汉堡包是怎么做的，但是他会告诉读者牛杂碎乱炖是什么东西做的（参见牛仔的故事）。他不会突出农业部官僚的特征（我们对于官僚都很熟悉），而会细心地向我们介绍一位普通的番茄种植者（参见耕地流失的故事）。

有的时候，作者还会利用描写来制造戏剧性的对比效果。这种描写的对象往往是在其他情况下不会关注的对象。比如，一位温顺的办事员，这是一个我们大家都非常熟悉的普通人物形象，一般情况下这样的人物是不会吸引作者花费笔墨进行描写的——但是如果这样一个人实际上是一位杀了很多人的杀人犯，对他外表的描写就会与他实际身份形成强烈反差。任何忽视了这样一位杀人犯的外表的记者，都应该被剥夺做记者的资格。因为正是杀人犯的外表，让他的罪行更加惊人。

在许多文章中，我们都能看到细微描写给文章带来的强烈对比效果。比如下面这篇文章，讲的是华盛顿州哥伦比亚高原上神秘的石油开采项目。

表面上看，这里是平静的乡村。绵延的群山中隐藏着一座座农场和果园，潺潺的哥伦比亚河（Columbia River）滋润着大地，头顶白帽的亚当斯山（Mount Adams）和瑞尼山（Mount Rainier）如同两个高大的士兵，守卫着哥伦比亚河缓缓西流。但是就在这样诗情画意的田园风光下，却是石油开发商们的噩梦——足足有两英里厚的玄武岩地层，一块标有地震信号的黑色火山岩，让锋利的钻头变成钝铁。

乡村的美景和故事的主题毫无关系。但是如果没有这样一幅图画描绘出美丽宁静的大地，那么大地下面的景象也就失去了冲击力。

所以，不论什么样的描写，都是有原因的。清楚了这一点，我们再来看看该如何写出精彩的文字。

怎样让我们的描写变得精彩？这是一个无法直接回答的问题，因为描写是一个创造性的艺术领域。没有人能够提供一个准确的秘诀，保证你每次使用都能够获得完美的描写。就好像伦勃朗（Rembrandt）[1]自己也不可能告诉一个业余画家如何成为伦勃朗，约翰·厄普代克（John Updike）[2]也不可能把他的所有文学造诣都传授给我。虽然没有什么终南捷径，但是提高的方法还是有的，下面这些办法都会对你有帮助：

1. 精确想象

描写的目的就是为了在读者心中勾画出一幅高清晰度的图画，而不是一幅模糊的图画。如果读者在那里拼命揉眼睛，也弄不清自己看到了什么东西，这可不行！因此，在大部分的报刊稿件中，用于描写的词语都应该是准确、清晰的。

如果我们说"一顶黑色的卷边男毡帽"，这个帽子的形象已经非常清楚，不再需要别的语言描述。但如果我们说帽子的主人是"慷慨"的，我们的焦点就模糊了。他在哪些方面是慷慨的？慷慨到什么程度？我们可以清楚地看到他的帽子，但是看不清楚他的慷慨。如果作者无法对这个品质给予进一步的形象描述，"慷慨"这个形容词就

---

[1] 伦勃朗（Rembrandt, 1606-1669），荷兰著名画家。
[2] 约翰·厄普代克（John Updike, 1937-），美国现实主义文学大师。

始终是模糊的。会讲故事的人一般都会避免使用这样的抽象词汇，除非他能够对这个词进行描述。他会像对待名词和动词一样，选择细致准确的形容词和副词。

当他能够选择最合适的词语进行描述时，他就能够用简短的词语为故事添加新的意义。汤姆·沃尔夫（Tom Wolfe）[①]在小说《泵房帮》(The Pump House Gang) 中的描写中就是这样。这个故事描述的是20世纪60年代加州海岸涌现的一种次文化。一群脱离主流文化的青少年，选择与众不同的语言、习惯和价值观，组成了自己的小团体。他们很酷。他们崇拜自己的青春和美丽，害怕年龄的增长会让他们脱离自己的圈子。正因为害怕年老，所以他们嘲笑其他人的衰老。故事中有一个场景是这样的：在海滩上，一对传统的中年夫妇朝他们走来。孩子们狡诈地盯着这两个人，相互拿他们开玩笑。中年男子有意想避开他们，于是想把妻子拉开，绕道而行，但是妻子很顽固：

"罗伯茨（Roberts）太太，""工作狂"丈夫（特指为承担全家经济负担的美国中产阶级男士）说，直呼他妻子婚后的正式名字，就好像在说，只要她在婚礼上宣了誓，他的话就成了法律，即便不是正面对着这一群金色头发的孩子——"离远点，罗伯茨太太。"

他们走到了人行道的边上，但是有一个孩子还是没有把脚从他们的前进方向上挪开，哦，天呀，"工作狂"丈夫的脸上露出可怕的、颤抖的、僵硬的笑容，当他妻子从他们身上跨过时……

"可怕的、颤抖的、僵硬的 笑容"，三个形容词给读者呈现了一幅形象、生动的图画。我们看到，这位男士在尽量逃避那些古怪、蛮横的行为，他非常害怕这些行为会毁了他的人格和尊严，把他变成又哭又闹的小丑。正因为如此，当他面对这群无理取闹的小年轻时，他宁愿降低自己的身份，也不愿冒险去惹恼他们。他的笑容完全是虚假的，是痛苦的表情，因为他厌恶这些小阿飞，同时也害怕他们。"可怕的"这个词是作者的感觉，但是读者也有同感。一个成年男子卑躬屈膝的样子，让我们恨不得立刻转过脸去。

[①] 汤姆·沃尔夫（Tom Wolfe, 1931–），美国小说家。

如果是一位功夫不到家的作者，或者一位喜欢偷懒的作者，这样的细节描述很可能就被忽略了，或者要像我这样，需要用一大堆词语才能解释清楚这个小插曲的意义。沃尔夫仅仅用了三个形容词和一个名词，就准确勾勒出了整幅图画，而且我们非常明白他要表达的意思。

2. 人物原则

与地方和事件相比，读者还是更喜欢人物，所以只要条件适宜，作者就应该想方设法把反映人性特征的情节注入到他的描写中去。作家埃里克·卡洛尼厄斯（Erik Calonius）曾经写了一篇作品，描写比尔大街（Beale Street）孟菲斯街区（Memphisdistrict）的衰败。既然是反映衰败，他完全可以描写破旧的窗户、布满灰尘的街道、杂草丛生的荒地和其他反映枯萎衰败的景象。但是他一样也没选，他是这样给读者介绍这个蓝调音乐诞生地的：

晨光冲刷着第四大街和万斯大街，斑驳的痕迹随处可见。酒吧的破墙上，台球屋的大门前，甚至那些通往楼上妓院的旧楼梯上，到处都是斑斑点点的痕迹。

在这个十字路口的上方，飘来阵阵歌声，歌声经过阳光过滤后，传到正在工作途中的邮递员耳中，一群正站在树下共饮一瓶酒的人也听到了歌声，还有一些人坐在一个工地的门口，面无表情。

在楼上的妓院里，一个人影把敞开的落地长窗填充得满满当当，胳膊肘靠在装饰性的栏杆上，他是查尔斯（Sweet Charles），身材魁梧，穿着无袖汗衫，一头黑色假发，还戴着一条珍珠项链。他正在歌唱，歌唱倒霉的运气和糟糕的爱情。

破墙、旧楼梯和所有的建筑物都在暗示着读者，这个地方的破旧衰败。但是最突出的细节不是这些，而是人物，细致的人物描写让陌生的场景变得熟悉亲切，让我们感觉这些人就像我们的邻居一样。这是聪明的做法。因为我们总是对我们的邻居感兴趣，而不是对他们住的地方感兴趣。

3. 动画处理

当查尔斯放声歌唱时,邮递员正忙着送信,街上的人正忙着分享一瓶美酒。这里的人物元素是充满活力的。

读者喜欢在故事中看到其他人,而且他们最喜欢的是那些正在活动、处于动态中的人。任何事物,读者都更倾向于动态的,所以即便故事中没有人物的元素,讲故事的人也会想尽办法让其他元素动起来,就像动画片一样,通过生动的描写赋予事物以生命。比如下面这段文字:

这是一个赤裸裸的世界,一切都是灰蒙蒙的,只有冰川在吱吱地呻吟着。冰河百合孤独地盛开在辽阔冰河融化了的边缘地带,提醒着人们下面是一个枝繁叶茂的世界。

吱吱呻吟的冰川,还有盛开的百合,都给这段文字带来了活力。如果没有这些,描写就会是空洞无趣的。

在文章中寻找活力的作者,会主动避免软弱、被动的结构,而采用更加强劲有力的描写手法。比如,在描写威利斯顿盆地(Williston Basin)①时,他不会说"在平原上坐落着一座座天然气加工厂,看上去如同银色的蜘蛛"。相反,他会这样写:"一座座天然气加工厂如同银色的蜘蛛蹲伏在平原上。"这样写不仅有了动感,句子也更加简洁。

不仅如此,动画的处理还能够让那些原本缺乏细节描写的段落变得细致。比如在伐木工人的故事中,有一个重要段落原本可能是这样的:

梅森的家族一直都在和森林打交道,和许多其他家庭一样,他们也为自己的爱好付出了代价。梅森的叔叔、祖父、父亲和兄弟都死在那里。哈耶斯维尔镇(Hayesville N.C.)人口只有300左右,至少有10

---

① 威利斯顿盆地(Williston Basin),位于美国蒙大拿州和北达科他州境内的油气盆地。

位老乡已经在西北岸的树林里丢了命……

实际上的段落是这样的：

梅森的家族一直都在和森林打交道，和许多其他家庭一样，森林也让他们为自己的爱好付出了代价。森林夺取了他的叔叔、祖父、父亲和他兄弟的生命。森林正在全国范围内掠夺性命，他要那些走进他的人为之付出代价。北卡罗来纳州的哈耶斯维尔镇（Hayesville N.C.）是一个人口300人左右的小镇，至少有10位来自这里的乡亲已经在西北岸树林中丢了命……

在第一个版本中，森林只不过是一个地方。在第二个版本中，动画的处理让森林变成了一个动态的、凶残的实体，让走进他的人付出了血的代价，这正是整个故事的中心思想。

4. 打破常规

冰川可以吱吱作响，鲜花当然也可以盛开，但是森林，怎么能够出来杀人呢？作者在这里实际上运用了一种文学的特权，叫做"诗的破格"（poetic license）①，也就是打破通常的语言规则而进行的文学描写。这样的手法能够用在新闻写作中吗？当然可以，只要这样的描写能够准确表达故事的意思，读者就愿意接受。但是如果作者沉浸于其中，把文学变成了束缚自己的手铐，而让读者失去了自己想象的余地，那就是物极必反了。

有些记者不会使用这种特权，因为他们根本不知道自己具有这种能力。他们觉得自己是在写新闻，新闻可不是闹着玩的，新闻是严肃认真的，不是吗？还有些记者知道这样一种特权，但是他们害怕施展这种特权。因为在他们看来，"诗的破格"是纯文学的，而搞新闻的人不是搞文学的。

也许写新闻的人和纯粹的文学创作者确实不同，但是他们不必刻

---

① 诗的破格（poetic license），原指诗歌创作中，可以不按一般语言规则行文的自由。

意划清界限。在新闻特写中使用这种"诗的破格",记者并不是为了让自己的报道变得优雅,而是为了让自己的表达更清楚、更准确、更容易被读者理解。

我曾经在一篇文章中写道:"人们普遍认为,等到共和党统治的亚利桑那州开始实施标准的公共医疗补助制度时,牛群就可以飞上天了。"没有人真的这样说,但是这样的描写准确地反映了现实的情况。牛群当然不可能飞上天,所以公共医疗补助制度也不可能在亚利桑那州被批准,至少那里的人都这样认为。

交谈感

有这种感觉的故事让我觉得作者是在和我单独聊天,而不是在某个大型体育馆里面对黑压压的一群人进行演讲。作者和我建立了亲密关系,他对我而言更加真实,因为我觉得我对他而言是真实的,他是一个实实在在的人,而不是什么文字符号。

有一些小窍门可以帮助我们建立这种关系,不过和许多其他写作的窍门一样,要建立良好的读者—作者关系,作者的态度是关键。一名优秀作者的心中永远都有一位具体的服务对象,他是为某个具体的人在写作,而不是对一群没有特征的人。这样的选择是完全正确的,因为让所有美国人每天坐在一起阅读《华尔街日报》根本就是天方夜谭。

在体育馆里演讲的人,常常会犯这样的错误:沉闷呆板、故弄玄虚、言过其实,他们给人的感觉总是高高在上,因为他们的演讲过于正式,没有把自己融入到观众中去。记者在新闻报道中,如果心中没有某个具体的读者形象,他就很可能会犯和演讲家一样的错误。一个善于谈话的记者能够避免这样的错误,因为不论他要写些什么,他都会问自己一个问题:**我和朋友聊天的时候是这样说的吗?**

我说的交谈感,并不是说我们要完全用说话的方式去写作,因为我们的口头表达不可能总是精准、简洁、正确的,至少我是做不到的。但是,如果我们能够以接近说话的语气去写作,我们往往会受益匪浅。

当我们把自己的故事变成交谈,而不是讲座——哪位朋友会忍受你一个人滔滔不绝的演讲呢——我们会发现自己的故事将不再是平淡乏味的，而我们的言语也不再是中规中矩的。那些普通人难以理解的新闻术语消失了。劫匪就是劫匪，而不再是"犯罪人驾驶新型奥尔兹莫比尔牌（Oldsmobile）汽车离开现场"。我们不再说"位于莫里森工业园里的设备楼"，而直接称之为"工厂"。只要我们心中有具体的读者，我们就自然而然地倾向于使用明白的语言。简洁明了，在我看来就是交谈中最根本的要求。

语言朴实的作者能够使用更少的词语去描绘事物，但简短只是附加功能，他的基本目标是直截了当地表达。所以，下面这样的话估计他是写不出来的：

巨人汽车公司（Goliath Motors），曾经筹款20亿美元作为一款跑车的开发成本，上个月该公司中止生产该跑车，原因是该公司把此款车的销售状况标注为"远远低于最低的期望值"。

他应该会这样写：

曾经投资20亿美元开发一款跑车的巨人汽车公司（Goliath Motors），于上月停止生产该车。销售太糟了，公司说。

在说话的时候，人们不会喜欢使用"筹款"、"中止"、"标注"这样的词语，他们倾向更简单的词语。他们还喜欢使用更简单、更短小精干的句子。他们也不会经常引用别人的原话，更多的时候他们把别人的原话进行意译。上面第一个版本的语言表达和词语使用并没有什么严重的错误，但是第二个版本更加简洁明了，更像说话时的语气。

当一个人在进行交谈的时候，他还会做些什么？他可能会提问，就像我刚刚做的一样。有些问题是一种口头的表达：

生命的代价换来了什么？工人之间的患难情谊。（参见伐木工人的故事）

还有些问题本身包含了信息或者原因：

BWAB公司和该公司的有限责任合伙人一起租借了大约90万英亩的土地，但是他们还没有开发这些土地的计划，除非他们能够知道壳牌公司（Shell）从这些土地里发现了什么。其他人也和他们一样，都在静观事态发展。谁也不想白费力气，既然有那些大型公司打头阵，为什么还要白白浪费1000万到2000万美元去钻探那些坚硬的花岗岩呢？

善于提问的作者，能够让读者的注意力高度集中，并通过提问来巩固作者与读者之间的联系。读者不需要一个什么答案都知道的书呆子做伴，因为这样的人让他们觉得一点也不亲切，而且这样的人也不会对读者感兴趣，他只是在那里炫耀他的学识。读者需要的是一个能够经常向他们提问，能够和他们打成一片的人。

一位善于交谈的人，经常会使用流畅的口语来增加谈话的精彩度，他甚至还会在谈话中使用俚语，只要他认为这是表达意思的最好方式。记者也一样，不要犹豫自己该不该使用通俗的语言，只要你的语言能够充分表达你的意思，没什么不可以的。所以在印第安人保护区的故事中，亚瓦派人会叫白人"滚开"，因为这个词不仅反映了他们的行动，也表现了促使他们采取行动的思想。记住，记者在写作的过程中永远要选择最合适的表达方式，至于这样的表达是否合适在报纸上登出，那是编辑们考虑的事情。选择标准的语言是他们的长项。

人们在谈话中，有时会使用感叹词，有时会突然蹦出一句话，或者一、两个词的只言片语，这都是在写作中很少出现的现象。许多作者都尽量避免这些现象，但我的建议是，不要害怕这些现象，它们有时能够起到意想不到的效果。在一篇有关石油开采的故事中，有一句话只有一个词：

同样，在石油产区（oil patch）[①]统一的道德规范中，一个人如果

---

① 石油产区（oil patch）：美国产石油的地区，包括得克萨斯州、俄克拉荷马州和路易斯安那州。

> 《华尔街日报》是如何讲故事的

得到了别人的帮助,就应该对帮助他的人心存感激,直到他能够报答对方为止。如果一个债务人失信于债权人,他很快就会被孤立起来,被排除在一切交易之外,没有人接听他的电话。斯莱特先生(Mr. Slater)最近给他的一个消息源打电话询问情况时,就碰到了类似的情况。对方在电话里懒洋洋地说:"我重新评估了我们的友谊,我发现你不过是一个我认识的人。"咔嗒。

如果没有最后这个挂电话的象声词,这个段落就会缺少某种结束的感觉。

要想用好这些小技巧,可不是一件容易的事情。同时,你也不能在文章中过于卖弄这些技巧,这样只能让你的故事变成滑稽小品。太多的问号、太多的感叹词、太多的片断只会把读者的注意力从故事的中心内容转移到作者的表演上去,没有人会因为作者在上面跳踢踏舞而购买一份报纸。

话说回来,采取什么样的技巧并不重要,只要你能够在写作中采取正确的态度,这就足够了。即使我们介绍的技巧你都用上了,即使你所做的一切都是为了一个人在写作,而不是一群人,你可能还是做不到简洁明白的表达。你一定要确定,你是在为正确的对象服务。我相信,报纸上之所以有那么多生硬的故事,是因为在那些记者的潜意识中,他们并不是在为具体的读者写作,而是在为某个信息源或者某些信息源写作。他们必须以非常正式甚至拘谨的态度处理手中的信息,因为如果他们过于轻松、直截了当的话,很可能说明他们对待信息源提供的信息不够严肃。他们这种态度不知道会不会打动那些他们为之服务的律师们、官员们、主管们,但肯定不会打动成千上万的普通读者。一是一,二是二,读者最高兴作者实事求是,有啥说啥。

连 贯 性

当一个故事拥有了连贯性,读者就像是坐在冲浪滑梯上一样,沿着作者搭建好的通道,直冲下去,等他们抵达通道的末端时,往往会露出兴奋而惊讶的表情。整个通道上没有任何障碍,也没有令人晕头转向的急转弯，因为作者已经把障碍物铲除，把急转弯拉成了直线。

要让自己的文章变得畅通无阻，作者必须提防三个潜在的障碍：

1. 过渡段落

在故事从一个部分发展到另一个部分，或者从一个分段到另一个分段时，许多作者都习惯使用像这样毫无意义的过渡句："嘿，我们刚才讲的都是关于苹果的内容，现在我们要讲关于橘子的内容了。"这样的句子没有任何实质内容，有时甚至连橘子都没有提到。

这是一名作者可能犯下的最糟糕的错误之一。在任何段落或故事中，第一句话都是至关重要的，因为它为后面的内容建好了框架。如果第一句话是空洞无物、软弱无力的，如果第一句话里面用了太多的词语去转移读者的注意力，而没有提到任何新的发展，故事的连贯性就被无故中断了，而接下来的内容也很可能会失去清晰的轮廓。

擅长讲故事的人，总是首先试着不用任何过渡词语来完成内容和段落的转换。他所做的只是让故事继续发展。只要他的材料是事先整理好的，并且有清楚的提纲告诉他怎么写，他就能够顺利完成故事，根本不需要在过渡段落上煞费苦心。我们很多人都以为，在两个故事段落之间，必须要有过渡段落的存在，结果写下一些根本没用的废话。比如，在一篇介绍洋李和鳄梨这两种水果的文章中，作者首先让我们了解了洋李种植者的观点，然后他该介绍鳄梨种植者的观点了：

毫无疑问，拥护种植鳄梨的人，并不同意这种观点。"胡说八道！"鳄梨种植协会的执行主席索特沃斯·威姆斯（Sotworth Weems）说，"洋李是一种丑陋的水果，它不过是给那些靠社会养老金生活的老人治疗便秘用的。鳄梨不一样，鳄梨是上流社会享用的水果。"

作者用了一个过渡句来引出鳄梨种植者的观点。而实际上，他可以——也完全应该——直接使用威姆斯的讲话。过渡句在这里明显是一句废话。

如果一定需要有过渡作用的文字或段落，故事才能继续发展，作者就应该发挥细节描写的功力，来吸引读者走入后面的内容。糟糕的

《华尔街日报》是如何讲故事的

过渡总是把重心放在某个抽象的词语或句子上，这样的过渡很难让读者弄明白下面到底要讲什么。作者为什么不能用生动具体的描写来代替抽象的词语呢？如果他写的是"情况"，他能告诉读者"情况"具体指的是什么吗？

如果他这样做了，他会发现他把两个句子连接在了一起。一个是原有的过渡句，另一个就是紧接过渡句的那句话。比如，在一篇描写内华达州（Nevada）克罗卡镇（Cloaca）掘金热的文章中，作者首先介绍了导致这一现象的经济利益，然后把话题转移到掘金热带来的问题上，他最初的尝试是这样的：

但是，金矿的发掘也为克罗卡镇带来了住房紧张的问题。越来越多的矿工和施工队蜂拥而来，这个小镇已经没有地方可以容纳他们了。

第一句话的中心是抽象的——住房紧张问题。第二句话是对第一句话的解释。为了响应我们关于具体化的原则，作者把这两个句子结合在了一起：

掘金热吸引了大量的矿工和施工队来到克罗卡镇，这里已经没有足够的地方容纳这些人了。

在第一个版本中出现了类似"连体婴儿"的两句话。这种现象在许多地方都会出现，而不仅仅是在过渡段落中。我们应该尽量避免这种现象，把两句话的内容综合起来，用一句简单的话把意思表达出来，这样才是一个我们想要的健康婴儿。

让我们再来看看在一个长篇段落中，如何合理使用过渡句。还是那篇有关金融界盛行吸食毒品的报道。为了突出过渡部分，我们对段落进行了节选。

一个名叫保罗（Paul）的股票经纪人正在告诉我们可卡因对他生活的影响，首先是生意上的影响，最后是个人的影响：

……他的体重一直在下降，血压则在不断上升。他不得不痛苦地和妻子分居，但是他还是不确定，有没有完全控制住自己吸食可卡因的毛病。

除了可卡因带来的快感外，其他人，包括保罗，都承认在办公时间使用毒品也会带来问题。"可卡因让你感觉良好，在这种状态下，即便你遇到了困难，你也会去冒险，甚至是双倍的风险，而不是赶快离开市场。"弗兰克（Frank）说，他是芝加哥专业的股票交易人，他用自己的钱投资。另一位交易人在第一笔投资失败后，立刻投入了第二笔资金，结果在15分钟内损失了8500美元。"在失败的交易上下注是证券交易的第一大忌，"他说，"但是我当时正处在毒品的兴奋中。"

可卡因对股票经纪人的生活具有相当可怕的破坏能力。这些人对于毒品的心理依赖是超乎寻常的，甚至会患上一种名为"可卡因精神病"的偏执症。比如，一个经纪人特定的交往能力……

第一个过渡句把我们从保罗的个人经历转移到其他人的普遍感受上。但是除了告诉我们其他人有同样的感受外，这个过渡句就什么也没说了，而这一点是我们早就知道的。"问题"这个词太抽象，并不能帮助我们理解下面的内容。因此，我们要运用具体化的原则来修改它，我们把原来的过渡句划掉，换上下面这句话：

在毒品的影响下，股票交易人和经纪人可能会做出鲁莽的决定，并且拒绝改正他们的错误，因为他们根本不相信自己会犯错误。

这才是毒品给他们带来的具体问题。

第二个过渡句的毛病在于，话题转得太猛。我们刚刚说完毒品如何影响了人们在经济交易上的判断，就被突然拽到了毒品对使用者的心理影响上。更糟糕的是，过渡句连这样的意思也没有表达出来。这句话太笼统，基本上是毫无意义。我们已经看到了毒品对人们的生活和思想上的影响，有什么新东西吗？抽象的词语"可怕的"并没有回答我们的问题。如果我们换成下面的句子，一切就清楚多了：

习惯性沉溺于毒品的人将最终陷入一种名为"可卡因精神病"的偏执症中，不能自拔。

这正是作者在那句毫无意义的过渡句之后所表达的内容，为什么不把它直接说出来呢？

有的时候，仅仅做到具体还是不够，作者精心搭建的桥梁依然颤颤巍巍。如果你遇到这样的情况，你很可能遗漏了某个你曾经设定的路标，而是试图把故事引向一条岔路。这时，你应该仔细检查你的提纲，回顾你写过的内容。根据故事中隐藏的细微线索来发展你的故事，这是避免出现过渡障碍的最好办法。

唉，有时候这些都不管用，作者被迫写下一段文字，仅仅为了告诉读者这里是故事的重要转折点。在这种情况下，他应该尽可能简洁扼要。在从故事的范围部分过渡到原因部分时，具体的描述可能过于复杂，所以作者只要用简单直接的语言告诉读者就行了，比如"多种原因造成这一现象"。总而言之，作者要尽量避免那些表面上冗长曲折，实际上什么都没说的句子，如果必须要用到概括抽象的语言，就一定要简洁紧凑。

2. 来历出处

在写作的过程中，我们有时需要标明信息源的身份和来历，以证实信息的可靠性。但是这种追本溯源的信息，依然会是读者阅读路途中的障碍物。不必要的介绍就像颠簸不平的山路，让读者走在上面磕磕绊绊，比如下面这段文字：

"诗歌在美国已经濒临死亡。"阿利根尼大学（University of the Alleghenies）麦基斯波特分校英语系的埃尔德里奇·巴宋（Aldridge Bassoon）教授说，他的研究方向是消亡的流行文学，主要研究诗人罗德·麦昆恩（Rod Mckuen）的作品。

怎么办？很简单，如果我们不能拿起枕头朝这位教授的脸上扔过去，我们总有办法缩减他的头衔："阿利根尼大学的英语系教授"。

这就足够了。许多官员和技术人员的名片上，都罗列了一长串没有用的古怪头衔，把这些有名无实的头衔砍掉，直接告诉读者他们是干什么的，就这么简单。

对于群体和机构的名称，处理起来要更麻烦一些。在许多故事中，群体和机构的名称都是必不可少的：某个部门承认了这个，某家银行否认了那个，医生们声称这个，经纪人宣布那个，农场主们说了这件事，商人们又说了另一件事。

乍一看，作者似乎根本不需要花时间为这些名称而痛苦。这些名称多数都是一些很难发现的障碍，即使省略了那些不必要的称谓，作者也不过才节约了几个字的空间，何必要费心呢？

问题并不在于节约的空间，而在于作者的信心。没有必要的头衔称谓会淡化故事的力度，因为它们把事实表述变成一种接近于观点的表述，这样的表述在读者看来，显然没有事实的分量重，他们会认为作者对于自己掌握的信息底气不足。不仅如此，凡是读者需要参照某个身份说明来证实信息的地方，故事的连贯性肯定会被破坏。在这样的故事中，读者不是在顺流而下，而是在摸着石头过河。

决定哪些名称头衔该留下来，哪些该舍弃掉，完全取决于作者的主观判断。在做出决定的时候，作者需要问自己两个问题：我确定我对信息的表达是真实的吗？即便是真实的，读者读到这一信息时会感到吃惊吗？

如果第二个问题的答案是肯定的，那么作者就应该把信息源的来历说明。任何时候，当我们要告诉读者一些他们意料之外的事情时，他们都会有一种很自然的倾向去检查信息的来历，验证信息的可靠性。所以如果你准备说的信息连你自己也觉得惊讶，那你最好告诉读者，你是从哪里获得这个信息的。

如果你的信息根本刺激不到读者的神经，你就要完全依靠自己对信息的确定性来做出判断了。如果某件事情是人们普遍知道或者可以看到的，它肯定是真实的，没有作者会对这样的信息标注来源。除此之外，其他情况就很难说了。

比如，"根据贸易部"的信息，1978年的鳄梨出口额达到了500万吨。除非有某位学识渊博的人站出来质疑我的数据，否则我在文章中不用说出这个数据的具体出处。原因很简单，记录鳄梨的出口额信息是贸易部的一项工作，我没有理由去怀疑他们的数据。因为贸易部本身具有的权威性，我可以不必在文章中解释数据的具体来源。

还有很多情况，我们没有这种标准、权威的信息源，而且作者的表达实际上综合了几个或者多个信息源的信息。那么他必须谨慎地处理这些信息。因为，即使在15个专家中，有11个赞成某种观点，也不意味这个观点就是事实；即便只有一个人表示反对，只要他的表达是有力的、符合逻辑的，那我们谨慎的作者就不能鲁莽地做出一边倒的结论。多数人的观点并不一定就是真理。

但是如果对于某个陈述并没有确切而严肃的反对，如果这个观点在作者接触的特定采访群体中，得到了广泛支持，那么这个陈述的内容就应该是真实的。其他地方的人可能不同意这样的观点，但只要与事件最接近的人承认了信息的真实性，作者就不用再去质疑，也不必再去引出信息的具体来源。他不用说"股票交易人一致认为，可卡因首先是在20世纪70年代，从华尔街流行起来的"。如果他采访了很多股票交易人，而且他们都异口同声地这样告诉他，那作者完全可以直接说出来。

我们之所以无法正确处理引用信息，往往是因为我们有时太粗心，有时又过于谨慎，有时又错误地认为，任何陈述，哪怕是一带而过的辅助性事实，都应该说明出处，才能具有说服力。在少数更糟糕的情况中，说明每个信息的出处成了遮掩记者采访工作不到位的工具。

记者可能根本没有找到足够多的采访对象，他对于整个故事连基本的感觉都没有，在写作过程中，当这些问题暴露出来时，懒惰的他也不愿意再回去进行补充采访。比如，如果记者就有关可卡因在华尔街兴起的原因，只采访了两个股票经纪人，他当然不能在文章中说"两个经纪人说……"，这样是没有权威性的。于是乎，记者写道"经纪人说"，他用这种方法欺骗读者。后一种说法错误地暗示读者，有许多人都这么认为。这样的说法不是在给信息的表达增加可信度，而是在给作者提供技术保护，让他不至于在读者面前露怯。

3. 解释说明

在所有的故事中，作者都会不时地停下故事发展的脚步，来对一些细小的地方做出解释。这些解释和说明与作者在原因板块中运用的材料是不一样的。原因板块中的内容是促使故事发生的主要原因，是故事主题的基础，这些材料不是无趣的，而且都非常重要。

我在这里所说的解释，分散在故事的各个地方，它们的出现只会减慢故事的发展步伐，而不会促进故事的发展。在多数情况下，它们的内容都是平庸的，甚至乏味的，因为它们解释的都是一些琐碎的小事，比如某种机器是如何运转的，某个次要人物为什么要出现，某个过程有哪些步骤，或者某条法规有什么道理等等。

这些内容往往都是缺乏吸引力的细枝末节，但作者可千万不能有把它们统统忽略的想法。它们可能是讨厌的小干扰，但是它们是必需的，忽略了它们，小问题会变成大问题。因为如果没有了解释，作者就把故事中那些令人困惑的小谜团留给了读者。一位读者如果在所有模糊的小地方都要停下来猜测意思，他很可能最终因为厌烦而放弃阅读。记住，任何可能产生疑惑的地方，哪怕是最小的疑惑，都要进行解释。

不过，你的解释一定要简单明快。一个啰嗦的解释是破坏故事连贯性的重大障碍，你一定要尽一切可能缩减你的解释。这是一个苦差事，因为我们都希望能够把所有精力投入到重要而有趣的内容中，这大概是很自然的倾向。但是一位优秀的作者很清楚，一个故事不可能所有地方都是高潮，平淡的内容可能也是故事的一部分，他必须学会尽量紧凑、简洁地处理好故事中的平淡内容，这样才能让读者把更多的时间投入到故事的精彩部分去。

要做到这一点，作者必须掌握解释的分寸，只对读者必须了解的内容进行解释。比如说，你正在撰写一篇文章，讲的是各大银行与诱人的货币市场基金争抢存款客户。为了鼓励人们存款，各大银行除了提供各种小奖品以及休闲度假的大奖外，还向客户大肆宣传存款的安全性，因为美国联邦存款保险公司（Federal Deposit Insurance Corp.）会向银行存款的用户提供10万美元的保险。这时候，作者可不能给读者长篇大论地解释什么是美国联邦存款保险公司，他们有什么样的历史和什么样的权力。作者只用告诉读者，只有银行存款账户可以得到10万美元的保险，而货币市场基金则没有这样的保险，这就足够了。读者知道了这一点，就能够明白为什么银行会宣传存款的安全性。这里甚至不用提到美国联邦存款保险公司这个机构的名称，以避免给读者带来不必要的干扰。一定要记住：如果读者问的是时间，你不用告诉他们钟表的制作原理。

精心设计的结构

为了得到优秀的新闻作品，作者要把很大一部分努力放到故事结构的安排上，通过精心打造自己的故事结构，安排段落的顺序和语句的关系，来给读者带来他希望产生的效果：

1. 速度感

希望达到这种效果的作者，他采用的句子形式就像一辆有多节车厢的货运火车一样。在这样的火车上，句子的主语（或者一个主语+动词）是车头，它们带动后面的一串宾语和从句。这样的句子能够用最小的空间传达最多的信息，能够特别有效地带领读者通过故事的复杂地带，比如在阅读一些不能忽略的大段解释时。

在一篇介绍新墨西哥州（New Mexico）的水利大王、工程师斯蒂夫·雷诺兹（Steve Reynolds）的文章中，我必须给读者介绍一个法律案件的细节，这个案件对故事很重要，但这样的内容是很枯燥的。如果不动脑子，文章很可能写成这样：

工程师用精确无情的逻辑证明了这一点。首先，他告诉大家地下水供应与河流的主干道是连接在一起的。然后，他向大家证明没有规划的胡乱抽取地下水将破坏河流的流程，因为这两处水源是连通的。他强调说，这意味着新墨西哥州将无法履行它同德克萨斯州的法律义务，因为这条河流是两个州共有的。这样要不了多久，为了满足德克萨斯州的水供给，盆地居民的用水将被中断，让新兴城镇计划破碎。

在动了动脑筋后，我采用了货运火车式的句型，我是这样写的：

运用他精确无情的逻辑，工程师告诉人们地下水与河流主干道是连通的，胡乱抽取地下水将减少河流的流量，那样新墨西哥州就无法履行它同德克萨斯州的法律义务，因为两州共有河流，这样要不了多久，为了满足德克萨斯州的水供给，盆地居民的用水将被中断，让新兴城镇计划破碎。

两个版本都是枯燥的，但至少第二个版本只让读者忍受了126个字（含标点）的痛苦，而第一个版本要忍受181个字（含标点）的痛苦。节省空间，是使用这种句型的主要原因。通过一个单一的主语+动词（工程师+告诉）拉动了一整辆信息快车。这样的句子很长，但是理解起来并不比第一个困难，因为它的核心结构非常简单。后面的从句在结构上是类似的，而且它们的顺序就是实际问题的逻辑顺序。

当然，我也不愿意经常使用这样的句子。

货运车的车厢越少，它的速度就越快，读者也更愿意乘坐这样的车。

简单的货运火车式句型，能够清楚、快速地把读者引向结论，就像在登山人菲尼斯的故事中的这段描写一样：

他对野外生存用的各种物件不屑一顾，那些冷冻干燥的食物华而不实（"至少比它们原本的价钱贵4倍"），上百美元一双的靴子他从来不穿。

这样的句子结构还能帮助作者制造一种动作的连贯感觉，让读者感到有很多动作同时发生或者在迅速连续地发生：

他们到国会去游说，在首都华盛顿发动了名为"泪迹斑斑"的游行活动，并且在公共场合把巴里·戈德华特议员（Sen.Barry Goldwater）团团围住。

在鲜血、灰尘和嚎叫中，这头牛的牛角被锋利的去角器割掉；在皮肉烧焦的气味中，这头牛的身上被烙上标记；它的耳朵也被牛仔用小刀划上了独特的记号（牛仔们更喜欢通过耳朵上的记号来识别牲畜);同时,它还被阉割了。

注意上面这个段落的第一句话,"在鲜血、灰尘和嚎叫中……",还有前面工程师段落的开头:"运用他精确无情的逻辑……",这是加快文章速度的另一种工具,我称之为"挂钩"。

故事中有许多信息都是静态的、平淡的,这些信息往往并不太重要,但又很难舍弃。这些信息把故事的发展步伐放慢。在作者引用引语时,在描写山中日落时,在解释美国联邦存款保险公司的保险条件时,故事的前进脚步都会被中止。如果作者有很多类似的素材,他可能需要强迫自己在这些内容和故事的连贯性之间做出选择。不过他也可以选择两全其美的方法,就是把平淡的短句变成词组或者从句,把它们和有动作的主句挂在一起。这种方法不但能节省文字空间,还有一项更重要的功效:读者不会再注意到这些平淡的内容。静止变成了动作,而整个句子也变得更加吸引人。

所以,给小牛打标记的环境(鲜血、灰尘、嚎叫)和整个动作过程(去角、烙标、做耳记和阉割)融合在一起,我们得到了一个更快速、更有趣的段落,效果要比我把两部分内容分开描写好得多。在修改过的水利工程师段落中,我把工程师的特征和后面的论证部分连接在了一起,从而减少了原版本中的平淡感。

作者在写作时总会本能地使用"挂钩"的方式来避免那些平淡乏味的段落。他们最常用的手法就是把描写和行动连接在一起。

游客在冬天大量涌入麋鹿保护区(National Elk Refuge),这时公牛的叫声就像军队的号角一样嘹亮。

随着太阳从群山中升起,大草原上覆盖着淡褐色的光芒,躲藏在汽车旅馆里的人们纷纷拿出他们的电话,开始给东部回电。

我们可以用"挂钩"的方式,在句子中间插入解释性的文字,打破句子的平淡。

"流水床"——让两家、三家甚至四家人挤在一所公寓里面生活,轮流睡觉——不仅会带来严重的健康问题，还会让学校变得更加拥挤。

我们还可以用"挂钩"把引语和动作连接起来，增添句子的活力。

"我们已经学会了和饥饿一起生活。"戈梅斯一边说着，一边打发一个儿子到附近的土豆田里看看，希望找到一些收割时剩下的东西。

记住一个忠告：使用"挂钩"是为了增添句子的活力，但是如果连接后的句子变得过于复杂，反而影响了句子的意义表达，让读者无法耐心读下去，那么就不要使用。

2. 力量感

如果作者希望得到强调的效果，他可以选择的方式很多。他可以放慢故事的前进步伐，在需要强调的地方使用比必需更多的词语来表达意义。他还可以把一个可以用长句表达的意思，分成若干短句来表达，每个短句都往作者强调的重点上敲了一锤。当然，他可以使用一连串独立的从句达到同样的目的。

"**重复**"是作者在突出故事内容时最依赖的手段。这个词在新闻写作中并不是什么好词，它一般意味着作者的故事结构很糟糕，而且总是用同样的方式表达同样的内容。这确实很糟糕。不过有的记者很有本事，他们能够在很长的段落中，不使用一个重复的词语。（有一段时间，《华尔街日报》里那些一味追求变化的记者，曾经把香蕉说成"那种长长的黄色水果"。）

其实为了达到强调的效果，重复使用词语并没有什么错误。人们在说话的时候，也常常会使用重复的词语来进行强调，而且这种方法非常有效。下面这段引语来自内华达州银市（Silver City）的一位居民，他居住的社区受到一项煤矿开采工程的威胁。休斯敦石油和矿产公司（Houston Oil & Minerals）正在附近建造一个煤矿项目，该公司已经向银市许诺将资助各种公共设施，但是银市的这位居民并不愿意被打扰：

■ 《华尔街日报》是如何讲故事的

"我们的立场是我们不希望休斯敦公司来到这里，我们不要他们提供的救护车，也不要他们修建的水塔，也不要他们从德克萨斯派来的游说者，我们不要他们的煤矿……我们做了20次决定要离开这里，我们做了20次决定要留在这里，我们最后决定留下来斗争到底。我们再也不会相信这个公司跟我们说的话了。"

这样的段落可以被轻而易举地砍掉，但是如果我们为了文章的速度而砍掉这个段落，我们也失去了它带来的力量感。

所以，尽管会减慢故事的速度，作者还是决定留下这个重复的段落。在一个有关城市居民涌入郊区的故事中，维特曼（Wittman）镇的管理者正在谈论为什么会有那么多城市居民来到这里：

在维特曼，他指出，还可以在圣诞节的时候给每个上学的孩子送去圣诞老人的免费礼物。作为学校董事会的成员，他还可以清楚地叫出几乎每个学生的名字。小镇上的男人还可以卖力地给学校修建储物柜和篮球场，而不需要签订什么官方的合同……"人们需要友爱，"他说，"这是你在菲尼克斯城里买不到的。"

反复地使用"还可以"，带给了整个段落强调的感觉。如果去掉这三个字，强调的味道就消失了。

在写作中，作者还可以通过恰当处理关键词语在句子中的位置，来给故事增添力量。这些关键的词语，要达到最大的影响力，就应该被搁置在句子的开头或者结尾，而不能被埋没在句子中间。作家卡夫卡（Franz Kafka）①就为我们提供了一个典型的例子。他在著名的怪异小说《变形记》（*The Metamorphosis*）中写下的第一句话可谓是文学史上最令人惊叹的开头之一：

一天早晨，当格雷戈尔·萨姆沙（Gregor Samsa）从不安的睡梦中

---

① 卡夫卡（Franz Kafka, 1883-1924），奥地利小说家。

醒来，发现自己躺在床上变成了一只巨大的甲虫。

"巨大的甲虫"包含着令人惊讶的价值。如果这个关键词组放到句子的中间，效果就完全不一样了：

格雷戈尔·萨姆沙发现自己躺在床上变成了一只巨大的甲虫，当他在一天早上从不安的睡梦中醒过来时。

3. 变化感和节奏感

读者喜欢故事的内容有变化，他们同样也喜欢故事的结构有变化——时而轻快活泼，时而细腻委婉，时而简洁明了。

变化的句子长度和结构能够帮助作者实现他的目的，他还可以采用其他技巧满足读者的要求。比如，突然蹦出的简短语言或者简短的问题，这些都能够提供一种结构上的变化。作者还可以把突出速度感的段落和突出力量感的段落交错在一起时，获得同样的变化效果：

他对野外生存用的各种物件不屑一顾，那些冷冻的食物华而不实（"至少比它们原本的价钱贵四倍"），上百美元一双的靴子他从来不穿。他的靴子是在J.C.彭尼买的。他从来不在途中烹调食物，只吃从杂货店里买来的食品。他对野营的地点从不挑剔。

正如我们所见，这个段落的第一句话是整段内容的总结。这是一句推动故事发展速度的话，它表明菲尼斯的态度。而后面的三句话则是敲打在主题上的三记重锤，是增加故事力量的，强调的是菲尼斯的行动。

更多的变化来自于作者对于不同素材选取的不同句型。在揭示结论、进行总结时，我通常会使用简短的陈述句或者简短的货运火车式句型。这种主动的表述和简单的结构使我的材料能够得到清晰肯定的表达，而这正是它们所需要的。但是如果我要处理的是不确定的内容、困难的处境、复杂的原因和动机或者某种相关的解释时，我倾向于选择更长、更复杂的句型，有时候还是被动语态的。这样的形式通常能够更好地表达细致的内容，而且可以使用更少的词语，至少对我是如此。

因为它们能给我带来一种非常难得的特质，叫"节奏"。当一位编辑给一个记者下命令"让它唱起来"时，他可能暗示了好几种特质，而"节奏"永远都会是这些特质中的一种。编辑需要的是在文章中加入一点点音乐、一点点诗歌的感觉。

而不幸的记者为了满足编辑的要求，往往会走火入魔，抓耳挠腮地写出一些夸张的比喻，恨不得句子里的每个词都能压韵（比如：what a tale of terror now their turbulency tells! 他们经历的暴乱是一个多么恐怖的故事！）。而作者在追求这些形式的同时，实际上已经失去了故事的中心。

其实作者根本不必要这么费劲儿，他完全可以再次借助重复来实现编辑的要求。我们刚刚已经看到了，如何运用词语的重复来增加故事的力量。重复，同样可以制造一种前进的节奏感，再读一读前面在力量感部分提到的那些例子，你可能会从中发现这些词语带来的节奏。

还有一种能够带来节奏的重复形式叫做"平行结构"。用同样的逻辑关系来表达不同的元素，而且每一个元素采用的都是同样的语法结构，这就会形成一种平行结构。在这样的结构中，没有词语是重复的。这种结构中的句子长度都差不多，从而形成一种平衡的节奏。

> 蝗虫吞噬了犹他州的田地，洪流淹没了艾奥瓦州的乡村，炙热烤焦了亚利桑那州的棉花。

把上面的句子和下面这个非平行结构的句子比较一下，从主动语态到被动语态的转变把句子的节奏完全破坏了：

> 蝗虫吞噬了犹他州的田地，艾奥瓦州的乡村被洪水淹没，亚利桑那州的棉花被炙热烤焦了。

再看看下面这个版本，这里使用了平行结构，但是缺少平衡，因为有一句明显要比其他两句更长、更复杂：

蝗虫吞噬了尤他州的田地，洪流淹没了艾奥瓦州中部的一些已经遭受玉米歉收的地区，灸热烤焦了亚利桑那州的棉花。

货运火车式的句型也可以形成平行结构：

来自北极的大量冷空气让美国中西部地区的上半区气温下降到了零下50华氏度，为新英格兰地区带来电力中断，为佛罗里达的柑橘种植者带来致命的霜冻。

一个由好几个相关句子组成的段落也可以形成平行结构：

史密斯喜欢火腿。琼斯喜欢鸡肉。布朗对这两种食物都不感兴趣。

但是，这样的短句给人一种断断续续的节奏感，就像小孩子敲鼓一样。如果我们用连词把三句话连接起来，把它们变成独立的从句，感觉会更顺畅、轻快：

史密斯喜欢火腿，琼斯喜欢鸡肉，而布朗对这两种食物都不感兴趣。

即便是一个冗长、复杂的段落，我们也可以通过搁置在段落中心的一个简单的平行结构，来为整个段落带来节奏感。再看一看伐木工人的故事，有一段话我们在前面的动画处理单元已经引用过。这段话正是通过在中心部分采取了平行结构和重复词语的方法，才为整个段落找到了节奏和力量。

……森林也让他们为自己的爱好付出了代价。
森林夺取了他的叔叔、祖父、父亲和他兄弟的生命。
森林正在全国范围内掠夺性命，他要那些走进他的人为之付出代价……

> 《华尔街日报》是如何讲故事的

掌握了平行结构的作者能够在非常长的句子里清楚而有韵律地表达出非常复杂的材料。下面这个段落描写的是一个人面临死亡威胁时,同时产生的抗争—停止—逃跑的冲动,平行结构正好充分体现了这种关系:

他知道老虎最终将发现他在树丛中的藏身之处,而且恐怕还没等他逃到门口,老虎就出现在他面前,想到虎牙的磨擦和血爪的逼近,哈里森(Harrison)在寂静的恐惧中冻结了。

这么长的句子一般是不值得推荐的。但是良好的结构让你忘记了句子的长度,同时还赋予整个句子音乐的节奏感。

第 8 步

万字以上的长篇故事

★ 所有被称为伟大的故事,都来自伟大的创意,几乎在所有伟大的故事创意中,都有一种人性的展现。

| 《华尔街日报》是如何讲故事的

好了，现在该是研究生的讲座了。我们已经讨论了1200-2500字的稿件该如何处理，基本上报纸上刊登的特稿作品和许多杂志上的文章都属于这一范围。到目前为止，我们研究过的故事有些已经相当复杂，毕竟要用几千字的长度去表达这么多内容并不容易。但是真正复杂的故事，还需要更多的空间起承转合，来表达错综复杂的故事情节。这样的故事显然比典型的新闻特写更加难于操作。

在本章中，我们将只介绍一篇文章。我们将看到一位具有天赋的作者，是如何把一篇长达万字，分上下两部分的文章处理得环环相扣、引人入胜，这也是我在报纸上读到的最吸引人的文章之一。这篇故事的主题，并不是一个能够让编辑怦然心跳的题目，它讲的是一位富有的德克萨斯寡妇，获得了一位友好的传教士和一位实业家的帮助，她希望把大部分财产捐赠给一个帮助穷人的基金会。不料她的财产掀起了争夺风波，她的初衷受到阻碍。这个故事的主角中没有什么重量级人物，那位实业家，也不是什么社会名人。而且，这也不是一个有时效性的故事，整个故事要追溯到25年前。

谁会关心这些人？如果没有名人或大款的卷入，财产纠纷对于媒体来说根本不值一提。况且即便这是一个重大事件，它难道不该放在历史书中更合适吗？一个搁置了25年的陈年旧事要想登上报纸的版面，最好有一些比这个故事更吸引人的元素。

但是这个故事的作者，乔治·盖茨肖（George Getschow），从财产纠纷的本质中，从主要角色的性格中，看到了一些别人看不到的特点，这些特点告诉他，这很可能是一个非常迷人的故事。他花了整整一年的时间，在德克萨斯州南部的农场和法院、在纽约（New York）、在智利（Chile）、在特拉普教会（Trappist）的教堂中，寻找故事的蛛丝马迹。下面是他最先得到的两个故事：

> 因为在你们的日子
> 我行一件事
> 即使有人详细告诉你们
> 你们也总不相信。
> ——《哈巴谷书》(Habakkuk)，《旧约全书》(Old Testament)

圣地亚哥，智利（SANTIAGO, Chile）——1959年，一位孤单的德克萨斯寡妇，虔诚的罗马天主教徒，在一位传教士的陪同下来到这里。传教士让她看到了拉丁美洲那些濒临绝境的穷人。她备受感动，决定帮助这些穷人——这是一个漫长故事的开端，这个故事充满欺诈、抢劫和无情的贪婪，这个悲惨的故事至今还没有结果。

那些立刻跳出来争夺她的财产的人，动机各不相同，并非所有人都是自私的。但事实的发展，已经远远超出了她善良的本意，最终成了一场牵动了南德克萨斯地方法院和大片牧场，甚至牵动了梵蒂冈（Vatican）的丑闻。有数以百计的人和各种机构卷入了这场丑闻，包括那些生活在教堂里的人。这场丑闻导致牧场与牧场为敌，富人与穷人为敌，神父与神父为敌。参与审理这一案件的德克萨斯州总检察长把整个事件称之为德克萨斯州历史上"最有趣的丑闻"。

这个故事的导语是概括性的，因为包括了太多的复杂内容，除了普通的概括，很难有其他方式能把所有事情说清楚。所以，我们只是简单地告诉读者这是一个"充满欺诈、抢劫和无情的贪婪"的故事，让读者自身的好奇心推动他们继续往下看。这有点接近于吹捧型的导语，而我在前面已经告诫过大家要谨慎使用。这个故事之所以能够这样写，是因为这确实是一个罕见的故事，导语中的承诺完全可以在后面得到验证。作者并没有夸大其词。

故事的第二段在继续吸引读者，它告诉读者这个故事涉及的范围相当广泛，还告诉读者这个故事的矛盾非常复杂——但是请注意，故事的中心问题到底是什么仍然没被揭示。这是故事提出的第一个谜团。

要解开这个谜团，读者还需要等待一段时间。因为在接下来的故事中，作者首先按顺序介绍了三位故事的中心人物。到这里，我们才刚刚开始理清故事的思路：一个富有女人的最后愿望，如何被一些人搅乱。在一个充满不同的人物、动机和事件的故事中，一开始就抛出太多的内容往往会把读者弄糊涂。所以，作者选择的方法还是按部就班，从头说起，完全依赖导语里留下的悬念来吸引读者继续读下去：

| 《华尔街日报》是如何讲故事的

这位寡妇名叫萨利塔·肯尼迪·伊斯特（Sarita Kenedy East），她有意帮助那些穷人。她在拉帕拉（La Parra）和圣帕布罗（San Pablo）这两个地方拥有总面积超过40万英亩的农场和牧地。在她拥有的财产中，拉帕拉牧场是德州的第二大牧场，更主要的是，这里有石油，比她想象中还要多得多的石油。

1960年1月，刚刚从南美返回，这位被人们称为"萨利塔婶婶"的寡妇就废掉了1948年立下的第一份遗嘱。她本人没有子女，原有的遗嘱把大部分财产都分给了亲戚和当地的宗教机构，同时她还设立了以她父母名字命名的基金。在新的遗嘱中，她把自己的大部分遗产——包括石油特许权——都留给了这个基金会。在遗嘱的附录中，她说她希望这个基金会能够帮助美国以外的穷人，而且她还多次告诉他人，她成立基金的主要目的是资助那些拉丁美洲的穷人。她本人是这项基金的唯一受托人。

她在做这些事情时，得到了故事中另外两位主要人物的帮助。其中一位就是克利斯托弗·格雷戈里（Christopher Gregory），熟悉他的人都叫他"利奥兄弟"（Brother Leo），他是特拉普教会的传教士和筹款人，正是他带领"萨利塔婶婶"去了南美。

为了完成教长布置给他的任务，他没有像其他教徒那样，在教堂里过着幽静、严厉、艰苦的生活。但他并不愿意在外面做筹款人的工作，他只想回到他简单的僧侣生活中。

新的遗嘱和基金会的福利对于他或者他的教会没有一点好处。伊斯特太太是"利奥兄弟"多年的好友，她曾经单独给特拉普教会捐款，其中包括了用于资助南美传教士的100万美元。这笔钱捐给教会的一个条件，就是让"利奥兄弟"帮助她实现她的愿望。在接下来的几年中，因为他一心想要帮助她完成心愿，反而受到了来自教会的刁难。

"利奥兄弟"让伊斯特太太认识了实业家J.彼得·格雷斯（J.Peter Grace），后者的律师们给伊斯特太太提供了很多建议。格雷斯先生是天主教最著名的普通信徒之一，马耳他爵士勋章（Knight of Malta）①

---

① 马耳他爵士勋章（Knight of Malta），天主教颁发一种荣誉勋章，后成为一国际慈善机构名称。

获得者。他有很多理由帮助她，他担心贫困的拉丁美洲很容易变成像古巴一样的国家，这样不仅让教会遭受损失，也会让格雷斯公司在拉丁美洲的投资受损，就像格雷斯先生自己说的"白白打水漂"。但是后来，他却因为压力而屈服，而"利奥兄弟"则一直坚持到今天。

萨利塔·肯尼迪·伊斯特于1961年死于癌症，她的基金交给这些朋友掌管。但是四分之一个世纪过去后，她帮助穷人的美梦并没有成为现实。

由于在伊斯特太太拥有的圣帕布罗农场发现了巨大的油田，基金会现在的价值已经达到了3亿到5亿美元，而这一发现所产生的巨大价值在伊斯特太太去世时，根本不为人知。在这笔巨大的基金中，只有6500万美元被分配给了德克萨斯当地的宗教和世俗机构。但是没有一分钱花到了拉丁美洲的穷人身上。

事实上，在这6500万美元中，有很大一部分被用于修缮得克萨斯南部的教堂建筑；另一部分被用于资助演出公司、电信中心和电视节目，包括一个耗资10万美元的德克萨斯宣传片；还有一部分用于修建停车场等公共设施。基金会的第一笔捐款，750万美元，被用于修建一所法律图书馆，图书馆是为了纪念一批法律人士。他们中的一些人因为石油特许权而发财致富，而这正是他们成功榨取萨利塔·肯尼迪·伊斯特的财产所得到的奖励。

究竟发生了什么事情？公众并不知道，因为许多的秘密都发生在遥远的乡村法院和教会的枢密院里，这场关于财产的争夺并没有发生在光天化日之下。当年的争夺者中，有些已经过世；还有一些人，包括彼得·格雷斯，并不愿意说出真相。但是通过对其他健在者的采访，通过翻阅成千上万的法律文献、记录、信函，我们发现：绝大多数争夺遗产的人都认为，仁慈的施舍应该在家里进行——最好从他本人开始。

约翰·马伦（John Mullen），来自德克萨斯州艾利斯市（Alice）的一位律师，代表一位当事人参加了财产争夺。他说："只要有一桶金子摆在那里，贪婪就会出现。很快，问题就不再是'萨利塔想怎么做？'而是'我能从中得到什么？'"

这一部分和接下来的段落，预示了将要发生的事情，但是并没有讲述事情的细节，只是说"因为他一心想要帮助她完成心愿，反而受到了来自教会的刁难"，以及彼得·格雷斯以后会"因为压力而屈服，而'利奥兄弟'则一直坚持到今天"。悬念依然在继续，故事也依然在延续，但是读者已经开始接触到这两个男人的本质和促使他们行动的原因。在这个故事中，角色是极其重要的，我们必须尽早地开始发展。

在这之后，故事突然跳到了现在。我们通过一个粗略的总结知道了这些钱最终的去向——没有一个是萨利塔希望的地方。请注意作者在这一总结段落最后留下了苦涩的讽刺——萨利塔的一部分遗产用于纪念一些律师，而其中有些人正是通过违背她的意愿发了横财。

究竟发生了什么事情？这一问句响应了读者此时此刻的心情，同时也打开了故事的发展阶段。作者已经告诉读者萨里塔的遗愿是什么，然而现在她的愿望仍然没有实现。在这里作者有意忽略的是这些事情是如何发生的，为什么会发生，这是故事抛出的第二个谜团。然后作者通过一句不完整的总结和一句引语开始引出下面的故事，接下来的部分就是在向读者证明这句总结和这句引语的真实性。

德克萨斯vs.纽约

玛利亚诺·加利加（Mariano Garriga）主教是德克萨斯州科珀斯克里斯蒂城（Corpus Christi）的教区负责人，他居住在一栋海边别墅中。在他所主管的这个区域中，大部分都是祖籍英国的浸信会教友和穷苦的西班牙后裔。正因为如此，他对于自己区域中少数几个富人——信奉天主教的牧场主——都保持着高度的关注。熟悉他的人都说，他整天琢磨最多的事情，就是如何让这些人手中大块的土地最终变成"遗产"，捐赠给他的教区。

伊斯特太太已经同意把一部分石油特许权捐赠给教会，这将让主教的保险箱中每年多出30万美元的资金收益。尽管如此，主教大人依然对于伊斯特太太身边的那个特拉普教会传教士耿耿于怀。他敦促她不要再见那个传教士了，但遭到了她的拒绝。根据这位主教在一件诉讼案中的证词，当她告诉他，她准备筹建一个基金会，并且想让纽约的红衣主教弗朗西斯·斯佩尔曼（Francis Spellman，格雷斯先生的好朋友）作为基金会的托管人时，他对此提出了劝告，并主动表示自己愿意帮助掌管这笔基金。"好吧，让我们研究一下。"伊斯特太太说。

从那以后，伊斯特太太再也没有与主教讨论过慈善捐赠的事情。就在她去世之前，她曾经告诉一位负责为她评估石油财产的地质学家，主教和他的助手曾经来拜访她，但是她把他们"打发回家"了。其他人，包括伊斯特太太在当地的律师杰克·弗洛伊德（Jake Floyd）都曾经打过这笔基金的主意。弗洛伊德先生是附近吉姆维尔斯镇（Jim Wells County）的政治领袖，他是艾利斯国家银行（Alice National Bank）在当地的主管和律师，他同时还是好几个大股东的顾问，伊斯特太太就是其中之一。他的狡猾是出了名的，他有一个外号叫做"老滑蛇"。

伊斯特太太担心高额的收税会吸干她的财产，杰克·弗洛伊德知道后，趁机警告她说，她的基金会很可能失去免税地位，除非她签署文件把基金会的托管人指定为——他自己和小李·利顿（Lee Lytton, Jr.），当时他的一个盟友。利顿先生是肯尼迪镇（Kennedy County）的法官（伊斯特太太的拉帕拉农场大部分都位于该镇），他同时也是众多受到伊斯特太太照顾，居住在农场里的亲戚之一，他还担任着伊斯特太太私人秘书的角色。

为了掩盖他的单边行动，杰克·弗洛伊德给格雷斯的律师们写了封信，并有意把日期提前，说伊斯特太太很可能将在未来为基金会增加两位托管人，他假装不知道这两个人的名字——而事实上他已经从伊斯特太太那里获得了任命他和李·利顿作为托管人的许可。但是，格雷斯的律师们告诉伊斯特太太，她已签署了移交基金会托管权的文件，没有权利再委托别人。于是在伊斯特太太的一再要求下，二人又极不情愿地递交了辞职书。

在写给伊斯特太太的一封信中，利顿法官说自己完全"无法理解"她宁愿听信外面律师的话，而不相信她自己的律师杰克·弗洛伊德。但是他说，自己没有"插手"的意思——在伊斯特太太去世后，他却再也没有坚持这个立场。

伊斯特太太临死前，这位拉帕拉农场的女主人已经感到自己的财产将遭受攻击。一位曾经给她提供咨询的华盛顿税务律师说，她把许多前来看望她的人视作"在一旁观望的秃鹫"。但是她非常相信"利奥兄弟",并把基金会的未来交到了他的手中。

在起草了新的遗嘱后,她在遗嘱的附录中列出了继承她担任基金会托管人的名单,包括"利奥兄弟"、彼得·格雷斯,后来又加入了另一位和他们观点一致的传教士。但是格雷斯的律师们并不确定基金会的托管权是否能够作为遗嘱的一部分。于是在伊斯特太太去世6周前,一直在纽约医院里陪伴着她的"利奥兄弟"获得了另一份单独的文件。经过适时的公证后,这份文件让他成了伊斯特太太死后基金会的唯一托管人。

1961年2月11日,伊斯特太太去世。"利奥兄弟"立刻指认彼得·格雷斯作为基金会的共同托管人,另一位传教士也很快加入了他们。失望的德克萨斯人嘲笑说,基金会完全落入了"纽约客"的手中。

在伊斯特太太的葬礼上,加利加主教发表的讲话在某些人看来更像是诽谤,而不是赞辞。"我简直不相信我听到的,"牧场主托宾·阿姆斯特朗(Tobin Armstrong)说,"很明显,他觉得'萨利塔婶婶'把所有财产留在了他无法得到的地方,这是对他的背叛。"

几个星期后,加利加主教就与"利奥兄弟"和彼得·格雷斯见了面。根据格雷斯先生的一份备忘录,主教斥责传教士"未经允许来到他的地盘,还把萨利塔·肯尼迪从他眼皮底下带走了"。他感觉"一些头脑发热的人很可能会提起诉讼",除非"利奥兄弟"能够辞去基金会托管人的职位,并委任主教作为他的替代者。"利奥兄弟"断然拒绝了他的要求。事已至此,僵局已定,这已经发展成德克萨斯和纽约之间的对决。

两个寡妇的故事

伊斯特太太和她的小姑艾莲娜·肯尼迪(Elena Kenedy)都住在拉帕拉牧场里,后者也是一个寡妇。两人的住地相距不到100码,但是她们的关系可没有这么亲近。肯尼迪太太出生在墨西哥东北部城市萨尔提略(Saltillo)的上流社会中,她对于伊斯特太太对牧场的管理很不服气,因为后者总是按照自己的意愿来管理牧场。"萨利塔很专横,艾莲娜对此耿耿于怀,"肯尼迪太太的兄弟保罗·苏伊斯(Paul Suess)回忆说。

在伊斯特太太死后,肯尼迪太太成了牧场的老板——但这只是名义上的，因为牧场的管理权已经作为遗产的一部分落到了基金会手中。1961年4月15日，肯尼迪太太在她位于南德克萨斯的另一所住宅中召开会议，到会的许多人都是此次遗产争夺的失败者：加利加主教、李·利顿、杰克·弗洛伊德和其他一些人。

他们有很多要担心的事情。伊斯特太太死后，纽约人想把拉帕拉牧场租给罗伯特·科勒伯格（Robert Kleberg），德州第一大牧场"国王牧场"（King Ranch）的所有者。但是，惊恐的肯尼迪太太希望让更可靠的人来掌管牧场，比如她喜欢的侄子——汤姆·伊斯特（Tom East），此人当然也出现在了这次神秘的聚会上。汤姆·伊斯特同样也是科勒伯格家族的一员，他一家人已经从国王牧场分到了五分之一的土地，准备雄心勃勃地打造另一个大牧场；他幻想着有一天能拥有更多的牛群、更广阔的土地，比牧场大王罗伯特叔叔的还要多。他做梦都想得到拉帕拉牧场。

根据这次会议的记录以及后来的证词和采访记录，伊斯特先生曾向加利加主教高呼："主教大人，我们怎么也不能把这块牧场给别人呀！"而主教看重的似乎不是农场，而是没有得到伊斯特太太对教会的捐赠。他曾经一拳捶在桌上，对肯尼迪太太说："你知道她这样做很过分！她太过分了！"

杰克·弗洛伊德和他的主要客户艾利斯国家银行，对于这件事情同样非常焦急。伊斯特太太是该银行的股东和理事，她指定该银行作为自己的遗嘱和基金会的财产的独立执行人，而这笔钱正因为石油特许权而不断升值。但是这些财产现在正由一群外人操控，而且这些人已经开始怀疑银行对这笔财产的管理——22年后，州检察长就在法庭上对这个管理权提出了攻击。

格雷斯的一位律师就曾打过基金会的主意，他想把基金会的现金收入都转换成带利息的有价证券。杰克·弗洛伊德狂暴地拒绝了他，此事暂时告一段落。但是这笔巨款依然有随时被人掠走的可能，这可是南德克萨斯最大的一笔财富。

弗洛伊德先生同样希望自己能够掌管这个基金会。"杰克受到权力欲望的推动。"小帕特里克·霍金（Patrick Horkin Jr.）说，他作为利顿法官的律师出席了会议。曾经是弗洛伊德合作人的约翰·穆勒（John Mullen）形容弗洛伊德是一个"只追求金钱和权力"的人，一个一心想要当国王的人,他会提前付钱让下属从墨西哥运一车非法移民过来给他投票,以便击败他的对手。

正是因为这种种不同的动机,再加上弗洛伊德先生的煽动,那帮在艾莲娜·肯尼迪家中聚会的人决定提起诉讼——阻止牧场被出租,赢得基金会的掌管权。汤姆·伊斯特,那个想要得到拉帕拉牧场的人,愿意负担起诉的费用。李·利顿,伊斯特太太的第二个侄子兼私人秘书,同意担任该诉讼案的名义原告。

利顿法官表示,让德克萨斯人来掌管德克萨斯的财产仅仅是提出起诉的原因之一。"他们(纽约人)想让这笔基金能够在全球范围内使用,"他说,"但是这个家族认为这笔基金只应该用于德克萨斯。我不过是为这一目的服务的一件工具而已。"他曾经在作证的时候说,自己不记得他宣誓过的诉讼书有些什么内容了。

请注意前面一部分的副标题(德克萨斯vs.纽约),这个副标题已经起到了承前启后的作用。在这一部分之前,我们引用了约翰·穆勒对于贪婪的看法,这时的故事是现在时态的;但在接下来的部分中,故事突然回到了过去,引出了加利加主教。副标题正好在这两个跳跃的信息之间,起到了过渡段落的作用。下一部分的副标题(两个寡妇的故事)同样发挥了这种过渡作用。

正是这样特殊的副标题,暗示了读者故事将发生转折,所以他们在阅读时并不会感到太过意外。通常,作者可以选择一些印刷排版手段来帮助区分不同内容的文章部分,这也是一个写作技巧。加黑的字体、带星的横线或者仅仅简单地加大两个段落之间的行距……这些细小的区分,就像电影里用于区分不同场景的黑场一样,能够帮助读者更清楚地掌握故事内容。如果使用得恰当,这种技巧还能给故事的形式带来变化,而我们知道变化总是能够吸引读者的。

在这一部分,作者通过人物的发展推动了故事情节的发展。每次当我们要在故事中引入新的角色时,我们都会暂停故事的前进步伐,向读者简要介绍一下这个刚刚出场的新人物,以及导致他卷入故事中的原因。这样的介绍很重要。一个有着"老滑蛇"绰号的人,很可能会把一封重要信件的日期提前,就像杰克·弗洛伊德。当我们知道了汤姆·伊斯特希望成为像他叔叔一样著名的牧场大王时,我们就更能理解他的行为。当我们发现李·利顿根本没有阅读他宣誓的材料时，我们更加确信这起诉讼实际上是欺诈行为。

但是一定要注意，这种阐释角色和动因的文字不能太多，它们要和故事的发展结合在一起，而不是单独堆在一边，而且整个故事必须是在不断发展的。

肯尼迪太太家的聚会结束4天后，该诉讼案被正式提交给艾利斯市基姆维尔斯镇的联邦地方法院。被告包括了基金会的三位托管人，但是主要针对的是"利奥兄弟"。该诉讼称"利奥兄弟"是一个"有强烈个人意愿，并且善于施加影响力的人"，他不恰当地向年迈的伊斯特太太施加影响，"把他自己的意愿灌输给她"。

在接下来的几年中，几乎所有与该遗产有关的诉讼案都把"利奥兄弟"描述成一个恶意摆布他人的魔鬼，他用几乎是催眠的办法，把一个年迈的老妇人弄得鬼迷心窍，整天被威士忌灌得醉醺醺。"利奥兄弟"当然强烈否认这些指责，但是他从来没有接受过一次全面而公正的审判。

在利顿诉讼案中，原告指责被告使用阴谋手段，让伊斯特太太决定免除杰克·弗洛伊德和李·利顿作为基金会托管人的资格，在此之前，伊斯特太太本来因为担心税收问题，已经决定让弗洛伊德先生来管理基金会了。该诉讼要求法院收回伊斯特太太的免除决定，任命他们两人为基金会的正式托管人——简而言之，就是要控制伊斯特太太在德克萨斯的财产。

原告同时要求法院下达禁令，禁止纽约人把拉帕拉牧场租借给国王牧场的人，同时禁止他们把基金会的资金用在其他地方。他们胜诉了。纽约人虽然高价聘请了律师，但是战场是在德克萨斯人的管辖之内——吉姆维尔斯镇，本来就是杰克·弗洛伊德的镇子。

"邪恶的同盟"

南德克萨斯向来都是一个窝里斗的地方。所以，当1953年，C.伍德罗·劳克林（C.Woodrow Laughlin）法官第一次出庭时，面对的第一宗案件就是驳回大陪审团对他兄弟的指控，这就不足为奇了。

身为一名被选举出来的法官，而不是一名被任命的法官，他对于像杰克·弗洛伊德这样的人必须保持高度的政治敏感。此人曾经是他的对手，企图把他从法官的位置上弄下来，但是现在是他的支持者，不仅如此，他还是艾利斯银行的代表。所以，当利顿的诉讼案和申请禁令的请求摆到了他的桌上时——而且也只能摆在他的桌上，因为他是这一地区唯一的联邦法官——他做出了一个在政治上正确、在法律上令人怀疑的决定。他没有召开一场听证会，就批准了禁令。

"劳克林永远都是倾向于权力的一边，'利奥兄弟'没有权力，但是艾利斯银行有权力。如果劳克林希望下一届继续当选的话，他需要的是银行，而不是'利奥兄弟'"，沃什·斯托姆（Wash Storm）说，他非常了解劳克林法官，他本人当时也在地方法院工作。

帕特里克·霍金（Patrick Horkin）是代表原告提出诉讼和禁令请求的律师，他和劳克林法官的关系非常好。即便是他，也不得不承认，没有召开听证会听取另一方的意见，就颁发禁令是不同寻常的。"如果不是杰克·弗洛伊德，我估计我拿不到禁令。"他说。

"利奥兄弟"和格雷斯的律师们相信他们在吉姆维尔斯镇永远都得不到公平的审判（斯托姆法官也承认："这里不会发生那种情况"）。他们曾经试图把官司转移到其他地方，但是没有成功。第一轮，德克萨斯胜出。

这场诉讼让许多与伊斯特太太相识的人，都感到恶心。在一封写给银行的信中，曾经帮助伊斯特太太评估她的石油财产的地质学家威廉·谢里（William Sherry），把这场诉讼的原告方称为"企图撤销伊斯特太太的遗嘱的邪恶同盟"。对于彼得·格雷斯而言，他担心这场官司公开后会影响到自己的声誉，他非常希望向教会证明，有关他和"利奥兄弟"的指控都是无中生有。所以他和传教士向罗马教廷求助，希望罗马方面从中调解，让此事能够私下解决。要想做到这一点，他们首先要沟通的人就是加利加主教。

但是加利加主教和纽约人针锋相对。主教不但坚持要把纽约人赶走，更希望能自己掌管基金会。他虽然与杰克·弗洛伊德（一名浸信会教友）是一伙的，但是他并不希望基金会落到杰克·弗洛伊德手中，因为后者在德克萨斯人中有决定性的影响作用，主教担心如果让他来掌管基金会，大部分钱可能不会流向他所主管的科珀斯克里斯蒂教区。

对于这场为了争夺病逝寡妇的遗产而掀起的公开纠纷,对于这场现任主教与一位传教士和一位教会中最著名的普通信徒之间的冲突,罗马教廷方面当然也不能置之不理。于是,随着1961年的过去和1962年的到来,随着庭审前的查证程序还在继续,罗马方面开始行动。在远离德克萨斯的地方,罗马、费城、纽约,特拉普教会的教徒们默默地做出了一系列的努力——教会开始施加压力了。

这些努力,将在明天的文章中详细讲述,包括以逐出天主教会威胁"利奥兄弟",把他送到一个偏僻的修道院中软禁起来以及扭曲是非等等。这些行为导致的直接后果就是,在教会的巨大压力下,彼得·格雷斯退出了这场斗争。他和德克萨斯人砍好价钱,达成协议,结束了诉讼。

这项协议在1962年7月达成,主要内容是从总基金中拨出最多不超过价值1440万美元的石油特许权,在纽约建立分基金,由格雷斯先生以萨利塔·伊斯特的名义代为掌管。而剩下的所有基金统一划分给德克萨斯人,格雷斯先生和他的律师们从所有职位上撤出,德克萨斯人可以自行商定托管人的数量。

"利奥兄弟"愤然辞职,他甚至不愿对这种违背伊斯特太太意愿的协议表示含蓄的认同。其他几位当时身为托管人的成员也采取了同样的态度,包括伊斯特太太最好的朋友亨里埃塔·阿姆斯特朗(Henrietta Armstrong)。

杰克·弗洛伊德任命了新的5人托管委员会,但这5个人中,只有3人有决定投票权,杰克·弗洛伊德是这个3人组的负责人,他们被称作"艾利斯银行小组",因为他们每个人,包括艾莲娜·肯尼迪,都是银行的董事。加利加主教虽然有托管权,但是被排挤在这3人组之外,他只分到了一半的面包。(几个月之后,主教自己又向法庭上诉,要求获得完全的托管权,但是没能得逞。)

然后事情并没有平息,这项协议达成后没过几天,又有一群新的野心家冲着伊斯特太太的财产奔来,把财产官司又打到了德克萨斯州萨利塔镇的遗嘱检验法院。这群人就是所谓的"墨西哥后裔",这群人的队伍很快得到了壮大,加入其中的都是那些因为伊斯特太太修改遗嘱而蒙受损失的人。他们的指控不仅威胁到了基金会,也让有关利顿案的终审判决延迟了将近20年。

| 《华尔街日报》是如何讲故事的

伊斯特太太是米夫林·肯尼迪（Miflin Kenedy）上尉的最有一个直系后裔，米夫林·肯尼迪是国王牧场的共同创建人之一，后来他把自己所有的土地从国王牧场分割出来，建立了拉帕拉牧场。所谓的"墨西哥后裔"——大约有150人——是肯尼迪先生的第一任妻子，一个墨西哥女人的后代，这些人中的大部分都没有被列入伊斯特太太的新遗嘱。他们同样运用杰克·弗洛伊德对付"利奥兄弟"的办法，指责有人对伊斯特太太施加了"不当影响"，要求废弃新的遗嘱——而且，如果可能的话，最好第一个遗嘱也不要了。如果真是那样，伊斯特太太的财产就将全部被有血缘关系的亲属瓜分。

一些伊斯特太太的亲属也加入了"墨西哥后裔"的队伍，主要是"特科特人"（Turcottes）。他们已经分到了土地，但是还希望得到矿产开采权。德克萨斯献主会也加入了这场纠纷。在两个遗嘱中，伊斯特太太都把自己牧场的别墅留给了献主会作为教堂，同时还把别墅周围一万英亩的土地也赠给了他们。但是在1960年制定的第二份遗嘱中，献主会的地下采矿权份额从90%降到了10%，这令他们大为光火。于是他们也决定用同样的理由——"不当影响"，要求法院恢复第一份遗嘱的有效性。（他们最终通过减少部分土地，换得了原来一万英亩土地采矿权份额的25%，而"特科特人"的进一步要求则没有实现。）

这些半路杀出的"程咬金"，把基金会的托管人推到了一个有趣的法律位置上。在利顿案中，他们对于"利奥兄弟"提出了有根有据的指控，结果这些指控到头来成了"墨西哥后裔"和其他人用于推翻第二份遗嘱的证据，而第二份遗嘱正是基金会唯一的资金来源。所以，托管委员会不得不更改原来宣誓过的指控内容，新的起诉状里没有原来他们宣誓过的指控。"一个有意思的法律现象。"一位在银行工作的律师这样说。

1964年，后裔们的诉讼还在继续，而利顿案双方在原则上达成的协议终于变成了法律判决。可惜杰克·弗洛伊德并没有等到这一天就去世了，他的法律合作人肯尼斯·奥登（Kenneth Oden）取代了他的地位。"利奥兄弟"当时依然在加拿大一所偏远的修道院里过着被人监视的生活，他被禁止出席法庭的宣判。但是他还是差一点就阻止了法庭的判决。

因为审理这个案件需要传教士提供委托书，让指定的律师代替他处理案件。但是"利奥兄弟"撤销了最初的辞职决定，让德克萨斯人和他曾经的盟友彼得·格雷斯所达成的协议无法实现，而且不管教堂给他施加多大的压力，他都拒绝授予委托书。

最后，教堂只能代替他提供委托书。在他根本没有认可和同意的情况下，修道院的主持给格雷斯的律师发了一份电报，电报说根据他与传教士达成的某种"理解"，他，作为修道院的主持，被允许以"利奥兄弟"的名义批准该协议。乐意合作的劳克林法官把这份既没有署名、又没有公证过的文件作为有效的委托书，批准格雷斯的律师们把"利奥兄弟"从基金会中除名。法官然后光明正大地把基金会的掌管权转交到了德克萨斯人手中。

德克萨斯州的一名地方法官雨果·塔奇（Hugo Touchy）说："在任何情况下，我都不会把一份由神职人员发送的电报视为另一个人的委托书。这种做法是不对的，也是不合适的。"

新成立的托管委员会决定只对德克萨斯本地的机构进行捐赠。萨利塔·伊斯特的梦想似乎已经破灭了。

只剩下最后一个问题，那就是如果有关伊斯特太太的遗嘱诉讼没有结束，这项判决就无法被执行，基金会就不能支付它的捐款。作为伊斯特太太的遗嘱执行者，银行终于在1971年花费1000万美元解决了与"墨西哥后裔"有关石油特许权的纠纷。随着后来油价的突然上涨，以及相关牧场里不断发现的石油储备，这笔钱真是花得值得。一些接受石油特许权作为酬金的律师，后来都成了百万富翁。

但是其他一些纠纷一直拖到了80年代，这导致基金会长期处于瘫痪状态。而且，随着时间的流逝，有关萨利塔·肯尼迪·伊斯特遗产纠纷的许多主要当事人都已经不在人世。其中包括了汤姆·伊斯特，他一心想掌管拉帕拉牧场，还有加利加主教，到死也没有从基金中分到一分钱。主教死后，他的教区和他在基金会中的职位被托马斯·德鲁里（Thomas Drury）主教取代。在成为基金会托管委员会的一员后，德鲁里主教又亲自对1960年的第二份遗嘱提出质疑，因为第一份遗嘱给予教区的利益更大。最后，他的努力得到了有利的回报——除了一小部分土地外，他还得到了拉帕拉牧场所有土地下面15%的储藏矿产开产权。而他的继承者，比他更厉害。

《华尔街日报》是如何讲故事的

作者在这一部分的开头说"利奥兄弟"从来没有接受一场真正指控他的审判,由这句话引出了后面一系列的人物发展和故事进展。这句话不仅仅意味着这个故事里有很大的不公正,同时也让读者非常好奇,想知道为什么,从而引出了后面有关南德克萨斯法律公正问题的一系列材料。

在讲述审判公正性的问题时,我们不得不听取专家的意见,说明对利顿案的处理至少是不符合常规的。作者不能够要求读者们对于某个州的法律系统了如指掌,所以他在说明这样的问题时,最好用观点来表述,而且必须是来自可信度很高的信息源的观点。

注意作者在描述彼得·格雷斯的变心时使用的表达方式。他不是"经过再三考虑后才和曾经的对头达成协议",而是"和德克萨斯人砍好价钱,达成协议,结束诉讼"。作者没有使用前面那种正规的语言表达,而是选择了一种直接明了的表达方式,这种表达上的变化是读者喜欢的。

两个段落后,作者提到了"艾利斯银行小组"。在整篇文章中,作者一直在试图给故事中的人物进行分类,根据他们所处的不同立场。我们看到了纽约人与德克萨斯人的对立,现在又有了德克萨斯人内部的一个小集团"艾利斯银行小组"。在这之后,作者又给我们介绍了"墨西哥后裔"。在一个充满了各种不同人物的故事中,这种分类的方法有助于读者形象地记忆这些人物,各类人物不同的名称就像商标一样,提醒着读者他们不同的动机。

在这一部分快结束的时候,作者成功兑现了一个早期的诺言。因为在故事开始不久,我们曾说伊斯特太太的一部分遗产被用于纪念一群律师,而他们当中的一些人正是阻止伊斯特太太的遗愿变成现实的人。前面的表达是给读者的允诺,暗示着在适当的时候他们会了解到这些律师是如何做到这一点的。这一部分最后的段落就兑现了这个诺言。

主教的交易

勒内·格雷西达(Rene Gracida)主教是第二次世界大战的战斗机飞行员,他手里拿着一根台球杆改造的权杖。1983年,他被指定为科珀斯克里斯蒂城的新任主教,刚一上台,就开始内部大清理。他把大部分平衡法院的人员和下属分教区主教都更换了,新当选的人基本上都是他从塔拉哈西(Tallahassee,佛罗里达州首府)亲手挑选的自家人。他本人就来自塔拉哈西。他想让献主会把他们从伊斯特太太的遗产里继承的拉帕拉牧场别墅捐献出来,包括别墅周围1000英亩的土地。但是这一要求被献主会拒绝了。

"他做的许多事情都是不符合主教身份的。"牧师戴维·托纳利(David Tonary)说,他已经离开了这个教区。在他看来,格雷西达主教"胆子可不小"。不仅如此,他还得到了一些他的前任都没得到的东西——对基金会的控制,当他接手教会在基金会的托管者席位时,基金会正面临着一大堆的法律纠纷。

几乎就在格雷西达主教到任的同时,德州司法部长办公室在萨利塔市的肯尼迪镇地方法庭起诉艾利斯国家银行,要求了解有关伊斯特太太遗产处理的详细情况。司法部长对于遗产处理的现状非常不满意。在1984年初,司法部长再次提出起诉,这一次是为一些没有详细说明的损失,金额高达4000万美元。诉讼没有选择在常理之中的吉姆维尔斯镇进行,因为怀疑该镇的司法公正性,司法部长通过了一项特殊法令,允许诉讼在德克萨斯州首府奥斯汀(Austin)的德州联邦地方法院进行。

诉讼指责银行通过挪用伊斯特太太的基金来为自己牟利。这些指控包括:银行把将近100万美元的基金作为活期存款,但却没有支付利息;银行要求基金会支付7.5万美元的委托管理费用,而这是"不符合常规的";银行以低于市场价格的售价出售了伊斯特太太的牲畜,同时把牧场租给了汤姆·伊斯特,银行董事和基金会托管人肯尼斯·奥登的委托人之一;另外,牲畜价值评估人员与"奥登先生有私人关系"。司法部长要求剥夺奥登先生托管人的资格。

诉讼于1984年2月8日正式提交,奥登先生后来选择辞职,以便免予起诉(但是银行方面否认有过失)。此案原定于2月13日开庭,正好是当年基金会托管人密谋开会的日子。

2月10日,格雷西达主教驱车70英里来到艾莲娜·肯尼迪的家中。后者已经95岁高龄,而且病入膏肓。格雷西达主教此行的目的是为获得艾莲娜·肯尼迪的委托代理权,原因谁也说不清楚,大概是因为托管委员会的成员会议总是在这里召开。当他从她家出来时,他不仅得到了代理权,还有更多——她辞去托管人职位和主席职位的辞职信。

从来不接受采访的主教,告诉一家当地报纸,肯尼迪太太是自愿签署这些文件的。但是肯尼迪太太的兄弟,保罗·苏斯(Paul Suess)说,她签字的时候已经失去了意识,根本不知道自己在干什么。辞职文件上,艾莲娜·肯尼迪的签名非常潦草,从左下方到右上方倾斜着。

此后,肯尼迪太太立即亲笔写信给主教和其他托管人,宣布取消原定在她家举行的委员会主席委任会议,并要求其他人都不得召集会议,除非肯尼斯·奥登能够到场。主教对于肯尼迪太太的要求置之不理。由于奥登先生正在奥斯汀准备出庭,而另一位托管人利顿先生也在奥斯汀,所以能够出席委任会议的托管人,就只剩下了主教自己。

被禁止进入艾莲娜·肯尼迪的家,他只好在门廊里自行召开了这场"会议"。他任命自己为基金会的主席,任命一位修女取代肯尼迪太太的位置,并把剩余的两个托管人位置授予了两个亲信。这样,他就完全控制了基金会。他还立即通过决定,任命肯尼迪太太为终生名誉主席。两个星期后,司法部长派来调查人员询问肯尼迪太太有关"辞职"的事情——却发现她已经去世,逝世的日期就是宣布她正式辞职的日子。

· · ·

现在,格雷西达主教经常出现在一个名叫"湾区海岸天主教时间"(The Gulf Coast Catholic Hour)的电视节目中,谈论尼加拉瓜问题和选民登记问题。该节目是由新建的萨利塔·肯尼迪·伊斯特中心制作的,在许多地方和有线电视台中播出。萨利塔·肯尼迪·伊斯特中心是一个价值110万美元的综合企业,是用主教大人长期努力争取来的一部分基金建立的。他同样加入了司法部长的诉讼案,要求艾利斯银行赔偿损失。

"利奥兄弟"已经70岁了。他目前在新奥尔良(New Orleans),

他在那里的联邦巡回上诉法庭再次要求对伊斯特太太遗产的去向举行听证。这可能是他最后一次努力了。25年来,他的努力一直没有成功。但是在分散于各地的特拉普修道院里,他并不是一个失败者,在许多传教士看来,他的故事已经成了一种传奇,传遍了教会的上上下下。

在伊斯特太太死后,拉丁美洲贫穷、破旧的乡村里又出现了新一代的穷人。在墨西哥的阿瓜斯卡连特斯(Aguascalientes),伊斯特太太曾经帮助多明戈·穆尼奥斯(Domingo Munoz)神父开办了一家毛毯编织厂,好让附近没有工作的村民能够有一个谋生的饭碗。但是现在已经75岁的穆尼奥斯神父说,基金会的管理者根本无视他的多次请求,他现在已经没有足够的资金来让这个工厂继续运作下去了。

在圣地亚哥附近,伊斯特太太曾经出资修建了一所占地4000英亩的特拉普修道院。现在,修道院里的传教士们正准备拍卖这所修道院,用拍卖得到的资金来为穷人修建住房。理查德·甘斯(Richard Gans)曾经是那里的传教士,他说:"修道院对于我们是上天的馈赠,现在我们不过是把它送还给那些最初打动伊斯特太太的人的手中——那些穷人,那些饥寒交迫、无家可归的穷人。"

通过提到格雷西达主教,故事把读者的思绪从过去拉回到接近现在的时间点上。主教的特征没有直接点明,而是通过暗示的手法描述的。我们没有说他是一个非同寻常的人,是一个很有手段的人,但是他手拿权杖的样子、清洗教区的行动,还有曾经在他手下工作过的牧师的评语,都用一种更加有趣、更加令人信服的方式,勾画出了主教的形象,这比直接的陈述要精彩得多。

这一部分的最后4段,在排版时用圆点和前面的段落间隔开,让这4段单独构成一个类似收场的部分。这4段的描写没有任何感情色彩,没有融入任何作者的感受,没有华而不实的点缀——而这正是这段文字的力量所在。完全客观的事实陈述,让这些段落产生了一种自然而然的情感力量,而这样一种情感正是基于读者对前面故事的了解。如果这里再添油加醋,只会破坏这种感觉。

结尾段落是对故事开头的呼应。我们又回到了圣地亚哥的穷人中间,这正是故事开始的地方。甘斯神父的话提醒着我们,原本良好的动机却产生如此丑陋的结果，而这个良好动机是导致整个故事发生的原因。而且我们可以感到，特拉普修道院的传教士们在智利做的事情，很可能是唯一符合萨利塔·肯尼迪·伊斯特的初衷的事情。

第一篇故事的主要内容是发生在德克萨斯的遗产争夺，许多神职人员周旋其中。但是在这场争端发生的同时，还有一场冲突也在发生，这是罗马天主教教廷内部的冲突。故事的作者盖茨肖聪明地选择了用另一篇文章来讲述发生在教廷内部的冲突。这是一个我们很多人都不甚了解的世界。在第一篇故事中，"利奥兄弟"是贯穿始终的主要角色，在第二篇故事中，他同样是所有事件的关键人物。在下面的故事中，他的形象是一个恪守原则、性格坚韧、甚至顽固的人。

这次，我不会再打断故事，插入评语，我把所有评论放到故事结束以后。

尊敬的神父，我保证一生崇善，直至死亡。
——选自《特拉普信徒的神圣誓词》(the Solemn Trappist Vow)

斯宾塞，马萨诸塞（SPENCER, Mass.）——在圣约瑟圣女修道院（Abbey of Our Lady of St.Joseph）巨大的花岗岩石墙里面，正进行着一场有这座修道院的年龄一半古老的仪式。仪式是不定期的，完成这项仪式后，那些被证实有价值的人就开始了一种远离奢华的生活，他们受到最严格的戒律管理，他们的生活充满牺牲和祈祷——他们是天主教西多教会（Cistercian Order）的苦行僧，一般人称他们为"特拉普教派"。

这是"利奥兄弟"所属的教派，而这座修道院很多年来一直都是他的家，也是他的母院①。他曾经用筹集到的善款修缮这里，并在其他地方修建附属修道院。但是对于现在那些掌管修道院的人来说，他是一个被抛弃的人。他已经和自己的教派分开20年了，依靠那些依然对萨利塔·肯尼迪·伊斯特心怀敬仰的人救济生活，他一个人居住在

---

① 母院（mother house），教会的第一所会院，或者教会的总会长所住的会院。

阿根廷的一间山顶小屋里。

所有的局面都是一个原因造成的:"利奥兄弟"完全严格地遵守着他的"信徒誓言",但是急于避免丑闻的教会,无情地向他施加压力,要求他只需要部分遵守他的誓言就可以了。一生崇善,对呀,"利奥兄弟"说。但是如果你被要求的行为,不是什么善事,如果良知——在他看来就是"上帝对我们内心说的话"——要求我们违背我们收到的指令呢?

"利奥兄弟"的选择,让他不得不与修道院和整个教会中最有权势的人为敌,包括教会派往美国的宗座代表①、费城的大教主、斯宾塞修道院及其主管。为了让这个顽固不化的传教士放弃他的意愿,他们想尽了各种办法,说服、利诱、威逼等等,他们甚至威胁要把"利奥兄弟"以及为他辩护的第一位律师,还有其他参与此案的天主教徒逐出教会。

实业家彼得·格雷斯后来迫于压力屈服于教会,但是"利奥兄弟"没有。在所有的手段都失败了后,教会的权势们选择了最直接、最实用的办法。他们给德克萨斯的一家地方法院送去了一份完全违背"利奥兄弟"意愿和伊斯特太太遗愿的文件,并伪称与"利奥兄弟"达成了共识。当"利奥兄弟"知道真相,准备向法庭抗议时,他们没有举行教会法规规定的教会审讯,就把"利奥兄弟"驱逐出了德克萨斯。

"利奥兄弟"依然没有放弃,他仍然在斗争,希望看到伊斯特太太的遗产最终能够用到那些她所希望的地方——拉丁美洲的穷人身上。为了这个目标,他多次走上法庭,但是却连一次微小的胜利也没得到。像他这种攻击教会权威的诉讼,在世俗的法庭上很少出现。教会曾向他表示,只要他放弃诉讼,接受有关伊斯特太太遗产的处理,他就可以重返教会。但是他没有接受。为什么呢?

空虚的生命

1938年,一个名叫克利斯托弗·格雷戈尔的年轻人来到罗得岛州(Rhode Island)的一家特拉普修道院静修。这个22岁的英俊小伙儿来

---

① 宗座代表(apostolic delegate),指不具外交官身分的教宗使节,驻在被指派之地区,代表教宗处理事务。

自加利福尼亚的奥本市（Auburn），他看上去根本不像一位投身神职工作的人。他的父亲是著名的西部小说作家，他曾经在法国的一所高级寄宿学校就读，后来上了大学，过着上等人的生活。

但是他的生活非常空虚。"我在游荡，""利奥兄弟"回忆说，"我因为找不到生命的意义而感到羞耻。修道院为我打开了一扇门，让我看到了许多生命的意义。我被这种生活深深打动了。"克利斯托弗·格雷戈尔的静修始终没有结束。在修道院住了5年后，他以"信徒誓言"发誓，成为一名传教士。

那时的特拉普传教士已经适度放松了他们的修行，但那时他们的严格依然让人恐惧。传教士只能在得到修道院院长或者副院长的许可后，才能开口说话。他们唯一的财产是一件斗篷、一双鞋、和一套用麻布做成的内衣。他们完全靠没有肉的清汤、面包和水来维持生命。每周五，他们要用细细的鞭子抽打自己——这叫做"苦鞭"——用来提醒自己罪恶的本性。

他们的生活受到圣本笃会规（the Holy Ruleof St.Benedict）①的约束，以及根据该会规衍生出来的200多条规定的制约，这些规定是为了让修行者获得"外界的尊敬和谦虚适度的风度"。一个传教士如果违背了规定，哪怕是非常小的违规行为——比如，吃饭的时候眼睛斜视——都必须在检讨会（Chapter of Faults）上公开承认，并要求修道院院长的严惩和其他同伴的原谅。特拉普传教士修行的目的是让心像钢铁一样坚强，他们做到了。

但是，他们找不到更多的修行地方。第二次世界大战后，一批新加入教会的有志者劝说"利奥兄弟"所在修道院的院长埃德蒙·富特尔神父（Edmund Futterer），去做一件闻所未闻的事情——派一名传教士去向社会筹款，以便在美国和拉丁美洲建立新的修道院。神父挑选了并不情愿的"利奥兄弟"，后者只能放下他那作鞋匠的工具箱，走出修道院，一走就是好几个月。

尽管不必受到教会的严格教规监视，他依然保持着俭朴的生活，住在廉价的旅店里，一个人在屋里吃罐头食品。路易斯·夏因（Louis

---

① 圣本笃会规（the Holy Ruleof St. Benedict），西方隐修之父圣本笃所拟定的规则，注重自给自足，共度团体献身生活，会规要求严格，强调中庸之道。

Shine）是当时在修道院里负责管理财务的传教士，有时会和"利奥兄弟"一起出去视察那些正在修建的修道院。他自己说："我讨厌和'利奥兄弟'出去，他总是住在最糟糕的地方，最后我终于忍不住要求埃德蒙神父让我一个人出去。"

"利奥兄弟"为特拉普的传教士们筹集了800万美元的捐款。让埃德蒙神父高兴地把他当儿子看待，还亲口称赞他为"狮子利奥"，一位发现猎物就从不放手的猎人。

年轻有为的传教士和许多富有的天主教信徒建立了关系，但是和他关系最好的是彼得·格雷斯。格雷斯先生捐赠了40万美元，用于在斯宾塞修建一所新的母院，让埃德蒙神父和其他传教士搬过去。传教士把彼得·格雷斯当作自己最好的朋友，所以当萨利塔·肯尼迪·伊斯特决定建立基金会时，"利奥兄弟"推荐格雷斯来帮忙。

"利奥兄弟"第一次见到伊斯特太太是在1948年，但是直到10年后，他才真正开始与她相处。伊斯特太太只比"利奥兄弟"的母亲洛特斯（Lotus）大两岁，后者把一生的经历和财产都用于帮助穷困的墨西哥移民，这对她的儿子产生了深远的影响。这两位女人后来见了面，并且成为朋友。"利奥兄弟"在给这两位女人写信时，都会在称谓前面加上"carissima"（意大利语，最亲爱的）。不料后来这个称呼竟然成了攻击他的证据。

伊斯特太太成了特拉普教会的捐赠人，而且越来越信赖"利奥兄弟"。"萨利塔是位了不起的女人，是我见过的最杰出的女性之一，"他说，"她感到自己担负了上帝赋予的责任去帮助那些穷人——真正的穷人，不管是天主教徒，还是新教徒。她非常信任我，让我觉得自己太对不起她了。"

身为寡妇的伊斯特太太独自一人居住在德克萨斯州拉帕拉牧场一栋拥有30间屋子的别墅中。虽然她喜欢喝点儿酒，但是对于那些不断前往她的住所，打她财产主意的野心家们还是非常警惕。"他们都想分一杯羹。"玛丽亚·朗格丽亚（Maria Langoria）说，她的丈夫曾经是伊斯特太太的厨师。传教士把伊斯特太太从孤独的生活中带走，带她到美国和拉丁美洲各地的修道院去旅游，其中一些修道院就是她自己出资修建的。他们通常是和一群人一起出去旅游，大家同住在一个旅馆里。这些事情，还有伊斯特太太喝酒的账单记录，后面都会派上用场。

后来，伊斯特太太向"利奥兄弟"的主管埃德蒙神父临时借用"利奥兄弟"，希望他来帮忙组建基金会。她知道这样的请求是非同寻常的，作为回报，她答应支付特拉普教会在南美发展的开销。埃德蒙神父签署文件同意了伊斯特太太的请求。"利奥兄弟"在获得了教会主管的许可后，加入了一项民间活动，但他把这项工作视作与伊斯特太太的"神圣的约定"。当伊斯特太太于1961年2月11日病逝时，他开始了长达25年的辩护，历经磨难。

烫手的山药

大教主埃吉迪奥·瓦格诺齐（Egidio Vagnozzi）是罗马教廷在美国的宗座代表，也是在这个棘手的财产诉讼中所涉及的最高级别宗教人士。伊斯特太太刚刚去世两个月，由她的律师率领的德克萨斯集团，为了获得基金会的托管权，已经向法庭提出了起诉，原告是伊斯特太太的亲戚及私人助理李·利顿。宗座代表原想尽早把利顿案给打发了，因为这起诉讼让教会的处境非常尴尬。

在德克萨斯人中，有一个名叫玛利亚诺·加利加的主教，他是伊斯特太太所属教区的主教，他希望自己能够控制基金会，但是他的愿望并没有实现。现在，他和其他人一起，把美国天主教里最著名的天主教信徒之一告上了法庭，后者曾经获得教廷颁发的马耳他爵士勋章。和他一起成为被告的，还有一位传教士。这样的情况对于教会的声誉来说已经够糟糕了。更糟糕的是，在原告的指控中，他们声称传教士有意勾引一位病弱的老妇人，让她听他摆布，把自己的大部分财产都交给他来控制。喜欢自作主张、无视权威的加利加主教，正在收集编撰有关传教士勾引寡妇的证据。这些一旦被法庭宣布，对于教会的打击是毁灭性的。

另一方面，格雷斯先生也不愿意看到自己的名字出现在报纸上，他非常希望教会能够从中调解，解决这场冲突。他还被告知，在民事诉讼中卷入教会成员是违背教会法规的。于是他前往梵蒂冈，去请求教会的高层帮忙——他总共去了22次——梵蒂冈让他到华盛顿去找宗座代表瓦格诺齐。

根据格雷斯先生写下的一份备忘录，大教主在听了他的请求后，马上手写了一份解决方案，决定让加利加主教获得托管委员会5个席位中的两席，剩下的3个席位还是属于格雷斯先生、"利奥兄弟"和另一位牧师，由他们共同管理基金会。这一方案得到了教会高层的许可。

但是那份备忘录后来又说，大主教改变了主意，要让加利加主教控制委员会，把"利奥兄弟"赶出基金会。在一次会议上，大教主对格雷斯先生说，"利奥兄弟"和伊斯特太太可能有"罪恶的不洁关系"。这一说法让格雷斯先生非常惊讶，他提醒大教主伊斯特太太死的时候已经70多岁了。但是根据格雷斯先生的记录，大教主"立刻就老年妇女的爱好和取向问题给他进行了详细的解释"。

格雷斯方面还是不能同意大教主的判断。在他写给他在纽约的朋友，红衣主教弗朗西斯·斯佩尔曼（Francis Spellman）的备忘录中，格雷斯先生说大教主"威胁要将我驱逐出教会，尽管他的语气是友善的，然后他又告诉我，他将关照教廷，下令让'利奥兄弟'辞职"。

大教主格瓦诺齐显然是看到了加利加主教撰写的有关"利奥兄弟"和伊斯特太太不轨行为的证据。根据主教的律师帕特里克·霍金所说，这份文件被主教亲自送到了罗马，呈献给了教皇约翰23世（Pope John XXIII）。这份文件现在已经找不到了，但是据说里面讲述了"利奥兄弟"和伊斯特太太有酒后放纵的行为，曾经多次同住在一家旅馆（但没有提到他们是和其他朋友一起），还强调了伊斯特太太酗酒的问题。

在认识伊斯特太太和"利奥兄弟"的人中，没有一个人对于此份文件中暗示的事实表示过认可。朋友们都说，如果"利奥兄弟"对伊斯特太太真的有什么影响，那就是"他让她找到了生活的意义"，牧场主托宾·阿姆斯特朗说："是他的出现，才让她从酒精的生活中走出来。"

大教主瓦格诺齐又把德克萨斯人对于"利奥兄弟"和格雷斯先生的不恰当指控带到了修会圣部（Sacred Congregation of Religious）① 上，这是天主教教廷权力最高的机构之一，负责监控所有教会和团

---

① 修会圣部（Sacred Congregation of Religious），罗马教廷的部会之一，主管有关修会及教会团体的行政、纪律、学术研究、财产、特权等。

体的行为。在那里,加布里埃尔·索泰斯(Gabriel Sortais)神父,整个特拉普教会的总院长,站出来说话了。

加布里埃尔神父认识"利奥兄弟",而且在伊斯特太太去世一个月之前,刚刚拜访过她。他见到的伊斯特太太,并非像指控中所说,是一个依靠酒精麻醉减轻痛苦,已经神志不清的老妇人。正相反,伊斯特太太用法语与他进行交谈,多次强调了她筹建基金会的愿望,并向神父说明了传教士在基金会中的作用。她看上去非常清醒。

在前往修会圣部之前,加布里埃尔神父就对这些指控和有利于德克萨斯人的解决方案进行了严厉的谴责,他把这些称作"是有违公正的,是对伊斯特太太遗愿的擅自修改"。他说,他的良知让他无法同流合污。他还警告说,把伊斯特太太指定的"利奥兄弟"赶出托管委员会,就意味着教会认同了这些指控。在这件事情上的任何妥协,都会违背"最基本的道德准则"。

彼得·格雷斯被告知这些指控将不会被追查下去。但是加布里埃尔神父不久就去世了。指控却没有被撤销。

"良心感化"

埃德蒙·富特尔神父,斯宾塞母院年迈的修道院院长,已经奄奄一息。"利奥兄弟"说他和埃德蒙神父的关系比父子还要亲。埃德蒙神父对于这个年轻传教士的固执和他坚持的原则非常清楚。

埃德蒙神父有一个缺点:他喜欢豪华的欧式建筑。"利奥兄弟"回忆说,有一次,在他结束了筹资的巡回旅行,回到修道院后,他发现这里正在修建一座豪华的宾馆。他认为这完全是对善款的浪费,他告诉院长,他不会再为修建这样的建筑出去筹集善款。

加布里埃尔神父,特拉普教会的总院长,当时正在斯宾塞参观,他非常支持"利奥兄弟"。修建工程被叫停。埃德蒙神父对于"利奥兄弟"违背自己的意愿感到非常生气,他好几个月都没有和"利奥兄弟"说话——传教士说,这是他在修道院受到的最严厉的惩罚。但是当埃德蒙神父的健康状况变得越来越糟糕后,"利奥兄弟"对他的态度变得温和起来,他告诉神父如果他想修建那座宾馆,他不会反对。

1961年8月,埃德蒙神父最终从修道院院长的位置上退了下来,接替他的是托马斯·基廷神父（Thomas Keating）。托马斯神父的父亲是一位著名的海事律师，而碰巧的是，他父亲的客户中就有彼得·格雷斯，他父亲同时还是格雷斯控股银行的董事会成员。教会正是通过托马斯神父给"利奥兄弟"施加强大压力的。

到了1961年的秋天，大教主瓦格诺齐有关利顿案的解决方案眼看就变成了空谈。有一次，"利奥兄弟"与彼得·格雷斯在巴黎吃饭，"利奥兄弟"告诉格雷斯先生"他认为大教主的解决方案没有一点好结果，他唯一能做的事情就是在法庭上为自己辩护"。但是格雷斯先生不同意这种说法——他依然希望有一个教会从中调解的方案——"利奥兄弟"相信，实业家非常明白他的观点，并对他深表同情。

他们友善地分手，至少"利奥兄弟"是这样记得的（格雷斯先生在一次采访中否认了这种说法）。他们还是朋友，彼得·格雷斯给自己的一个儿子起名为"利奥兄弟"，他和他妻子还允许传教士的母亲居住在他们在斯宾塞的一所公寓里。

但是当"利奥兄弟"回到斯宾塞时，他回忆说自己的新主管托马斯神父"气呼呼地对我说，我的行为将毁了整个斯宾塞"。

修道院院长得到了一份长达78页的备忘录，是由格雷斯先生口述的。这份备忘录声称，帕特里克·霍金、李·利顿和加利加主教在德克萨斯州的律师，正在威胁要提出另一宗有关不当影响的诉讼案——这宗诉讼要求收回伊斯特太太生前捐给传教士的所有善款（这份备忘录后来成了原利顿案的修正材料）。斯宾塞的母院早就把"利奥兄弟"从伊斯特太太那里筹集到的善款用于修建新的修道院了。

格雷斯先生在备忘录里说，这一新的发展让他更加希望能够早日与德克萨斯人达成妥协方案。他清楚地说，如果"利奥兄弟"不能自愿离开，那么他的主管应该想办法让他离开。在这个时候，对于"利奥兄弟"的指控是否属实已经不重要，教会和修会都受到了德克萨斯人的威胁，这就足够麻烦的了。

托马斯神父命令正在准备自己通过法律手段来阻止德克萨斯人的"利奥兄弟"，从这场冲突中"脱离"出来。传教士感到自己的朋友背叛了他，但是他依然牢记着自己对伊斯特太太的承诺，所以他拒绝了托马斯神父的命令。现在，他说格雷斯先生"根本没有勇气当着别人的面说出自己的感觉。我被他的行为深深地伤害了"。

> 《华尔街日报》是如何讲故事的

他的主管，托马斯神父认为"利奥兄弟"的良知"出了问题"，命令他断绝与斯宾塞修道院以外所有人的联系，并让一位修道院里的心理医生给他进行治疗。又过了几个月，到了1962年初，"利奥兄弟"每天要花好几个小时进行所谓的"良心感化"修行，包括反复背诵他的"信徒誓言"。"我重申了我的'崇善誓言'，""利奥兄弟"说，"但是托马斯神父和拉斐尔神父（Father Raphael，修道院的心理医生）说我被傲慢蒙蔽了眼睛，正面临失去我的宗教天职的危险。"

一位在斯宾塞讲学的精神神学家多米尼克·休斯神父（Rev.Dominic Hughes）想见一见"利奥兄弟"，托马斯神父很不情愿地批准了。休斯神父没有帮助院长完成他的心愿。他告诉"利奥兄弟"，他不仅有反抗的权利，而且也肩负着"神圣的职责"去斗争到底。传教士始终没有被感化——他即将面临最艰难的挑战。

总主教插手

来自费城教省①的总主教约翰·克罗尔（John Krol）是教会里最好的教会法学家（canonl awyer），他是当时美国教会冉冉升起的新星（他后来戴上了红衣主教的帽子）。由于担心利顿案还会继续拖下去，罗马教廷于1962年2月派他去负责与德克萨斯人谈判，尽早达成协议。教廷同时赋予了他绝对的权力，处理涉及本案的教会成员，包括将其驱逐出教会的权力。

几年前，克罗尔总主教就曾经会见过代表德克萨斯人的加利加主教。按照主教的律师帕特里克·霍金的说法，他们还成了朋友。霍金先生本人就有总主教的私人电话，他还说自己有时会住在总主教在费城的别墅中，并曾经多次给他打电话商量此案。

根据格雷斯先生写下的一些备忘录，总主教在达成最后协议的时候，只听取了德克萨斯人一方的意见（这一点，总主教在后来接受采访时多次否认），就要求把基金会的控制权交给德克萨斯人。格雷斯方面也只好屈服这一协议。

根据这份于1962年7月达成的原则协议书，格雷斯方面得到了原

---

① 教省：根据西方教会制度，数个教区组成一个教省，其首席主教称为（总教区的）总主教。

有基金的五分之一，用于建立独立的纽约基金会，并由彼得·格雷斯负责管理。实际上，格雷斯获得的金额并没有多少，因为这五分之一的基金全部都是以石油特许权的形式转让的，协议书规定，纽约基金会通过石油特许权获取的最高金额限度是1440万美元，超过该限度，特许权就将被收回。

伊斯特太太原有的基金会，将完全由德克萨斯人管理，他们得到了剩下的所有财产，而且在石油特许权的获利上没有限制。现在他们的资产已经达到了3亿到5亿美元。（格雷斯先生新建的基金会，名为"萨利塔·伊斯特基金"。该基金会曾经提供了多笔捐款，一部分给了特拉普教会，但是用在拉丁美洲穷人身上的钱则几乎为零。）

对这种行为强烈不满的"利奥兄弟"决定从原有的基金会中退出，但是后来，为了阻止正式协议的生效，他撤回了自己的决定。1963年，他被送往智利圣地亚哥的拉德赫萨修道院（La Dehesa），这是斯宾塞修道院的一所附属修道院，这座修道院正是当年伊斯特太太出资修建的。但是没过多久，克罗尔总主教就要找他了。

由于利顿案双方私下达成的原则协议书必须经过法庭裁决，为了让协议生效，就必须得到"利奥兄弟"在协议上的签名，同时需要他宣布不再担任托管人的辞职书。克罗尔总主教于是写信给"利奥兄弟"，希望他凭借"良知"，在最终的处理文件上签字，因为这样"基金会的资金就能够被用于所有的教会，包括德克萨斯的教会"。

这封信于1963年9月，被一位传教士亲自送到了"利奥兄弟"手中。这位传教士敦促"利奥兄弟"不准通读文件，必须赶快签字，并声称这是"克罗尔总主教的命令"。"利奥兄弟"说服送信人，让他检查了文件的内容——发现萨利塔遗产的绝大部分都被留在了德克萨斯。

于是他一边拖延住送信人，一边匆忙向阿尔顿奈特·莱昂神父（Aldunate Lyon）寻求建议，后者是智利耶稣会（Jesuit Order）的负责人。莱昂神父告诉"利奥兄弟"，他可以签署这份文件，但是不要把文件送还给克罗尔总主教，而是把文件直接送给教皇。他同时敦促说，必须在文件上附信说明，"利奥兄弟"的签名只有在教皇约翰23世答应对违背伊斯特太太遗愿的事情负责后，才能生效。"利奥兄弟"按照这一建议做了，并让另一位信使把文件送给了曼纽尔·拉雷恩（Manuel Larrain）主教，此人是南美洲一位德高望重的教会人士，当时正在罗马。

在另一边，当克罗尔总主教得知他的信使让文件落入他人之手后，气得暴跳如雷。"深度震惊，"他给"利奥兄弟"发电报说："立刻电报告知文件以何种方式送与何人。"当"利奥兄弟"回电报说，他已经把文件送给了"圣父"时，总主教连夜赶往罗马，及时阻止了这个重要的包裹。

接下来发生了什么？根据彼得·格雷斯的信件和"利奥兄弟"后来与拉雷恩主教的谈话，他们对事情的阐述略有不同。但是他们都同意一点：当着拉雷恩主教的面，梵蒂冈的教廷国务院决定信件和文件必须分开。克罗尔总主教当时也在场，他带着文件离开。而那封信件从来没有出现在德克萨斯的法庭上。

尽管如此，克罗尔总主教还是需要"利奥兄弟"宣布不再担任基金会托管人的辞职书才能让文件生效。这样的辞职书要么由本人呈交给法庭，要么由他授权的律师呈交。于是，克罗尔总主教把"利奥兄弟"叫到迈阿密来，要求他进行合作。"利奥兄弟"在帮助他的精神神学家休斯神父和斯宾塞修道院副院长卢克·安德森（Luke Anderson）神父的陪同下来到迈阿密。他们告诉他，他完全可以凭着良知拒绝总主教的要求。"利奥兄弟"这样做了。

斯宾塞修道院院长托马斯·基廷神父知道后，命令安德森神父再也不准和"利奥兄弟"说话。托马斯神父把传教士发配到遥远的加拿大，在那里的修道院里，"利奥兄弟"实际上受到了软禁，他被禁止和一切外人联系。

"利奥兄弟"说，总主教还多次威胁他，要把他驱逐出教会。不仅如此，他的第一位辩护律师小威廉·R.乔伊斯（William R. Joyce Jr.）也曾受到威胁。乔伊斯先生说，克罗尔总主教派休斯神父传话给他，教会将把他驱逐出去，如果"我提供任何文件，表示'利奥兄弟'不同意这个协议"的话。

乔伊斯先生是华盛顿的一位著名律师，他分文不取地担任了"利奥兄弟"的辩护律师。他对于克罗尔总主教的话非常生气，他说："他（克罗尔总主教）利用他在教会的权力干扰民事诉讼，不让'利奥兄弟'履行已经被获准的职责（前任修道院院长埃德蒙神父同意的)。即便你是一位总主教，也不应该干涉民事法庭。"

在加拿大，"利奥兄弟"有好几个月什么消息也不知道。他感觉自己就像一个被关押的战犯一样，他通过思考圣雄甘地（Gandhi）的教义，来保持自己的神志。最后，他终于收到了一封来自斯宾塞修道院院长托马斯·基廷神父的安慰信。神父在信中说，他原本希望通过他的帮助让协议生效，但是后来他觉得"根据你现在的情况，这样的要求是不切实际的"。他还补充说，协议的事情没有任何新的进展。

这封信标注的日期是1964年8月30日。就在同一天，托马斯神父曾经发送一份电报给格雷斯先生的一名律师。电报中说，根据他与"利奥兄弟"达成的某种共识，"利奥兄弟"授权他同意协议生效。在收到了这份令人怀疑的文件后，法庭立即做出判决。托马斯神父直到一个月之后，才把这个消息告诉"利奥兄弟"。

众多失败中的第一次

格伦班·霍金斯（Columban Hawkins）神父是克里斯托弗·格雷戈里刚入教时的初学导师。他的任务就是修炼、打造被管理者的良知，让他成为一个能够感受到上帝旨意的人。这个被管理者后来成为"利奥兄弟"，他非常敬爱格伦班神父，几乎就像他敬爱埃德蒙神父一样。现在，格伦班神父成了俄勒冈州瓜达鲁普圣母（Our Lady of Guadalupe）修道院的院长，这里同样是斯宾塞修道院的附属修道院。托马斯·基廷神父把"利奥兄弟"，这个曾经的初学者，如今被矛盾折磨着的人，再次送到他的初学导师那里，希望格伦班神父能够再度改造他。

格伦班神父向他的主管保证，将尽全力让"利奥兄弟"的心智康复过来。但是，就和其他许多人一样，他也在不知不觉中帮助了他。格伦班神父没有遵照上级主管的愿望，他反而默许了"利奥兄弟"的行为，并鼓励他回到德克萨斯——去保卫基金会的财产，把德克萨斯人从管理者的位置上赶下来。

"利奥兄弟"来到C.伍德罗·劳克林法官的法庭上，就是这名法官，批准使用托马斯主教的电报，以便让利顿案的协议变成法庭的判决。传教士的辩护律师要求驳回法庭的判决，但是劳克林法官否决了他们的要求，同时驳回了他们的上诉请求。这是"利奥兄弟"遭遇到的众多失败中的第一次。

与此同时，伊斯特太太的墨西哥亲戚们——所谓的"墨西哥后裔"——和其他一些人在法庭上对于1960年的第二份遗嘱提出了质疑。这第二份遗嘱是基金会唯一的经济来源，"利奥兄弟"也被作为基金会的代表而出庭作证，尽管他正在设法把基金会的托管人赶下台。1966年3月7日，他结束了自己的证词，从证人席上走下来，帕特里克·霍金律师递给他一封信。这是特拉普教会宣布把他逐出教会的通知。信件标注的日期是1月12日，将近3个月之前发出的。

在托马斯·基廷神父得知"利奥兄弟"已经前往德克萨斯阻止协议生效并在法庭上作证的事情后，他对此气愤极了。他发出了这封信，命令"利奥兄弟"脱去教会的制服，"回到世俗世界中"，直到克罗尔总主教认为"他被解职的原因已经消除"。克罗尔总主教签署了这封信，并把他送给了霍金先生，而霍金先生显然是等到"利奥兄弟"完成出庭作证后，才把信交给他。

传教士立刻写信给修会圣部，要求根据教会教规对他进行宗教审判，同时表示自己的职业"比自己的生命还珍贵"。但是罗马方面也已经受够了，他们宣布免除"利奥兄弟"入会时的誓言，但是他拒绝被免除。

3月18日，罗马方面就此事专门召开听证。根据当时的记录，克罗尔总主教说"利奥兄弟"已经忘记了"他的义务就是无条件的遵从"。帮助"利奥兄弟"的教会法学家托马斯·布罗克豪斯（Thomas Brockhaus）说，总主教曾经派来使者威胁他，要是继续帮助传教士，就会像传教士一样被逐出教会。

"船底"

格兰德卡努岛（Grande Canoe），被当地人俗称为"船底"，这是一座被人遗弃的偏远小岛，是马提尼克群岛（Martinique）中一座摇摇欲坠、破旧肮脏的小岛。在被教会驱逐后，"利奥兄弟"来到这里过起了隐士的生活。他在这里住了5年，一直按照教会的规定要求自己，在他眼中自己仍是一名传教士。

1971年，他搬到了现在居住的地方，阿根廷一座人迹稀少的山峰上。他住的房子是一间用煤渣砖砌成的小屋，里面装满了书。他从人们的眼前消失了很多年，他的目标看上去已经遥不可及。但是格伦班神父，还有其他那些知道伊斯特太太真正遗愿的德克萨斯人，依然没有放弃，他们还在暗中支持他。

1979年，已经上了岁数的传教士再次带着自己对伊斯特太太的承诺，来到了劳克林法官的法庭上，在经历了17年的遗产争夺后，利顿案的最终判决终于要宣布了。在此之前，按规定还应该有一次初审，但是劳克林法官把这次初审变成了终审。尽管"利奥兄弟"的律师们强烈反对，但是在不到两个小时的裁定后，协议最终生效。"利奥兄弟"上诉到德克萨斯最高法院，但是被判驳回。

1980年，他又要求全美最高法院重新检查这项法庭判决。这次，他说自己在德克萨斯的法庭上被剥夺了民事权利，根据他所享有的民事权利，他应该可以在法庭上就多年前对他提出的所谓不当影响的指控进行申辩，或者证明他并没有授权给托马斯院长以他的名义行事。但是这些诉讼请求都被法院否决。

在此次诉讼中，彼得·格雷斯提供的辩词说，有关利顿案的协议，"利奥兄弟"曾经给予了"无条件的书面许可"。理查德·甘斯神父，"利奥兄弟"的有力支持者，曾经在智利的修道院中担任院长，他对此提出质疑。他致信格雷斯先生说："你真的能相信这些吗？……你怎么能和那些曾经用欺诈手段对付你的人同流合污？你的良心怎么能够平静？"

格雷斯先生回信了，他强调说如果"利奥兄弟"希望在协议书上的签名是有条件的，他应该把这个条件写在文件上，而不是另外写在一封信里。他在信中还对教会的行为做出了评价，说这是"完完全全的实用主义，可能是诚实的，也可能是不诚实的"，但是他本人不是神学家，所以还是让别人去判断吧。

至于他自己的行为，格雷斯先生说："在我的生活范围内，我一直被告知我自己的行为应该遵循那些位置高于我的人，除非他们的行为是明显的不道德行为。"

1981年，"利奥兄弟"再次提出民事诉讼，这次是在德克萨斯州科珀斯克里斯蒂城的一个联邦地方法院，被告包括了当时基金会的托管人、德州总检察长、艾利斯国家银行、基金会的智囊团以及伊斯特太太遗产的执行人。他起诉这些人合谋夺走了他应有的权利。1984年初,当这起诉讼案还在法庭上争论不休时,勒内·格雷西达主教已经控制了整个基金会。他不想再把事情闹大。

那年的4月5日,他邀请"利奥兄弟"和甘斯神父来到他在海边的别墅。根据甘斯神父对于此次会议的记录,主教告诉他们,一直掌管基金会的艾利斯国家银行已经退出,现在基金会由他掌管。他可以让"利奥兄弟""光荣地"恢复在特帕普教会的职务,只要他放弃诉讼。

"利奥兄弟"和甘斯神父对此大吃一惊,他们认为格雷西达主教并不明白他们斗争的目的。主教拍了拍"利奥兄弟",说:"告诉我,兄弟,你想要什么?你到底想要什么?"最后,"利奥兄弟"告诉他,如果基金会能够给予拉丁美洲的穷人"大量实质性的"帮助,就像伊斯特太太希望的一样,他就放弃诉讼。

根据甘斯神父的记录,主教的秘书,当时也在会议现场,对他说:"关于你的那些穷人,你应该相信上帝会帮助他们的。"因为双方无法达成一致的协议,会议最终不欢而散。

· · ·

去年1月,一位联邦地方法院的法官驳回了"利奥兄弟"的控诉,没有给出任何理由。昨天,在新奥尔良的上诉法院上,审判团的首席法官问"利奥兄弟"的律师,他的委托人到底在寻求什么样的法律赔偿。"我们希望有一场审判,""利奥兄弟"的律师说,"一场'利奥兄弟'从来没有经历过的审判。"

这个故事的第三段揭示了故事的主题:"信徒誓言"的含义到底是什么?对于这条特拉普信徒誓言的不同解释让"利奥兄弟"和教会的上层人物发生了矛盾,同时也让传教士的内心发生了矛盾。一方面是他对伊斯特太太的承诺,这在他看来同样是神圣的,另一方面是自己的信徒誓言。这种矛盾冲突贯穿了整个故事,也是整个故事的内在逻辑。在接下来的几段文字中,作者进行了总结。在这里,一个简单的问题"为什么呢?"让故事达到高潮,这也是故事的主题陈述:这个顽固的人为什么不能屈服,让自己得到解脱呢?接下来的故事,都在解答这个问题。

在第一个故事中,作者为了增强故事的悬念感而在开始的段落中设置了预示,在这个故事中作者又采用了同样的手法。我们被小心地告知,"利奥兄弟"已经从直接主管那里获得了参加民事活动的书面许可,他把这项工作视作"神圣的约定",然后故事说,"当伊斯特太太于1961年2月11日病逝时,他开始了长达25年的辩护,历经磨难"。"磨难"一词,吸引着读者继续看下去。

在接下来的段落中,我们再次看到了作者在语言上的突然变化。当我们说宗座代表戈瓦诺齐"想尽早把利顿案给打发了",作者用口语化的表达反映了宗座代表的心态。后来,当特拉普教会的总院长在修会圣部上替"利奥兄弟"辩护时,作者为了达到好的效果,丝毫不吝惜故事的空间:"在那里(修会圣部上),加布里埃尔·索泰斯(Gabriel Sortais)神父,整个特拉普教会的总院长,站出来说话了。"逗号让整个句子有了停顿,这种停顿,以及对加布里埃尔神父身份的描述,告诉了读者这是一个重要人物,他说的话是有分量的。为了故事的力度,我们放慢了故事的发展步伐。

请注意,在故事发展的后来,作者也投入了进来,把一系列事情的意义用一句非常尖锐的评论表达了出来:"在这个时候,对于'利奥兄弟'的指控是否属实已经不重要,教会和修会都受到了德克萨斯人的威胁,这就足够麻烦的了。"在长篇、复杂的故事中,要让读者不走神,跟上故事的发展轨迹,故事的作者最好能不时地出现在故事中,提醒读者他们的位置。多数情况下,作者都是通过对发生的事情给予一个简短的总结,来达到这种效果。

和第一篇故事一样,人物的发展对于整个故事的作用至关重要。机警的学生们会注意到,在这篇故事中,人物的直接引语使用得很少,哪怕是"利奥兄弟",也没有太多话要说。但是他的人物形象因为一个又一个事件、一次又一次的失败而变得丰满。彼得·格雷斯是被引用比较多的人物——他碰巧为整个故事制作了很多备忘录——但是让这个人物鲜活起来的,还是他做了的事情和没有做的事情。在临近结尾的一个段落中,他在一封写给甘斯神父的信件中,对自己的行为做出了评价。这是两篇故事中,最长的一处直接引语,也是最具启迪性的。这处引语之所以能够如此突出,不仅仅是因为它本身的价值，同样也是因为它没有被其他无关紧要的引语埋没掉。如果作者让故事中的人物说个不停，读者很快就麻木了，这样即使有重要的引语也往往无法发挥应有的影响力。

在本章的开头，我曾经提问，为什么人们会对一个传教士和一个寡妇的故事感兴趣呢？这个故事没有人了解，而且已经是25年前的事情了。这两个故事给了我们一个引人注目的答案。我们被这样的故事深深打动了，因为这种能够成功打开一个人心灵窗口的新闻报道，一个把善与恶、弱势与强势同时提取出来的新闻报道，是难得一见的优秀新闻作品。它没有停留在事件的表面，而是深入到人性的核心层面，不断地探求。

读者不在乎他们有没有在《人物》（People）杂志上看到过故事中这些人物的名字，因为他们从故事中看到的是他自己和他的同胞。所有被称为伟大的故事，都来自伟大的创意，几乎在所有伟大的故事创意中，都有一种人性的展现。

当然了，大家都是搞新闻的，说了这么多，你一定还是最想知道整个事件的最终结局。"利奥兄弟"的诉讼结果如何？他失败了。

第 9 步

如何有效地修改

★ 如果因为害怕冒犯读者而改变自己的表达方式,去迎合一屋子的人,而不是某个具体的人,再多的写作技巧和策略都没用!

★ 在充满了担忧的土地上,永远生长不出风格。

好了，你的故事写完了。但它可能还是稍微长了一点，有些地方还是粗糙了一些。尽管你一直对自己很严格，但你还是迫不及待地希望别人欣赏到自己的作品。这样的心情战胜了你的理智，你恨不得立刻能把稿件送到编辑手中。

不要这样！除非这是一篇编辑们正等着的急件，否则，你就应该把你的故事放到抽屉里，去享受一个漫长的午餐，来一杯啤酒，两杯也行。为你自己的辛苦犒劳一下自己，这恐怕是你现在能够得到的唯一夸奖。当你回到办公室后，尽可能把故事放到一边，花一两天的时间做一些其他事情。一篇刚刚打印出来，还散发着热度的故事，或者一篇依然在显示屏闪烁的故事，因为和作者的距离太近，无法和作者的感情隔离开，也就无法让作者看清楚，无法进行编辑和修改。

当你终于冷静下来，开始以编辑的目光审视自己的故事时，千万不要心急。有些人花了几个星期甚至好几个月的时间才完成一篇特稿，居然只花一两小时就改完了，这样的人真是令我大惑不解。他们要么就是文字功底已经非常深厚的文学巨匠，要么就是愿意看到自己的作品被别人删来改去的受虐狂。

在故事的编辑和修改上，没有什么固定的程序和做法，所以我还是只能把对我自己有效的方法告诉你——就某些方面而言，这也算是一个时常能"化腐朽为神奇"的三步修改法了：

1. 内容的修改

快速阅读故事，我首先看看故事中有哪些地方需要补充，而不是哪些地方需要删减。看看我有没有忽略一些起支撑作用的信息，有没有地方需要解释得更清楚一些，我把这些内容都补充进去。我这样做只是想确定，所有能够让故事变得清晰和可信的材料都已经包含进去了，这样的编辑花不了太多时间。

2. 结论和连贯性的修改

我对于故事的结论和总结总是非常注意，包括我的主题陈述——它们是否表达了我想要表达的内容？它们是否像支持它们的论据材料一样强劲有力？我对所有的过渡段落、出处介绍和解释说明性材料也非常注意。如果它们中有任何啰嗦或者模糊不清的地方，我都会删繁就简、重新打造。同时，如果我对某个辅助角色的出现感到苦恼，感觉他的出现只是放慢故事节奏而没有其他作用，那我就会毫不留情地把这样的角色从文章中拿掉，或者用其他元素取而代之。

3. 节奏和细节的修改

许多作者在一开始就试着整句、整段甚至整个章节地删除故事内容。他们往往是在这样大刀阔斧地修改完毕后，才会去修剪细节末节。我的做法正好相反，因为我总是能够通过逐字逐句的删减来节省出足够的空间，根本不需要再对文章进行大手术。大幅度的修改带来的问题比它解决的问题要多得多，因为在你砍掉肥肉的同时，往往也把一些骨头和血管一起去掉了，留下一个难看的伤口，必须花更多的功夫去修补它。

逐字逐句的修改和编辑花费的时间要比其他编辑程序更多。即便我在写作过程中已经对自己严格要求，我也会因为写作中的匆忙而留下许多冗余之处。我通常能够不改动其他任何元素就把自己的故事长度删减10%到15%。

我是怎么删减的？我寻找那些细小而多余的结构，比如"根据这样的事实"（直接改成"因为"）；我把占用空间的被动结构变成节省空间、又增加力度的主动结构（"他感到他被赋予了一种责任"直接就是"他感到有责任"）；我尽量使用货运火车式的句型和"挂钩"；我把潜伏的冗余信息剔除出去；把两句相连的话变成一句话，等等。我还会给导语"瘦身"，去掉所有多余元素。

慢慢的，一个更加出色、更加轻快的故事现形了。我们无法在这里去完整地比较一个故事的初稿和编辑后的完成稿，说出每一处修改的原因，这是不切实际的。不过我们可以两个编辑前后的通过段落，来感受一下：

新兴城镇常常遭遇严重的人员问题，因为城市里的工作者离开了原来的岗位，为了获得附近的能源公司支付的高薪。在俄怀明州的伊云斯顿市，石油开采的热潮席卷整个城市，也给市长丹尼斯·奥特利（Dennis Ottley）带来几个令人头痛的麻烦。他的城市中，有一半的警力都跑到了石油公司，因为这些石油公司支付给保安的费用比该市

> 《华尔街日报》是如何讲故事的

警察的工资高出25%,而许多老师也跑到油田上去打工,因为这比在教室里挣的多多了。

这个段落还不算糟糕,但是显然很粗糙。我们的"自我编辑"首先要处理那些模糊不清的地方——"严重的人员问题",这是什么意思?是人员流失就直说。接下来,"离开原来的岗位",让我们把它变成"逃离原来的岗位"。当某人给你提供比以前高出很多的工资,却只需要你围着拳击台走上几圈,而不需要你像以前那样跳进去被打得头破血流时,你不是离开原来的岗位,你是飞快地逃离。"能源公司",我不知道一个能源公司是什么样的?我能不能更形象一点呢?油田和矿山怎么样?这样我就能看到它们了。"附近",纯粹的肥肉,如果这个地方是新兴城镇,那些公司肯定就在附近。

现在,再说说这个叫"奥特利"的家伙。他在采访中表现得很好,非常合作,诱惑我们在故事中提到他。他是一个滔滔不绝的家伙,但是既然我们并没有直接引用他说的话,他在这里出现是毫无意义的。把他去掉,把他提供的信息变成事实陈述,作为市长,他应该知道他的警力和师资力量发生了什么。后面的一句话说的就是这些,所以让我们把这两个连体婴儿的句子结合在一起。

最后修改完的段落是这样的:

新兴城镇常常遭遇严重的人员流失,因为城市里的工作者逃离他们原来的岗位,为了在油田和矿山上找到报酬更高的工作。深陷石油开采的热潮,俄怀明州的伊云斯顿市,已经有一半的警力都去石油公司做了保安,因为这里的工资要比原来的工资高25%,还有许多教师跑到油田上打工,因为这里比教室里挣得多多了。

第一个版本用了178个字,而第二个版本只用了139个字。将近22%的内容都被删除掉了,但是重要的元素都保留了下来。在整篇故事中都采用这样的编辑方法,效果将令人欢欣鼓舞。

如果我的故事还是太长了,我会删除一些不重要的内容。首先要检查的是文章中非中心的部分,删除这里的内容不会让读者遗漏太多重要信息。在这里,我可能会用一句简单的陈述代替原来罗列的一长串证据。如果这样的删减还是达不到版面要求的篇幅，我就不得不从故事的中心部分删减材料了，还好我从来没有被逼到那一步。

米开朗琪罗（Michelangelo）曾经说，他在进行雕塑的时候，从来不是在创作形象，而是把那些强有力的形象从石头中释放出来，让那些沉睡在一块块大理石中的形象完全展现出来。"自我编辑"的工作和雕塑有点类似。作者把他心中的艺术家已经创造的作品提炼、释放出来。最后的结果哪怕不是令人拍手叫绝的艺术品，也至少是一件更上一层楼的作品。

好了，现在你的最终作品，已经拥有了好故事的品质，已经在最后的编辑加工中闪烁出了光泽，还可能已经拥有了另一种我们还未曾提及的品质——风格。这种风格可能不仅仅是好的，这种风格可能就是你自己。

我无法告诉你该怎样获得风格。没有人可以。我们可以很容易地找到风格的定义：读者从作品中清晰感受到的作者本人的个人魅力与性格特征。但这只是一个纯粹的定义，这个定义之外的东西，需要每一个作者自己用心去探索，去体验。

几年前，我无意中看到了我女儿记载的一些日志片段，当时她还是大学英语系的学生。她记载的内容非常普通，是她在外公外婆家度过的一个周末。下面是她记录的核心内容：

……昨天晚上，外公代表大家做了饭前祈祷。他感谢上帝让我们享受晚餐，让我们拥有了一天的欢聚，还让我来和他们一起共度周末。然后他停顿了一下，我抬头看了看他。他的头依然低着，但是在来回摇摆，他的一只手来回抚摸着另一只手的表面，他常这样做，他的下巴在颤抖。他停了下来，叹了口气，试着继续说下去，却突然哭了出来。外婆说话了："好了，好了，盖尔（Gale），我们知道你的感受。"然后她拿起刀叉，开始吃饭，就是这样。但是我却感到自己快要控制不住了。

今天又碰到了这样的时刻。我准备出去散步，外婆决定和我一起去。我们去了公园，空气清爽，凉风习习，我们沿着公园的小路漫步，双手放在口袋里，不时地捡几片秋天的树叶。我在一棵树下发现了一个橡树果的壳帽，我向外婆展示如何用它吹口哨，然后我们四处巡视，想找到更多的橡树果壳帽。我走得比较快，外婆被落在了后面，于是我停下来回头看看她——一个头戴白色防雨帽、身披蓝色风衣的瘦小女人，站在那里，弯着身子，双手放在膝盖上，仔细而严肃地巡视着四周的土地。然后，她发现了一个橡树果壳帽，捡起来，吹一吹，壳帽里发出一声柔软、细微的口哨声，她的眼睛立刻放大了。她又吹了一次，更加努力，口哨声更响了。然后她停下来，用一种新鲜的成就感注视着手中的橡树果壳帽。我笑了，因为我看到了一个老小孩，她抬头找我，发现我正在看她，也咯咯地笑了。

这样的记录显然不是精心打造的，但是非常好。你不知道具体好在什么地方，因为你不了解这里面的人物，还是让我来说说吧。这两段文字通过细心的观察和细致的描写，反映出了人物的主要特征。

第一段描写的那位老人是一位经常无法用语言表达清楚自己情绪的人。事实上，我从来没有听到过他表达自己，哪怕是尝试性的表达。但是与他那一代的很多人不同，他从来不怕让自己的感情流露出来，而且他对感情的容量非常大。他的妻子，现在已经80多岁了，依然保持着强烈的、孩子般的好奇心。这个让许多年轻人都感到陈旧的世界，在她看来却每天都是新鲜的，每一天都是学习新东西的又一个机会。主人公的这些特征，在这两段文字中，通过动态的描述鲜活地表现了出来，而且读者还能从这两段文字中感到作者的存在。

我读了这些片断后，感到非常惊讶。我从来没有意识到我的女儿能够观察得那么仔细，写得那么好。她曾经给我看过一些她写的英语作文，大部分都很糟糕，都是些廉价的词语、冗长的句子、模糊的逻辑。当我要指出她的这些毛病时（有一个当作家的老爸有时也是很讨厌的），她总是说："噢，某某教授喜欢象征手法，所以我才这样写"或者是"某某教授是研究形而上学的，所以我才这么说。"

她总是在为了迎合别人的爱好而写作，在我看到了她为了自己写下的这些文字后，我才后悔自己曾经低估了她的才华。真令人羞愧，我又想起了自己年轻的时候。

我并不喜欢怀旧，不过即便我是怀旧的，我早期的写作生涯也没有什么值得怀念的。我当时的写作水平还算令人满意，即便是短消息，也能写得很好。但是我对自己的作品很不满意。在我的记忆中，

第9步 ➡ 如何有效地修改

大多数时刻我都是在痛苦和焦虑中度过的——努力从自己毫无头绪、杂乱无章的采访中找到一些有价值的内容，担心自己最终完成的作品会被无情地拒绝或肢解。我的女儿在20岁的时候，就开始抑制自己的个性，因为她害怕她的老师们无法接受她的作品——更准确地说，是接受她本人。而我自己，在26岁的时候，还有接下来的好几年时间里，也因为同样的原因抑制着自己的个性。

我的脑海中，考虑到的不是那些对我的文章感兴趣的聪明读者，他们能够让我在文章中做我自己，我考虑的是一群由编辑们带领着的没有任何特征的读者。为了讨好他们，我不得不抛弃一些我最自然的表达方式，去揣测和采用他们的表达方式，尽管他们中的多数人我从来没有见过。我必须按照《华尔街日报》的方式来写作，不管那是一种什么样的方式，也不管那是成功还是失败的方式。

今天我培训的许多年轻记者有着同样的困境。作为记者，他们中的多数都有健康的自我，他们很确信自己都是称职的记者。但是他们多数人都觉得自己缺少作家的自我。

这就是为什么我要多次强调作者在自己故事中出现的重要性。我最初是胆小谨慎、蹑手蹑脚地走进我的故事，但我很快发现，我这样做时，编辑们反而更加喜欢。胆子大了以后，我开始走得更远。今天，虽然每当我遇到一个新的选题时，我还是会被同样的焦虑所困扰，但是经验告诉我，这种担忧是没有根据的，只会破坏我的故事。所以我能够把它抛到一边，做回我自己。

我自己的经历，我女儿的日志，还有我和其他记者的相处——都向我证明了一点，我们中的大多数人都是比自己想象中更好的作家。我希望本书中对于新闻写作一些具体问题的指导，能够帮助你发掘你自己的潜力。但是你必须明白：这里所列举的不过是一些总结，这些词语描绘了我在自然的写作状态下，所思考的事情和采取的做法。我可能总结归纳出了一些以前我没有表达过的策略、直觉和感受，但是我并不是因为总结出了这些策略和技巧，才有了今天的成绩。我之所以能成为一名优秀的作者，是因为我能够自由地使用这些技巧和策略，任何时候，任何方式，只要我乐意。

所以，这本书想要强调的最关键内容，实际上是记者的态度，记者对自己、对读者、对那些打断他们谈话的陌生人的态度。如果记者

《华尔街日报》是如何讲故事的

无法摆脱这些陌生人,因为他害怕冒犯他们,如果他因此而改变自己的表达方式,去迎合一屋子的人,而不是某个具体的人,再多的写作技巧和策略都无法帮助他。他将永远无法在他的新闻作品中留下他个人的印记。在充满了担忧的土地上,永远生长不出风格。

附录：样文

下面是在本书中曾经引用过的一些样文，这些样文在前面的章节中只部分引用，为了能让有兴趣的读者更好地研究它们，在这里附上这些文章的全文。

圣地亚哥的艰难时光

G.克里斯琴·希尔（G.Christian Hill）

圣地亚哥——如果要给老百姓的困窘程度或者不幸程度评奖的话，许多城市都可以被列入候选名单。比如华盛顿（Washington）——"水门事件"发生地，还有底特律（Detroit）——危机重重的汽车工业城，或者常年名列前茅的费城（Philadelphia）。

当然，还有一个城市是少不了的。这个美丽的海滨城市，人口77.1万，长期以来饱受一连串错误、丑闻、灾难的煎熬，似乎这个城市就是一个被诅咒的城市。这里的情况是如此糟糕，以至于道格·波特（Doug Porter），当地小报《门》（*The Door*）的前任编辑，把任何引人注意的糟糕或失败，都戏称为"典型的圣地亚哥风格"。

就拿夏令时的事情来说吧。从去年一月开始，作为一项节省能源的措施，夏令时在全国范围内开始执行。但是在圣地亚哥，每当全国人民都开始工作的时候，这里可能还会有些莫名奇妙的居民在悠闲地散步，因为他们的时间要比全国其他地方整整晚了两个小时。这个错误是《圣地亚哥联盟报》（*San Diego Union*）造成的，这家报纸让居民们把自己的时钟拨慢一个小时，而不是拨快一个小时。报纸怎么会犯这样的错误？"我无可奉告，别引用我的话。"这是城市版编辑阿尔·雅各比（Al Jacoby）的回答。

和那些商界机构、财经组织的头头脑脑所做的事情相比，这种时间上错误已经不值一提；或者说，和那些实业家们爆出的一系列丑闻和破产消息而言，时间混乱所造成的影响已经算是微乎其微了。一大批的公司破产和大量欺诈行为的公告，让《圣地亚哥论坛报》（San Diego Tribune）对这个城市发出了这样的感叹："美国西海岸的骗子出产地和全国人均羊皮皮鞋占有量最高的地方。"

最大的银行倒闭案

一些闹得最凶的破产案来自金融家C.阿霍特·史密斯（C. Arnholt Smith）控制的公司，这位金融家几年前曾经被评为圣地亚哥的"世纪市民"。去年10月，检查人员发现他所有的美国圣地亚哥国民银行（U.S. National Bank of San Diego）有一半的未偿贷款（outstanding loan）都发给了与史密斯先生利益相关的企业，而且这些贷款中的很多可能都无法偿还。结果公布后，这家该市最大的一家银行随即宣告破产。这是美国历史上最大的银行倒闭案。

银行的倒闭让加利福尼亚韦斯盖特集团（Westgate-California Corp.）的信誉也降到了最低点，这是该城第四大的商业集团，同样是史密斯先生的资产。该集团于今年2月进入破产程序。在此之前，韦斯盖特广场酒店（Westgate Plaza Hotel）已经宣告破产，该酒店曾经被《绅士》杂志（Esquire）评为世界上三个最好的酒店之一。其他与加利福尼亚韦斯盖特集团相关的财产都分别进入破产监管阶段。

史密斯先生个人还在1973年制造了另一起财政灾难。美国国税局（Internal Revenue Service）认定他对1969年的收入逃税，税款总额加利息一共2290万美元。国税局说，这是美国历史上个人年收入逃税最多的一次。

根据联邦地方法院的判断，圣地亚哥这个地方，还发生了根据《破产法》第11章进行的最大规模的资产重组。事件的主角是该市最大的建筑商——美国金融集团（U.S. Financial Inc.）。美国证券交易委员会（Scurities and Exchange Commission）指控该公司在之前的管理中有伪造假账，谎报利润的做法——该公司的前任主管否认了这一指控。还有圣地亚哥最大的汽车旅馆连锁店——美国皇家酒店管理集团（Royal Inns of America）也在1973年初遭遇财政问题，现在该集团正在债权人委员会的监督下进行重组。

是阳光的问题吗？

还有许多其他的、小型的破产案件，让联邦破产法庭总是人头攒动。具有讽刺意味的是，所有这些事件似乎并没有提醒到那家拥有联邦破产法庭大楼的公司；这家公司最近也申请了破产法保护。

仔细研究一下这片烂摊子，一位来自东海岸的基金经理说："这里的商业管理水平太差了，而且这个地方好像天生就吸引那些营私舞弊的手段。我不知道是不是因为这里靠近墨西哥边界，是不是这里的阳光有什么问题，或者是别的地方出了问题？但是感觉在这个城市里，如果你从事欺骗行为，没有人会对此感到非常失望。一提到这个城市，我在波士顿和芝加哥的朋友就不停地摇头。他们简直不相信有这么个地方。"

圣地亚哥的体育迷们也不相信有这样的地方。在这里，该市的职业球队把失败提升到了一种艺术境界。美国职业橄榄球联盟（National Football League）的圣地亚哥光电队（San Diego Chargers，上赛季的战绩是2胜—11负—1平）被休斯敦油人队（Houston Oilers）以微弱的优势击败，成了整个职业橄榄球联盟中，战绩最差的球队。他们同时还遭到了皮特·罗泽尔（Pete Rozelle）委员办公室对其进行的吸食毒品调查。

调查是在与休斯敦油人队的比赛结束后开始的。一名光电队的球员对俱乐部提出指控，声称自己在使用俱乐部提供的止痛药后上场比赛受了伤。最高法院在去年判给这名球员26万美元的赔偿。

不仅如此，根据罗泽尔委员办公室进行的调查，俱乐部的管理层和一些球员还因为公开吸食大麻，而被处以4万美元的罚款。比尔·柯蒂斯（Bill Kortis），芝加哥的一位体育新闻评论员，讥讽说："上个赛季光电队表现得那么差，他们服用的药物肯定是甲醛。"

在全美棒球联盟（National Baseball League）中，圣地亚哥教士队（San Diego Padres）同样是上赛季西部赛区的垫底球队。他们在全联盟中战绩排在倒数第二位，而且是主场观众最少的球队。最近这支队伍被出售给了雷·克罗克（Ray Kroc），麦当劳快餐连锁（Mc

Donald）的主席。克罗克先生很快就明白了为什么这座城市被称为"不幸之城"。

新赛季，教士队在洛杉矶首战洛杉矶道奇队（Los Angeles Dodges），结果连输3场。在回到主场对付休斯敦时，快餐大王终于失去了耐心。他霸占了球场的公共广播系统，对所有球迷说："我和你们一样受罪……我一辈子也没见过这么愚蠢的球队。"即便如此，教士队的表现依然糟糕，9比5惨败。

评判成功的两种标准

这里最成功的职业运动员要数美国职业篮球联赛的圣地亚哥征服者队（San Diego Conquistadors），在这球队一直打进了季后赛，但是输给了犹他星光队（Utah Stars）。尽管如此，到场观看这支球队比赛的球迷依然少得可怜。俱乐部对主场的观众数量总是夸大其词，让《圣地亚哥联盟报》都不敢把自己统计的数据和俱乐部提供的数据一起刊登出来。在去年1月的一场比赛中，专栏作家吉姆·哈姆林（Jim Hamelin）在现场的准确计算是471人到场观看。但是俱乐部公布的数字是大约有1700人当晚在现场观看了比赛。

圣地亚哥的这种病症要追溯到1972年。当时，这座城市取代迈阿密，成为共和党全国代表大会的会址所在地。这一消息宣布后，很快就传来了国际电话电报公司（International Telephone & Telegraph Co.）的丑闻，说该公司曾经为了让大会在圣地亚哥举行，秘密提供游说资金。

接着就是1973年爆发的一系列丑闻和财政灾难，一直延续到了现在。市长皮特·威尔森（Pete Wilson）对此也是很无奈，他说所有的事情只能说是圣地亚哥运气太差，这里并不是一个特别吸引灾难的地方。"也许这就是所谓的均衡率，"他说，"就像你好久不感冒，一感冒就是重感冒一样。"

迪安·邓菲（Dean Dunphy）是一位建筑承包商，身为圣地亚哥商会的主席，他也同意这种观点。他把该市爆发的商业丑闻称作"不愉快的巧合"，他还说："你不能把这些问题归咎于缺乏行业内部的统一领导。不是的，这种说法是站不住脚的。"

在圣地亚哥做什么……

不管原因是什么,圣地亚哥的这些不幸至少没有给这个城市增添什么光彩。这里原来被称为"活力中心",但是这个称谓现在已经鲜为人知。《洛杉矶时报》(Los Angeles Times)的体育专栏作家吉姆·默里(Jim Murrey)最近对这个城市进行了这样的描述:"这块土地的四周,有两面临山,还有两面靠水,但四面环绕的是冷漠。在这个城市只能做两件事情。去逛动物园,或者参加海军。"

不过这个城市里的多数居民,都找到了其他的安慰方式。保罗·索尔特曼(Paul Saltman),离开洛杉矶南加州大学(University of Southern California),来到加州大学圣地亚哥分校(San Diego)担任副校长,他说:"看,我距离布莱克海滩(Black's Beach)只有3分钟的路程,昨天的海浪有4到5英尺高,生活美极了,伙计。"

圣地亚哥一连串的不幸也许能够给这个地方带来好处,作家、专栏撰稿人和这个城市非正式的社会历史学家尼尔·摩根(Neil Morgan)争论说。他公布了一个"摩根法则"。根据他的法则,圣地亚哥过去的霉运,也许会让这个城市摆脱过快的、失控的发展速度,以更加温和的步伐前进——从拥挤不堪的新兴工厂、拔地而起的摩天大楼和新建的居民住宅区中解脱出来。摩根先生最近向当地的一些公关人士阐述了自己的理论。据可靠信息源称,有些人听得很认真。

酒鬼公园

玛里琳·蔡斯(Marilyn Chase)

旧金山(SANFRANCISCO)——这座城市不仅容纳了不同类型的人,她还敞开怀抱欢迎他们,她把种族差异和社会差异视为骄傲。这座城市就像万花筒一样多彩。

这里有两条街都成了同性恋社区,而且还要选举产生社区的领导者。这里还有中国人、爱尔兰人、意大利人的游街活动,有日本人和萨摩亚人的节日,有一所法式的医院和一所俄式的山庄。旧金山的选票上面有好几种语言,而且市政厅还曾经讨论过是否要在加油站使用多种语言的标识。

自从在这里的沙丘上出现了巴巴里海岸区（Barbary Coast）后，旧金山就在酒鬼的心中占据了一席特殊的位置。这些酒鬼不是躺在太平洋高地区（Pacific Heights）的豪宅里一身酒气的人，也不是从联合街（Union Street）的男性酒吧中爬出来的人，而是那些被社会学家称作"公共醉酒者"的人——贫穷的酒鬼，据估计这个城市有5000到7000名这样的酒鬼。

6一直以来，旧金山被誉为是世界上最容易喝醉和保持醉态的城市之一。她具备了必要的条件：相对便宜的酒精饮品、温和的气候，以及对于经验老到的乞丐来说，大量容易上当的游客。现在，在这些诱人的条件之外，又多了一个新条件：一座公园，专门献给酒鬼的公园……

一瓶"雷鸟"

酒鬼公园，其正式名称为第六大道公园（Sixth Street Park），是由旧金山索玛区（South-of-Market）的一块空闲沙地改造而成，周围都是商务旅馆、当铺和酒铺。在这里，酒鬼们不必担心被逮捕。他们可以带着一瓶"雷鸟"（Thunderbird）或者"夜间特快"（Night Train Express），生上一堆篝火，做一顿美餐，大睡一觉，也可以在公园闲逛，或者打一场醉醺醺的排球。一块竖立着的黄铜碑上刻着那些同样好酒的名人的名字。酒鬼们喜欢大声朗读这些名字，就像在宣读英雄的名册一样："光荣的温斯顿·丘吉尔（Winston Churchill）、欧内斯特·海明威（Ernest Hemingway）、W.C.菲尔兹（W.C.Fields）、约翰·巴利摩尔（John Barrymore）、贝蒂·福特（Betty Ford）、贾尼斯·乔普林（Janis Joplin）、迪伦·托马斯（Dylan Thomas）……"他们吟诵着……

13.5万美元的改造资金，加上2万美元的政府补助，让这片空旷的沙地变成了露天的休息室和宿营地。这里有休息的长椅、卫生间、还有小树林。公园的面积相当于一个小型的商场。它的赞助者是格莱德纪念教堂（Glide Memorial Church），一个位于市中心的教会组织，由魅力超凡、彬彬有礼而且德高望重的黑人牧师塞西尔·威廉姆斯（Cecil Williams）神父领导。

威廉姆斯神父把他的教会称作"道德上的少数派"，并说那些公园里的居住者是"生活在大街上的人"。他的影响力带来了市政厅和警察局长的支持。

但是，如果说酒鬼公园有一位保护天使的话，这位天使就是佛朗西斯·皮维（Frances Peavey）。皮维太太是位39岁的寡妇，一位一头金发的胖女人。她是格莱德纪念教堂的员工，做着类似律师的工作。她把公园里的长椅设计得非常宽，足够让人在上面舒服地睡觉；她耐心地给被践踏的草坪重新播种；她把那些被排球比赛毁坏的树木，还有那些被砍下来充当夜晚的临时防身武器的树木都替换掉。

信心和希望

"在这个公园建好之前，这里没有什么美好的东西，"她说，"但是我相信，只要你表达出一点信心，再加上一点希望，你就能把人们心中最美好的东西呼唤出来。"

她相信她做到了这一点。皮维太太指定了一批公园里的常客作为"管理人员"，并给他们发放了制服。她每周都和他们召开员工会议，讨论有关公园的问题，比如最近出现的跳蚤横行的问题，还有计划安装淋浴设施的问题。她还赋予了这些员工维持公园环境和社会治安的责任。

"这些人都是热衷公益的市民，他们每天清晨自觉打扫公园。早上8点，他们就在那里拿着扫把，清理公园了，"皮维太太介绍说，"我们还让他们接受非暴力的训练，减少公园里行凶抢劫和毒品交易的现象。他们是这里的道德维护力量。"

她和"大酒桶"、S.Q、米基（Mickey）、本（Ben）、佩吉（Peggy）等人的关系都很好，这些人是一天到晚都住在酒鬼公园里的人。

在一个温和晴朗的下午，公园里欢聚一堂，三四十个公园里的常客聚在一起，上面提到的几个人也在其中。对于一个局外人来说，他的第一感觉会把这当作一次内陆沙滩上的疯狂聚会：干燥的土地吹起沙尘，正午的篝火飘来木头燃烧的味道，食品正在户外烹饪，收音机里放着刺耳的灵魂音乐和福音音乐，人们用塑料杯大口大口地喝着。

S.Q.，是一个留着灰白胡子的老头，今年60岁。他岁数大，是这个公园的发言人。他在篝火旁边拥有一把固定的椅子，尽管春天天气温和，他的头上还是有一顶人造波斯羔羊皮的帽子。帽子上有个装饰纽扣，上面写着"我活着"，这正是旧金山格莱德纪念教堂的标语。"冬天很难过，"他慢慢地说道，"不过现在好了，一切都好了。"已经烂醉如泥的他独自坐在角落里。他还是这个公园的木材收集者。

本（Ben），看上去大概50岁左右。从S.Q.那里获得了领导权。他是一个强壮的黑人，头发纠缠在一起，身着一件印花的化纤衬衫，里面的背心别着一张名片牌，牌子上写着："格莱德工作人员，我的名字叫本。"他以主人的目光巡视着整个公园，并告诉我说，酒鬼们正在那片常青的草地上固执己见地和酒贩子们讨价还价。

"我每天都到这儿来，一周七天，早上6点半就来。如果我拿起一把扫帚，其他人也会照我的做。"他一边说一边做了一个夸张的手势。

本的老婆佩吉（Peggy）今年34岁，一个胖乎乎、满脸雀斑、牙齿掉光、梳着马尾辫的女酒鬼。她穿着一双绒毛拖鞋和一件走形儿了的花格衬衣。尽管外貌平平，但她的言语中却流露出了一点中产阶级的教育背景。她向一名记者咨询股票的问题，在没有得到答案的情况下，她解释说："我的经纪人在康涅狄格（Connecticut），不过，我并不相信他。但是如果是我投资的话，我会购买金佰利（Kimberly-Clark）的股票，因为莉莱卫生棉丑闻……"

设计者的资格

乔（Joe），54岁，新奥尔良人，轻轻走过来，无私地贡献出了他的最后一根香烟。他给我讲述了他自己准备重新设计公园的计划，并提到了他的资格。"我在监狱里就是设计小型公园的。"他说。

在这里人们对于酗酒的谈论是公开的，没有人遮遮掩掩。但是如果有人提到毒品，就会遭来愤怒和反对的目光。"他们只喝酒，"本说，"毒品，绝对没有。""可能会抽一点大麻。"一位英俊的年轻人说，他叫米基。

米基（Mickey），36岁，是一名海员，有一位他非常钟爱却不在他身边的老婆。他正在试着为她戒酒，做一个正常人。他已经整整一天滴酒未沾了。"我很害怕自己受不了，得上颤抖症，弗兰，"他向皮维女士倾诉道，"不过目前为止，我还感觉良好。我吃好多东西，还喝了好多水。"去年冬天，一个圈外人把虱子带到了公园里，米基从附近的诊所里要来了半瓶除虱药水，然后把朋友们带到家中，挨个洗澡。

皮维女士（Mrs.Peavey）对这种理想主义的行为大加赞赏："如果你得了虱子，你的朋友们会给你洗澡吗？反正我的朋友不会……"

当被问及如果他一个人保持着清醒的头脑回到公园中，而其他同伴都醉醺醺的话，他是否会觉得尴尬时，米基说不会。"我已经24小时滴酒未沾了，我现在感觉很好。"他非常坚定地说。

这样的大话激怒了一旁的本，他正感到口干舌燥。"住嘴！你真行吗？那把你的酒给我吧！"他说。

脆弱的秩序

尽管有着一些社会秩序的标志，但是这样的秩序还是非常脆弱的，公园里还有大量的居住者拒绝接受管理。比如说，本认为在公园里擦皮鞋能够挣钱，于是他搭了一个擦鞋摊。但是在去年那个寒冷的冬天，有人把他的鞋摊当作取暖的柴火烧掉了。

"他们会把一切都烧了。"他垂头丧气地说。一个尝试中的垃圾循环处理计划也同样没能成功。现在公园居民制造的垃圾已经超过了城市的清理能力。

还有一些现象提醒着人们，混乱的状态可能只需要一杯酒的功夫就能发生。去年这座公园的开园仪式就是媒体眼中的一场闹剧。当时，格莱德教堂决定专门为公园的建成召开一个新闻发布会，他们一再劝诫公园里的那些酒鬼要行为端正。但是新闻发布会没有按时召开，酒鬼们的矜持很快就烟消云散。一个电视摄像组在几个小时后赶到公园，他们毫不知情地闯入了公园，结果摄像机被打倒了地上，酒鬼们冲向那些吓坏了的记者们，试图霸占他们的设备。

尽管格莱德教堂方面强调，公园的设立是为了阻止行凶抢劫和毒品交易，但是警方提供的数据却前后矛盾。去年秋天，公园周边地区的案件发生率全线下降，但是今年的头4个月，案件发生率又狂升到原来的188%。

附近的商人们还抱怨公园让流浪成了合法合理的事情。一个商人称第六大道是"城市厕所旁边的走道"。他的老婆补充说："我们不得不把大门紧锁，否则那些酒鬼就会溜进来。"

甚至一些第六大道的正规居民，也对正在发生的事情表示不满。

> 《华尔街日报》是如何讲故事的

"像芝加哥一样乱。"一位肌肉发达,耳朵上戴着钻石饰物的男人说,他是格莱德纪念教堂免费汤发送餐厅的主厨。他悲观地摇摇头说:"公园好不了的。人们会把它毁了的。"

酒鬼们知道,他们的公园并没有达到理想的境界。但是他们把这个目标放在心里,他们心中已经有了蓝图。在他们的蓝图中,这个公园就如同传说中的伊甸园一般,绿色环绕,充满活力,而他们自己,都是这个园子里的模范服务员。

"到那个时候,我们可以经常对着天空骄傲地说:这才是这里该有的样子。"一位酒鬼说。

替补投手

哈尔·兰开斯特(Hal Lancaster)

图森(TUCSON)——星期天晚上的一场棒球双场连赛,老练的替补投手坐在候补队员区等待召唤。他坐在一把折叠椅上,双臂搭在球场的铁丝网栏上,坐立不安。他随手捡起一个球,不停地把玩着,一会儿让球在手中旋转,一会儿把球抛上抛下,但是他的目光一直没有离开球。这是一位替补投手打发时间常用的办法,这种和无聊进行的战争几乎每天晚上都在上演。

曾经,他也是美国职业棒球大联盟的一位首发投手,在扬基体育场(Yankee Stadium)、芬维公园球场(Fenway Park)等著名球场上都曾留下他的身影。但是现在,他所处的球场是哈科比特运动场(Hi Corbett Field),他参加的联赛是太平洋沿岸的3-A比赛(triple A acific Coast League,地方性比赛),而他已经被放在了替补席上,就是这样。这里的替补投手练习区是一个令人窒息的地方,年幼好奇的观众不是伸手抓住正在练习的选手,发出阵阵傻笑,就是抢走他们的帽子和他们赛跑。"简直是个马戏团。"替补投手烦恼地说。

在第一场比赛和第二场比赛的前两局,他都在这种痛苦中煎熬。然后,他终于听到了呼唤,他在90华氏度的高温下开始了热身运动。公共广播里的播音员正在急促地宣读这一长串没完没了的促销广告:

"王室家庭"抽奖，被选出的幸运家庭能够获得免费的比赛门票、可乐和花生；箭术表演；食品巨人猜谜比赛（获胜者能够赢得5美元的食品和免费的救济补助券）；还有"幸运座位"的抽奖，获奖者将获得免费的保龄球票，免费的洗车服务和免费的儿童看护服务。

这些仅仅是小联盟棒球比赛疯狂广告促销的一部分内容，在球场外的墙壁上还挂满了广告，从熊猫牛排屋（Panda Steak House）到凯尔·贾维房产公司（Kile Jarvis Realty），应有尽有。球场左边的护栏上方，支着麦当劳汉堡著名的金色M型广告牌；任何一球只要投到两个拱门中的一个之内，你就可以得到500美元。对于现效力于图森斗牛队（Tuscon Toros）的投手，30岁的小卢·克劳斯（Lew Krausse Jr.）来说，这一切都在痛苦地提醒着他：他离自己曾经属于的那个世界——大的赛事、大联盟已经越来越远了。

卢活动了一下右胳膊，卷起袖子，走上球场。他的队伍现在是2比5落后。他是那一局中本队第三个上场的投手，他的一个轻投，对方没有击中。接下来的三局中，他只让对手击中了一个球。等他退场的时候，斗牛队已经把比分咬紧，他们最终赢得了这场比赛。卢希望他的表现能够吸引那些大球队的注意，他们也许会需要一个投手帮助他们在激烈的竞争中获胜。没有人找他。

. . .

作为一名大联盟投手的儿子，卢于1961年6月7日从宾夕法尼亚州切斯特市（Chester）的高中毕业。两天后，他就加盟美国职业棒球联盟，来到堪萨斯（Kansas City）。堪萨斯运动队（Athelitics）疯狂的老板查尔斯·O.芬利（Charles O.Finley）给他开出了12.5万美元的津贴，成了当地报纸的头条。三天后，他参加了加入俱乐部后的第一场比赛，给对手剃了光头——他更加成为公众关注的焦点人物。

这一切，就像今年18岁的天才高中生戴维·克莱德（David Clyde）加盟德克萨斯游骑兵队（Texas Rangers）的童话一样。但是卢·克劳斯，不愿让这样的辉煌消失，他无法正常对待比赛。"第二次出场比赛时，"他回忆说，"我连续7局都没有让对方得分，但是我们最后还是输了。我的自信开始消失。"最后，他那个赛季的成绩是2胜5负。

赛季结束后，他被球队租借出去，就像摩西一样在棒球的沙漠中流浪——宾厄姆顿（Binghamton）、波特兰（Portland）、达拉斯（Dallas）、温哥华（Vancouver）。在达拉斯参加太平洋沿岸联赛时，他参加的145场比赛输掉了105场。他还创下了19场参赛连败的纪录，至今该联盟里也没人能及。"我的室友是4胜17负，"他说，"我们整个夏天都在喝酒。"

不过，运动队还是于1965年把他召了回来。这之后的几年，他在大联盟里表现得不错，但是他想成为超级巨星的潜质从来没有表现出来。后来，运动队把他换给了密尔沃基酿酒人队（Milwaukee Brewers），后者又把他甩给了红袜队（Red Sox）。该队于今年春天将他解雇。到此为止，他在大联盟中的成绩为64胜88负。

他找到其他球队，希望得到一份工作。没有人给他回电话。"没人敢冒险要一个30岁的老家伙，"卢说，"但是如果我从此退出棒球界的话，我会很不甘心，总会想着要杀回来。"所以，他最终和斗牛队签约。斗牛队是运动队下属的一支分队，老板还是最开始召他的人，芬利先生。他现在年薪是1.5万美元，比红袜队付给他工资还少3万美元。即便是这样的工资水平，他的待遇已经比许多斗牛队的年轻球员要好很多了。他们的工资一般都是每月750到1200美元，而且只有比赛的5个月才有工资。

他3次代表斗牛队首发出场，结果3次都输了比赛。之后他被安排到了替补席上，在那里他反而获得5胜1负的成绩，还有13次精彩的救球，而且他的投手责任得分率（earned-run average）①也进入了联盟的优秀选手行列。尽管如此，依然没有电话找他。"我前些时候问过芬利，有没有人对我感兴趣，"卢说，"他说，'有呀，东京红色队(Tokyo Reds)和诺加莱斯鹰队（Nogales Eagles）'。"卢发誓，自己一定不能像许多棒球老手一样，在那些小型比赛中结束自己的职业生涯。就像丹尼·麦克莱恩（Denny Mclain），他曾经在1968年为底特律老虎队（Detroit Tigers）赢得了31场比赛，现在却在2-A联赛的什

---

① 投手责任得分率（earned-run average）：一种测量投手表现情况的方法，将所得的责任分除以所有回合中所投的球数再乘以九，即得投手责任得分率。

里夫波特上尉队（Shreveport Captains）练习失去的技术。如果今年卢无法从图森重返大联盟，他说他将退役。他说这话时，赛季所剩的日子已经不多了。

斗牛队的休息室空间狭小，空气闷热，堆满了毛巾。身高6英尺、身材苗条的卢，正在这里努力想抓住一份从他手中慢慢滑走的职业，他用毛巾擦去额头的汗水。落到现在这个地步，一切只能怪他自己。"如果我以前更努力一些，我会挣更多的钱，而且现在还留在大联盟里，"他说，"'鲇鱼'亨特（Catfish Hunter，运动队的明星投手）[①]1965年加入大联盟的时候，才19岁，那时候他就已经在球场上练习曲线球了，而我那会儿只知道把球投给观众。我现在还是这样。有些人就这样。"

不管他如何责备自己，他也无法摆脱这种辛酸的滋味，大联盟和小联盟的区别随处可见。脚上的钉鞋踩着地板嘎嘎作响，卢脱掉一件散发着汗臭味的球衣，换上另一件，但这件的味道也好不到哪儿去。"这就是小联盟，"他说，"破旧的球衣、不合脚的运动鞋。你知道吗，这个球队的教练是个大学一年级的学生！我们去外地打球时，每天的餐费只有7.5美元，而奥克兰（Oakland）的球队每天的餐费标准是19.5美元。在那里，你穿的是300美元的套装和鳄鱼皮的鞋子，在这里，只有牛仔裤和凉鞋。"

在大联盟中，俱乐部一般都把星期一定为休息日。但是去年，斗牛队整个赛季才休息了4天，今年是8天。不停息的旅程是一场耐力的考验，最近的比赛就是一个例证，在塔科马（Tocoma）结束了夜晚的比赛后，队员们马不停蹄地坐了5小时45分钟的汽车，为了赶上前往斯波坎（Spokane）的航班，飞机在斯波坎载上另一支球队，然后在博伊西（Boise）停留了一个半小时，然后飞到盐湖城（Salt Lake），在那里另一支球队下机，然后飞往凤凰城，然后是图森。当队员们在下午3点15分到达时，离他们晚上7点45分开始的比赛只剩下4个多小时的时间了。卢只能吃一些没味的面包卷和难吃的坚果充饥。

在太平洋沿岸联赛中，只有两个裁判，而不是大联盟中的4个，没有教练，一个球队的官员手下可能只有两个干活的人。对于所有的俱乐部老板和运营者来说，最重要的目的就是如何节省每一分钱。"我不会给任何人任何东西。"斗牛队的经理默尔·米勒（Merle Miller）

说。这就是"必要性原则"，因为在太平洋沿岸联赛和其他的小联盟中，生活能够达到勉强糊口的水平，就已经不错了。即便是从不间断的促销活动，也没有吸引多少人群。自从有了电视的出现、有了联赛的扩张、有了其他运动项目的兴起，这里的观众就越来越少。斗牛队是今年联赛中领先的球队，他们还能赚到一点钱，但是小联盟的经营者都知道，今年的第一名和良好的上座率，到了明年，就有可能变成最后一名和空空的座位。这是因为，那些拥有这些分队或者与他们有合作协议的大联盟俱乐部，对于球队是否成功并不感兴趣，他们感兴趣的是球队中有潜力的球员。

约翰·克莱本（John Claiborne），运动队俱乐部的分队主管，介绍说，俱乐部每年要签署40到50名具有潜力的球员，这就是说分队中许多位置上的人要被清理掉，好让这些新来的年轻球员有用武之地。"你必须把他们赶快赶走，"克莱本说，"虽然你可以让原来那些有经验的球员留下来，让分队在小联盟中继续赢球，但是这种结果对于大俱乐部来说没有一点好处。"

所以当裁员的决定下来时，一般率先遭殃的都是那些处于衰落期的老球手。小比尔·麦基奇尼（Bill Mc Kechnie, Jr.），太平洋沿岸联赛的总裁，曾经也担任过分队主管，他说："我也曾不得不把那样的球员减掉，他们一些人哭了，他们从此变成了棒球流浪汉。"

卢·克劳斯对这些知道得非常清楚，而且他知道回到大联盟的惟一途径就是他正在走的这条路，虽然很危险，他还是非常想重返大联盟。坐在他的衣柜旁边，他突然说："你知道，我教会了'鲇鱼'亨特如何打扮自己，如何和女人聊天。现在他在挣着大把大把的钞票，而我却坐在这个鬼地方。"

图森斗牛队一周的活动，包括前往菲尼克斯和阿尔伯克基（Apbuquerque），每天补助7块5美元——

星期天：在与菲尼克斯巨人队（Phoenix Giants）的比赛中，有3局半的时间，卢的投球让对方一分未得，他很高兴。"上次我的球怎么也投不好，"他说，"我气疯了，把身上的球衣拽下来，扔进了冰啤酒桶里。"他脾气不好。据他回忆，还在少年棒球联盟打比赛时，他的脾气暴躁就是出了名的。有一次，一个腾空的高飞球正好打在中场手的头盔上，然后弹向场外。就是这个球，让年轻的卢失去了那场比赛。"他（中场手）看了我一眼，然后跳过围栏，"卢说，"我在回家的路上追着打了他一路。"在后来这么多年的比赛中，卢的暴躁脾气有增无减。他破坏了好几家俱乐部的会所，他把电话往墙上砸，他在酒吧里大吵大闹……

星期一：在科贝特球场（Corbett Field）进行的这场比赛被命名为伍尔柯（Woolco，一家大型连锁店的名称）之夜。在球队的公告牌上，歪歪扭扭的手写字详细记录了球队接下来要进行的一系列促销活动——斗牛队之夜、儿童欢乐夜等等。4019名观众到现场观看了斗牛队的比赛。斗牛队获胜，卢没有上场。

星期二：球队在前往菲尼克斯（Phoenix）的车上。一些人在打牌，拉丁籍的球员在弹吉他唱歌。在接球手乔斯·莫拉莱斯（Jose Morales）看来，太平洋海岸联盟比赛的巴士旅程已经比德克萨斯联盟的要舒服多了。"从阿玛里洛（Amarillo）到孟菲斯（Memphis）有16个小时的车程，"他抱怨地说，"我们颠簸了一路……"

球队住宿的旅馆是一座装潢陈旧的建筑，旅馆铺的地毯已经是千疮百孔。吃饭是在露天的烧烤架旁，有工具齐全的女服务员为他们烹饪食品。有些球员把他们的妻子也带到了这里，这可是一个危险的决定。菲尼克斯的"棒球宝贝"都相当的漂亮，这是一群渴望和棒球运动员发生关系的年轻少女，确实也有不少运动员抵抗不了她们的诱惑，经常去和她们调情。"当然，"卢说，"有些人会被他们的老婆抓个正着，把事情搞得一团糟。"

和联赛第三名巨人队的比赛在菲尼克斯体育场举行。这个巨大的体育场长度达到了412英尺，投手们都十分喜欢这里。在比赛开始前，过度活跃的巨人队推广经理阿尔·史蒂文斯（Al Stevens）向该俱乐部的经理吉姆·达文波特（Jim Davenport）保证，会有大量的球迷来到现场。"吉姆，我们一定要大力宣传，"阿尔说，"嗨，如果罗斯（Rosy Ryan，俱乐部总经理）能支持我的话，我可以让整个体育场都是巨人队的疯狂球迷。"

但是，当晚只有1378名球迷到现场观看了巨人队击败斗牛队的比赛，7比4。卢·克劳斯在第7局上场，仅投了4个球，就让对手出局了。当晚比赛结束后，卢的同屋查克·多布森（Chuck Dobson）被人在附近的酒吧中发现，这位已经被运动队抛弃的投手，即将于明天开始成为斗牛队的投手。"我限制自己在开始新的工作之前最多只能喝9杯，"他严肃地说，"不过我实际上多喝了一倍。"

星期三：卢一早起来去打高尔夫球，他在外比赛的大部分早上都是这样度过的。如果是在图森，他喜欢尽可能地和自己的妻子苏珊（Susan）和两个孩子在一起。这时夜猫子查克·多布森还在熟睡，他会把白天的大部分时间花在睡眠上。他的确应该待在床上，当晚他只在第4局的中间投出了一个好球，其余时间都像在梦游一样，巨人队4比2再次击败斗牛队。

星期四：格伦·阿博特（Glenn Abbott），一个身材瘦长的年轻投手，在运动队待了3天后，于今天重返斗牛队——队员们戏称他的遭遇为"喝杯咖啡"。前几天他接到电话，有人对他大喊大叫地说："快收拾你的行李，阿比，'骡子'不行了。""骡子"指的是运动队的核心球员查理·O（Charlie O）。当晚，在阿博特重返斗牛队的比赛中，他们在第7局连得6分，最终以10比4获胜。卢被派去和右场手做传接球的训练。他后来有点儿怒了，"我做的每件事情都是为了保持年轻，"他说，"我跑步是为了让自己年轻，我投球是为了让自己年轻，所有事情都是。"

星期五：乘坐上午的飞机前往阿尔伯克基，一个令整支球队都害怕的地方。"除了看黄色电影，你就没有别的事情可以做。"查克抱怨说。在机场的候机室里，卢正在做一件特殊的事情，这个"职业老手"正在为替补投手的第一千场比赛做准备。他坐在那里双腿直挺挺地伸着，前身在尽量前倾，他向过往的行人炫耀着，而其他球员则正靠着立柱，大声说笑着……

当晚，阿尔伯克基6比1领先于斗牛队的时候，卢听到了召唤声。他连打将近6局，只让对手击中了3个球，但是后来斗牛队在拉锯战中没有坚持住，他的努力也付之东流。

星期六：阿尔伯克基俱乐部的总经理查理·布兰尼（Charlie Blaney）评论说，棒球投手可能是所有体育运动中最精细的项目，哪怕是最微小的不协调，也可能让一个曾经辉煌的投手在一夜之间变得毫无用处。一个快球的速度误差，一个百万分之一秒的小动作，都可能让一个投手变得一文不值。桑迪·范斯（Sandy Vance）就是这样一个谜，布兰尼说。他曾经是大联盟的明星球员，但是后来一落千丈。他今年被阿尔伯克基俱乐部解雇，才26岁就成了被淘汰者。"他就是不行了，"布兰尼说，"谁也说不清楚为什么，他再也吸引不住了观众了。"

布兰尼的此番讲话在当晚的比赛中并没有产生效果，斗牛队痛宰对手，20比1。后来，在俱乐部的会所里，斗牛队的投手兰迪·斯卡伯利（Randy Scarbery），一位据说第一个赛季就获得5万美元奖金的幸运儿，正滔滔不绝地说着将如何用这笔钱去投资。卢默默地听着，尽管他的现状离贫困还很远，但手上的钱却已所剩无几，他把自己的奖金几乎都花在了买车、买衣服和豪饮上，另外还花了4万美金交税。

如果退休了，他准备做什么？"我不知道，"他说，"我花钱弄了一个二手车的特许经销权，另外我还有房地产经销商的证书，我可以试着做房地产，不过真正想做的还是投球教练。"

这周，卢参加的比赛中，有9局半对方一分未得，但他并没有赢得比赛，也没有什么精彩的救球。赛季已经进入尾声，他留在小联盟继续打球的希望日益暗淡。"我想我肯定是一无所获了。"卢说。他们在阿尔伯克基还有三场球，然后球队就要打道回府，参加了图森当地为球队举行的"斗牛队之夜"推广活动了。

保险欺诈

哈尔·兰开斯特（Hal Lancaster）

洛杉矶（LOS ANGELES）——酒吧里的这个男子是一家大公司的人事主管。他外表干净整洁，如同一杯清水朴素平常，毫不引人注意。这样的形象非常有助于他从事自己的副业——通过填写虚假的索赔保单来诈取保险公司的保险费。

他叫W.T.斯特德（W.T.Stead），这并不是他的真名，而是该男子在本篇报道中的化名（取自于电影《泰坦尼克号》里一位不幸的乘客）。这是一个非常善于经营副业的人。据他自己估计，在过去几年里，他已经从不幸的摔跤（从15阶的楼梯上摔下来）和各种交通事故中获得了大约6万美元的收益。他并没有为自己的行为感到愧疚。"我是一个十足的共产主义者，"他说，"如果你投保的保险公司十分富有，愿意支付那么多美元，那就让人们尽情享用吧。"

如果超级市场的地上有一颗葡萄，斯特德先生看到了，会立刻当着一群证人的面，踩着葡萄滑倒，做出腰脊椎拉伤的痛苦表情。超市的保险公司会送给他一张慷慨的支票，减轻他的伤痛。如果有一位心不在焉的母亲，开着一辆坐满了孩子的旅行车行驶在圣莫尼卡（SaintMonica）的高速公路上，斯特德先生看到了，将会把车开到她前面，然后突然改道，试图制造一场追尾事故。当然，这是非常轻的碰撞，不过他的颈椎被过度屈伸损伤，非常严重。

三次入土

像斯特德先生这样的保险诈骗高手早在18世纪30年代，就开始折磨着保险行业了。当时，一位伦敦的妇女三次制造自己的死亡，以骗取保险公司的保险。诸如此类的诈骗造成的损失是巨大的。但是没有人知道这些"诡计家"（我们对这些骗子的称呼）到底让保险公司损失了多少钱。根据不同保险公司的统计，将近30%的索赔保单存在夸大或虚构的现象，并且每一美元保费中至少有20美分资助给了欺诈者。这意味着，其他诚实的保户最终要为这些骗子的行为埋单……

美国保险联合会（American Insurance Association）主席助理罗纳德·克劳斯（Ronald Krauss）指出，这些五花八门的欺诈行为可谓是"只有想不到的，没有做不到的"。曾经有一个索赔保户，以膝盖损伤为由，试图从保险公司领取保险赔偿金，据他声称，膝盖损伤使他无法在天主教集会中下跪祈祷，从而完全剥夺了他参与和享受宗教生活的权利。一切都天衣无缝，然而最终证实他实际上是一名新教徒。

还有一些阴谋诡计简直令人发指。印度有一名男子按月接收养老保险金支票，在当地领取支票通常要核对拇指指纹。但是总部设在亚特兰大（Atlanta）的零售信用公司（Retail Credit Co.）却在一次常规检查中发现了其中的惊人秘密。该公司是一家专业的信誉评估和商业信息公司，拥有一支庞大的索赔调查分支机构。他们在检查中发现，这名男子去世已有两年之久，下葬前他的亲属砍下了他的拇指，将手指浸在甲醛溶液中保存至今，以供领取支票使用。

巨大的赌注

接下来这个令人毛骨悚然的案例发生在一个被称作"残缺城"的佛罗里达小镇上，由于这里接连不断地出现索赔纠纷，以至于保险调查人员都拒绝说出它的真实名字。镇上有50多人遭受"意外事故"，并在事故中损伤了不同部位的身体器官和四肢，保险公司因此支付的赔偿金额多达30万美元。调查人员确信这些损伤都是自己造成的；"意外事故"的很多目击者要么是之前的索赔保户，要么是受害人的亲属，正如一名调查人员所指出的那样，"奇怪的是，他们失去的似乎总是最无关紧要的部分"。

尽管进程缓慢，保险公司对索赔的核查还是日趋严格起来，他们拒绝赔付那些看似可疑的案例，并对更多有明显欺诈成分的案例提起了诉讼。（现在"残缺城"的居民们已经不容易得到意外伤害赔偿金了。）其中一个重要武器就是4年前成立的保险犯罪预防协会（ICPI，Insurance Crime Prevention Institute），该协会下设调查工作组，组内70位成员大多是警察出身，现在专门负责侦查全国范围内的蓄意保险欺诈行为。

保险犯罪预防协会擅长涉及整个诈骗团伙的严重欺诈案件，其最终目的是起诉和定罪——协会希望藉此阻止将来有可能发生的潜在欺诈行为。该协会已经破获了多个保险诈骗集团，迄今为止，他们通过调查逮捕的诈骗分子多达815人。

70人受指控的案件

保险犯罪预防协会规模最大的逮捕行动之一，就是一举抓获了底特律（Detroit）的一个诈骗团伙。据该协会称，这个团伙诈骗各个汽车保险公司的保险费用高达一百多万美元。自1972年该案被破获以来，已有70余人受到指控，其中包括医生、律师、私家侦探及警察等，这些人担任了"推销员"的角色——他们诱导事故受害人聘请特定的律师，并从中赚取回扣。

这个团伙除制造了救护车追尾事件之外，还涉嫌策划虚假事故，提供伪造的医生报告，以及四处搜寻巴士车祸的"受害人"，而经查实，这些人当时根本不在巴士里。保险犯罪预防协会的主任詹姆斯·

埃亨（James Ahern）指出，这个团伙中有些成员涉及有组织犯罪，而有组织犯罪在保险诈骗中的作用已经越来越显著。

保险犯罪预防协会承保的意外险行业，目前正考虑扩大其承保范围，增加针对诸如纵火、假冒盗窃等财产欺诈行为的保险项目。对保险公司处理欺诈案件进行分析评论的人士认为，这种做法是受欢迎的，但它远远不能解决保险业因欺诈而长期遭受的巨大损失。很多保险欺诈的实施者是单兵作战，他们索取小额赔偿，积少成多，总额难以估量。

"绝大多数保险欺诈的唯一策略，就是令保险公司不堪其扰，最终进行赔付。"一位保险公司官员这样说。

即使保险公司有时有充分的理由认定有些小额索赔属欺诈行为，他们还是倾向于妥协让步，支付赔偿金，调查人员对此颇为不满。保险犯罪预防协会主任埃亨先生认为，公司应该将更多欺诈案件诉诸法庭，以起到威慑效果。他说："如果他们现在乐于投资5000美元，就不会发生5万美元白白打水漂的情况了。"

或许如此，但保险公司可不想花钱买官司。"这不仅仅是花钱多少的问题，"全国独立保险人学会（National Association of Independent Insurers）主席维斯塔尔·莱蒙（Vestal Lemmon）指出，"起诉打官司跟支付赔偿金比起来，耗费的成本要大得多。"为应对投保人索赔被驳回后提起的诉讼，很多公司不得不聘请调查人员（有些公司自身设有调查机构，但绝大多数公司仍不具备这样的条件）和出庭辩护律师，调查人员的报酬是每天100至200美元，律师的报酬是每小时不少于50美元。公司认为，如果索赔金额巨大，经历这些麻烦或许还值得，但如果仅仅涉及几千美元就没有必要了。

同样，保险公司还觉得，一旦他们诉诸法庭，无非是跳入了预先设计好的圈套。"即使提起诉讼，通常还是以支付赔偿金而宣告结束。"一个调查人员这样嘲讽道："上帝都不晓得陪审团会判出多少精神损失费来。"

像W.T.斯特德这样精通此道的诈骗高手对此可是一清二楚。"你只要告诉理赔人员如果不付赔偿金的话就法庭上见，他就会掏钱了。我从没遇到过要诉诸法律的情况。"他说。

原因之一就是，斯特德先生为实施索赔精心准备证据，这些证据有时是由他的合作伙伴——一位医生提供的。斯特德介绍说,在经历了事先策划的失足跌倒之后,他去找这位医生就诊,医生并未进行任何诊疗,也没让"病人"复诊,却出具了一张高达800美元的帐单。对斯特德先生来说,这并不是漫天要价。他和保险公司双方都清楚,一旦案子闹上法庭,保险公司必输无疑,陪审团会根据医生开具的帐单确定精神损失费的多少,一般是帐单金额的好几倍。医生收费越高,赔偿数额就越大。保险公司最终选择了与斯特德先生庭外解决,并被迫支付帐单。

如果说保险公司要想成功驳回索赔要求很困难的话,那么要想让调查人员对更为无耻的保险诈骗分子进行指控,并使之罪名成立的话,简直是比登天还难。保险犯罪预防协会的埃亨先生形容检察官们"宁愿处理一起简单明了的斧头杀人案",也不愿接手错综复杂的保险欺诈案,对后者的调查往往要耗费一年的时间。

"警方对此实在提不起兴趣,地方检察官也是如此,即便你真的提起诉讼,这些家伙也能轻而易举逃脱惩处,得以从轻发落。"乔·希利(JoeHealy)如此抱怨说。乔是CNA金融集团下属的CNA保险公司的诈骗调查人员,他刚刚破获了费城一个诈骗团伙的案子,然而尽管法官宣判该团伙成员均罪名成立,却以缓刑而告终,乔因此而大受打击。

希利先生体重240磅,十分健谈,CNA的工作要求他经常四处奔波,每年的在天上飞的距离超过了10万英里。不仅如此,他的工作还充满了危险因素。有一次,在调查一名青年男子死因时,死者的父亲几乎精神崩溃,用枪口瞄准他长达10分钟之久,逼问他谁是杀害儿子的凶手。还有一次,希利先生跟踪一名伪造自己死亡的男子来到一家墨西哥酒吧,结果被一群暴徒包围。他和同伴手拿着敲了底的啤酒瓶,才得以侥幸脱险。

也有一些案例是他比较满意的,比如一个关于"幽灵汽车"的骗局。这个案件涉及一个四处游荡的诈骗犯,他购买多份医疗保险之后,就会租用一辆汽车,开着它跌到沟里去,报案的时候则谎称是被别的车撞下去的,然后就在医院里待上足够长的时间,以此为他的背部和颈部损伤提供索赔证据。接下来,他会转移到另一个地方,换个新的名字,重新实施这个骗局。执著的希利先生好几次跟丢了猎物,但最终找到了他的前妻,并通过她找到他们当时婚礼的摄影师。希利先生得到一张照片,正是这张照片帮助联邦调查局找到了罪犯并将其抓获,现在这个无赖正在服刑,刑期5至7年。

"宣讲福音"

但是希利先生也承认,这类案件实在是少之又少。据他估计,他经手的案子中只有不到10%得以起诉,而最终罪名成立的案件比例还要小得多。很多时候,他只能选择变相的妥协,他把这种情况称之为"宣讲福音",就是让行骗者们明白,他在盯着他们,即使没有足够的证据支持诉讼,他也没有放过他们,所以他们还是少打主意为妙。他对这种处理方法很满意。

最近发生在洛杉矶的诈骗团伙案就是一个典型的例子。希利先生知道自己拿不出足够的证据提起诉讼,就把这个欺诈团伙的成员召集来警告了一下。"嘿,你们这帮家伙,我们不是傻子,"他说,"我们不会继续掏钱了。"(CNA已经支付了1万美元赔偿金。)

骗子们欣然接受了这个消息。"简直是一群酒囊饭袋,"希利先生说,"究竟是怎么回事,我们都清楚得很。有个家伙甚至让我推荐几家容易支付赔偿金的好公司。"希利先生说,一旦停止索赔(他认为他们应该会照办的),他就把这个案子结案。"我知道这样并非理想的公平,"他说,"但起码问题解决了。"

完全合法

操作性最强的一种保险欺诈模式通常涉及到投机行为——首先购买多份保单,一般是意外险和健康险或伤残保险,随后必定会偶然发生意外事故。接下来,投保人就可以向所有的保险公司伸手要钱了。

就相同的保险项目购买多份保单并不违法,据统计显示,曾有人投保了50多份保单,而这种情况也并非少数。由于这些由所谓的背部及颈部损伤而引发的索赔几乎毫无例外地都能博取陪审团的同情,保险公司通常宁愿支付赔偿金,也不愿诉诸公堂。

这样的欺诈行为之所以如此普遍,原因之一就是保险公司无法在系统内部对"投机分子"的信息进行沟通交流。短期内也没有构建这种信息交流机制的可能。亚洲一家小公司的理赔代表D.J.齐安格(D.

J.Chiango）曾经发起了一场邮件战役，他联系了上百家保险公司，寻求他们的支持，希望能够建立一个信息交换项目，他认为这样非常有助于打击投机分子的行动。他的设想未能获得认同，主要是因为以下两个原因：其一，要确保该体系发挥效能，需要进行大量全面细致的工作；其二，公司担心会因串通共谋的名义受到指控。

有些保险公司对付可疑的投保人自有一套办法。几家公司的理赔经理承认，他们会假称起诉来吓唬索赔者，希望藉此打消他们的念头。还有人说，他所在的公司有时会"忘记"向某些先前索赔过的客户寄送续保通知单。"如果他们没有注意，不能按时缴纳保费，保单就失效了，"他说，"这样一来就好多了。"

沃尔特·迪斯尼公司

厄尔·戈特沙尔特（Earle Gottschalk）

伯班克，加利福尼亚（BURBANK, Calif.）——在糊涂蛋大街（Dopey Drive）和米老鼠大道（Mickey Mouse Boulevard）交汇处的浅黄色大楼里，在两个特殊的房间里，时间似乎停住了脚步。让时间静止是一道行政命令，已经执行5年多了。这里，就是沃尔特·迪斯尼（Walt Disney）打造他梦想的地方。

自从这位沃尔特·迪斯尼公司的共同创建人于1966年死于肺癌后，这里没有发生丝毫变化。他最后的笔记还放在浅黑色的桌面上，他看过的书籍还被分类摆在桌子后面的书架上，顺序和他当初离开的时候一样。在外面的一间办公室里，有一家钢琴，音乐家会在得到他的允许后弹出美妙的旋律。钢琴上摆着一个可爱的发条玩具——两只关在金丝笼里的小鸟——这两只会动的小鸟，就是迪斯尼产生动画思想的基础。这里创造了一个和真实世界一样丰富的动画世界。

一次，有人问迪斯尼先生他一生最大的成就是什么，他回答说："最大的成就是我创建了一个机构并掌管了它。"现在他的办公室，虽然已经人去房空，但是他的影响却依然遍及公司的每个角落。在迪斯尼公司的大楼里，到处都可以看到他微笑的照片，墙上挂的是米老鼠的石英钟，主管人员手上带的是米老鼠的手表。在这里，对一位员工工作的最高评价就是："沃尔特一定会喜欢这样做的。"

追寻沃尔特的梦想

他的继承者们依然在他的思想指导下工作着。"我们从沃尔特的想法中获益，但是我们并没有开始新的发展方向。"公司的主席E.卡登·沃克（E.Cardon Walker）说。在迪斯尼先生走后，卡登和他的行政主管们并没有分道扬镳，相反，他们决定小心经营迪斯尼先生已经实现的梦想，并把他还没有实现的梦想变成现实——包括在佛罗里达建立一座用现代科技打造的城市，为都市生活带来更新鲜的感觉。

所有这些，让迪斯尼公司成了美国商业界不折不扣的怪人。通常情况下，如果某个机构的领导者或者创始人突然撒手人寰，没有对企业的发展留下既定政策，更没有给员工留下什么关照的话，新上任的接替者往往只会对于他的前任表示口头上的尊敬，在等待一段时间后，适时推出自己的政策，包括新的产品、新的管理模式和新的目标。

但是在迪斯尼公司，没有哪个新人敢把以前的思想一扫而光。每个人心里都明白：沃尔特不会喜欢那样的。他的兄弟罗伊（RoyDisney）也不会喜欢。罗伊在沃尔特死后成为公司的主席和首席执行官，他已于去年底去世。尽管罗伊被认为是迪斯尼兄弟中更具备经济头脑的一个（他成功地为修建佛罗里达的迪斯尼乐园集资2.62亿美元），但罗伊依然在为实现沃尔特·迪斯尼的梦想而服务。

改变的时候？

对于一些批评家来说，迪斯尼现在到了需要改变的时候。他们把迪斯尼视作一个庞大的、拥有多个售货口的廉价文化销售机——从娱乐、建筑，到艺术、电影和音乐，应有尽有。他们认为迪斯尼的影响已经太大。在《迪斯尼版本》（The Disney Version）一书中，批评家理查德·希克尔（Richard Schickel）指出：

"迪斯尼的机器将毁灭童年时代最有价值的两件事情——童年的秘密和童年的安静——它让所有人都做一样的梦。它让美国所有的孩子头上都戴上了米老鼠的帽子。从资本主义的角度来讲，它是天才的产物；但从文化的角度来讲，它几乎就是一出惨剧。"

迪斯尼的人对于这种说法表示强烈反对。他们质问说，让成千上万的孩子接触到美国的历史，接受自然、"健康、干净"的娱乐有什么不好呢？

"为了打造我们的服务，我们绞尽脑汁，花费了大量精力，投入了许多创意，还开展了广泛的教育，"唐·塔特姆（Donn Tatum），公司的新主席说，"我们有一个公共接受的平台，我们出售一些有品质的产品，我们永远不会辜负迪斯尼兄弟留下的遗产。"

讨好公众

即便批评者的意见是对的，即便迪斯尼巨人真的是在用蜜糖和空想淹没这个国家，那么这样的蜜糖和空想，也正是公众想要的。这种现象在电影产业尤为明显，而电影产业被迪斯尼的总裁沃克称之为"整个公司的奠基石"。

迪斯尼的许多电影上座率都很高，而其他一些被批评家看好的电影却往往入不敷出。在过去5年里，迪斯尼一共出品了25部电影，只有5部电影没有赢利。

但是批评家们还是指责这些电影空洞、低俗、做作，靠耍一些小噱头来吸引观众，是这样吗？"是的，都是真的，"迪斯尼的副总裁、执行委员会成员朗·米勒（Ron Miller）微笑着承认了这种说法，他是迪斯尼电影部门的总管，也是沃尔特·迪斯尼的女婿，"但是许多人来看电影是为了寻找解脱、梦幻，是为了从现实问题中逃脱几个小时。如果《纽约时报》或者《时代》杂志说喜欢我们的某部电影，那这部电影才真是有问题呢。"

不论是在阿纳海姆（Anaheim）的迪斯尼乐园，还是在佛罗里达（Florida）新建的2.7万英亩的迪斯尼世界，情况都是一样的。批评家希克尔把这种情况归结于沃尔特"一生都在命令和控制他所到达过的地方，要保持所有地方的干净"。在希克尔看来，迪斯尼乐园里面"没有性和暴力，没有压抑的放纵，没有紧张和压力的释放，因此也没有治疗作用"。简而言之，这里完全没有真实生活的反映。在迪斯尼世界也是一样的情况。

在迪斯尼乐园，一个不小心丢在路边的烟头，会立刻被身着白色工作服的清洁人员捡起来处理掉。佛罗里达的迪斯尼世界也是同样的完美，同样的不真实——从制造假浪的冲浪湾到当代大酒店（Contemporary Hotel）的走廊里每天都要被清洗的一颗颗塑料树。这里的书店里禁止出现与性有关的书刊，你只能买到像《读者文摘》、《华尔街日报》这样的报纸和杂志，如果你想看《花花公子》，就只能自己偷偷带进来了。

人们似乎非常喜欢这样的环境。在圣诞节的假日里，前往迪斯尼世界的寻乐者驾驶的汽车把道路堵塞了足足15英里长。两家酒店早早地就被预订一空，迪斯尼不得不宣布立刻修建其他酒店。虽然全国的旅游都不景气，但是在接下来的3年里，这里还将举行超过500场各种各样的活动。公园里一个拥有260个帐篷的露营地"荒堡"（Fort Wilderness）每天晚上都是爆满，在这里住一晚上的开销是11美元。明年，这里的帐篷将增加到1000个。

沃克先生说，根据现在的游客人数，迪斯尼世界第一年的游客总人数将大大超过最初估计的1000万人次。他还期望阿纳海姆的迪斯尼乐园的门票收入能够超过1971年的930万美元。他同样希望公司的其他附属产业也能获得更高的利润，包括音乐发行、教材出版以及迪斯尼的各种纪念品销售。

米老鼠的胜利

随着迪斯尼巨人的前进，那些一直关注整个公司和行业发展的分析家们也越来越喜欢和迪斯尼公司的领导们打交道了。迪斯尼还成了华尔街的宠儿，他们的股票价格从1957年的15美元上升到了163美元，这还是在股票被分割两次后的结果。

在沃尔特死后，该公司的利润逐年上升。1966年，迪斯尼公司的年收入是11660万美元，利润额达到1240万美元；去年，该公司的年收入是17600万美元，利润额是2670万美元。分析家预测，1972年该公司股票每股的纯收益将达到2.4~3美元，超过1971年的2.07美元。分析家乔·富克斯（Joe Fuchs）称迪斯尼世界是"20年来最令人激动的私营项目"，并预测该公园的赢利将是很快的事情。

那些关注迪斯尼发展的人也承认，在这个公司里，沃尔特的创意已经越来越少，但是这个公司有杰出的领导层，他们为迪斯尼找到了另一条出路。分析家迈克尔·德尔·巴索（Michael Del Balso）说：

"WED公司中有非常杰出、非常富于创意的智囊团，但是这个公司却鲜为人知。"

WED公司是Walter Elias Disney（沃尔特·伊莱亚斯·迪斯尼）的缩写，这是迪斯尼公司的子公司，负责设计和建设——或者用迪斯尼公司的术语来说，就是负责"想象"的公司。该公司由沃尔特在50年代初创立，最初是为迪斯尼乐园创造能说话的动画形象。这里有200位古怪的艺术家、建筑家、工程师和其他工作人员，他们现在负责设计和规划迪斯尼的所有项目。WED设计了迪斯尼乐园里的所有交通工具以及整个公园的布局。佛罗里达工程也是完全由他们设计的。

永远变化的城市

现在WED公司又在着手完成沃尔特的另一个梦想——在佛罗里达建立一个未来社区的实验模型（Experimental Prototype Community of Tomorrow），或者称作"EPCOT"。就在沃尔特去世前不久，他开始对城市规划产生了浓厚兴趣。他设想了EPCOT这样一个城市，这是一个永远在变化的城市，这里结合了所有的新技术和新材料，这些新技术和新材料在其他地方往往因为经费问题和其他限制而得不到充分的利用。

他设想中的城市有一个可以变化天气的大圆顶。这里的交通完全在地下进行，居民和商人可以把车都停在地下，地面上只有行人。迪斯尼方面非常认真地宣布，他们将在5年内开始建设EPCOT，并希望在10年内完工。

约翰·亨奇（John Hench）是WED公司的副总裁，二把手。和迪斯尼公司的许多人一样，他非常高兴自己是一个纯洁梦想的制造者，而不是丑陋现实的描述者。而且，和许多人一样，他对于迪斯尼已经实现的东西非常高兴。"看看这里的主街（MainStreet），"他指的是迪斯尼乐园里一条色彩丰富、布满各色小店的主干道，"没有哪条大街是像这样子的——但这才是主街应该有的样子。"

他告诉我，来自阿克伦城（Akron）的一家人到了迪斯尼世界，看到单轨车直接开进了当代酒店的大餐厅时，都"惊讶地合不拢嘴"。"我可以想象他们回到阿克伦之后，"亨奇先生狂热地描述说，"就好像几十年前，来自小地方的人刚去了一趟欧洲一样。他们再也不会和以前一样，他们看见了一个新的王国。"

| 《华尔街日报》是如何讲故事的

　　这个新王国，如果这就是它看上去的感觉，花费了迪斯尼公司将近50年的时间才变成了现在的样子。1923年，沃尔特出生在芝加哥（Chicago），他在密苏里（Missouri）的一个农场里长大，他穿着一身破旧的西装，口袋里揣着40美元，带着一些绘画工具和脑子里的一些创意，来到好莱坞（Hollywood）。他和已经在加州发展的哥哥罗伊一起在一个车库里创办了第一家公司。1928年，米老鼠在银幕上首次亮相，这是一部名叫《汽船威利》（Steamboat Willie）的电影，是第一部有声卡通片。沃尔特一举成名，但是他又花了好几年的时间，才把自己的小公司真正发展成一个小型的、依然不断挣扎的企业。迪斯尼公司早期的年收入都在300万到600万美元之间，常常出现亏本的情况。

　　1948年，公司不得不请求帕萨迪纳市（Pasadena）的电影院所有者上映沃尔特拍摄的第一部生态纪录片《海豹岛》（Seal Island）①。这部电影为沃尔特赢得一座奥斯卡，此后该公司又拍摄许多类似的电影，拍摄这些影片的摄影师所具有的耐心和持久力已经成了业界的传奇。有一次，摄影师阿尔·米洛特（Al Milotte）和他的妻子在一枚鳄鱼蛋前守候了整整6个星期，等待着小鳄鱼从里面出来。

与其斗争不如加入

　　1952年，沃尔特产生了建设迪斯尼乐园的想法。他的哥哥罗伊称之为"沃尔特的又一个疯狂想法"，只给了他1万美元的投资。沃尔特借来了妻子的保险金开始制作计划、设计草图。两年后，迪斯尼公司和另外两个合作伙伴终于被沃尔特说服，开始让这项计划付诸实施。1960年，迪斯尼公司购买了其他两个合作者的股份，成了美国最成功的娱乐公园的惟一所有者。此后，迪斯尼公司开始高速发展。

　　不论是行业内的分析家，还是竞争对手，都对迪斯尼公司在发展过程中的几次关键的精明行动给予了高度评价。当其他电影厂都忙着和电视竞争时，迪斯尼公司选择了和电视联手，他们制作了迪斯尼乐园和米老鼠俱乐部的电视节目，虽然这些节目赢利甚微，但是等于为公司提供了大量免费的广告。当其他电影厂把电影纷纷卖给

---

① 《海豹岛》（Seal Island），迪斯尼公司推出的第一部有关自然题材的纪录短片，长27分钟，曾获奥斯卡最佳纪录短片奖。

电视台,开始在电视上播放电影时,迪斯尼公司却坚持在自己的电影院里播放电影。

这一举措后来证明是挖掘出了一座无限量的金矿。根据迪斯尼电影部门的管理人员的估计,他们的主要观众每隔7年就会轮换一批;当一批儿童长成了成年人后,同样的电影又可以去吸引下一批儿童。

坚持播放电影符合迪斯尼公司多年来的管理宗旨:在所有你参与的事情中,都要掌握绝对的控制权。这样的话,你就可以用你的方式来进行,确保迪斯尼的宝贵形象永远是有效力的,永远能够获得最大的收益。

这一点在佛罗里达的EPCOT表现得最明显,这里简直可以被称为"迪斯尼镇"。迪斯尼获得了这个地区除了治安以外的所有管理权。这里有迪斯尼式的建筑,有迪斯尼的分区方式,能够让迪斯尼在这里试验他们的所有新产品、新建筑材料或者其他的新技术——这些对于EPCOT也是至关重要的。

在这里,公司控制和管理他们自己的电话公司和供电厂,他们自己的先进交通系统,包括单轨车、火车和木船,还有他们自己的污水处理系统和垃圾收集系统,这种垃圾收集系统装有气动导管能够自动把垃圾送往中心处理厂。公司还建立了迪斯尼的洗衣房、医院和建筑公司。这里甚至有一片面积7500英亩的迪斯尼荒野,这是专门为自然资源保护者准备的。

但是不论是在什么地方,外面变化的现实世界还是会侵入到迪斯尼的世界中来。迪斯尼公司发现要找到合适的小说和故事作为电影剧本已经越来越难了。电影部门的主管米勒先生说,人们"已经不再创作这样的故事了"。迪斯尼公司的动画家们正在慢慢变老,而他们的艺术技巧是许多迪斯尼电影所必需的,现在很难找到替代他们的人,许多年轻的艺术家不愿以迪斯尼的风格工作。

不变的动画

离开迪斯尼的动画家们说,迪斯尼的动画已经落伍了。"我敬仰他们的技巧,但是他们的思想35年来一点也没有发展。他们的作品变得越来越贫瘠。"一位迪斯尼培养出来的动画家说,他现在为迪斯尼的竞争对手工作。

> 《华尔街日报》是如何讲故事的

人们对于迪斯尼乐园的用人机制也有一些抱怨——他们严格的筛选机制把那些工作马虎、态度冷淡、相貌平平的人都清除了出去，剩下的都是有较好的外貌、有"个性"、"符合迪斯尼形象"的年轻人。

迪斯尼的形象禁止留胡须、禁止两侧的发稍长过耳垂，同时要求头发必须整齐地梳在后面。这样的形象意味着留着胡须的罗伊·E.迪斯尼（Roy E Disney）将不能在迪斯尼乐园工作。（几年前，公园甚至想要求游客也遵守他们对头发的规定，但是发现没有人支持他们的想法，只好放弃。）

"即便是海军和陆军，也已经改变了他们对头发的规定，迪斯尼的管理简直比军队还严格。"罗基·米勒（Rocky Miller）抱怨说，他曾经在迪斯尼乐园里扮演布里熊（Brer Bear），他去年参加了迪斯尼员工的罢工活动。现在他是美国多样艺术家协会（American Guild of Variety Artists）的一名组织者，该协会是代表迪斯尼员工的劳工协会之一。

但是这些问题，对于平静的湖面而言，只能算是微不足道的波纹。迪斯尼公司的员工，很多人都没有在其他地方工作的经验，但是他们非常适合"迪斯尼方式"。这种"迪斯尼方式"一部分是由迪斯尼的人事管理人员维持的，另一部分则是通过迪斯尼大学长期不断的培训来巩固的。虽然培训课程主要针对的是公园里工作的年轻人，但老员工也会不时地回来温习一下，他们的课程主要是沃尔特的思想和哲学纲要。一位年轻的迪斯尼培训师给一位参观者展示了一系列讲述"迪斯尼方式"的宣传画。第一张就写着："我们是干什么的？我们是生产快乐的。"

农业部

卡伦·埃利奥特·豪斯（Karen Elliott House）

华盛顿（WASHINGTON）——多尔顿·威尔森（Dalton Wilson）有丰厚的薪水、很长的头衔和一张干净的办公桌。

威尔森先生今年52岁，是美国农业部农产品外销局（Foreign Agricultural Service of the Agriculture Department）行政主管助理的助理。有一天，一位记者找他聊天，看见他的桌上仅仅摆了三样东西：

一块糖、一包烟和威尔森先生的一双脚。他正背靠座椅,阅读着《华盛顿邮报》(Washington Post)上面的房产广告。

记者问他,一个拥有这么长头衔的人,到底需要做些什么工作?

"你是说,我应该做哪些工作吗?"威尔森先生笑呵呵地说,"我来告诉你去年我都干了些什么。"

结果是,年薪高达2.8万美元的威尔森先生,去年一年都在评估农业部出版的油脂刊物的时效性和有效性。他说自己已经习惯了这种节奏缓慢的工作,还有一次,他花了一年时间研究使用卫星预测农业产量的可行性。

为34位农民服务的官僚

威尔森先生的节奏,就是农业部的典型生活节奏。这里有8万名正式职工,平均下来,每位官僚只用管理34位美国农民。现在,卡特总统(President Carter)正在进行政府重组计划,改革政府机关的工作效率,而农业部的现状就生动地说明了总统在改革中所面临的问题。

最近,随着农民数量的逐年下降,农业部加强了自我宣传的力度,在熟练完成传统工作的同时,也在开发新的工作项目。结果导致大批官僚在从事大量没有明确意义的工作。

"没有人能够真正管理农业部,"华盛顿民主党人士托马斯·福利(Tomas Foley)说,"这个部门太庞大了。"托马斯是美国众议院农业委员会(the House Agriculture Committee)主席。

除了正式职工外,农业部还有4.5万名临时雇员,这些人占据了首都华盛顿的5座大楼,另有1.6万人分布在全国各地。这些员工负责开办妇女的自我认知项目,为鉴别西瓜的优良制定标准,为农作物产地测量面积——尽管政府有关农作物种植面积的限制早已作废。

农业部是向政府要钱最多的地方(1977的政府借款将达到90亿美元了)。他们也是各大政府部门中,修建水坝最多的——至今为止已经花了200万美元修建水坝。他们还是美国政府中三个出版发行文件最多的部门之一,每年的印刷费用就达到了1600万美元。这些钱中的一部分,花在了印刷2.8万种不同格式的内部文件上。

农业部秘书长鲍勃·伯格兰(Bob Bergland)表示,很快他就将要求每一位职员给他提供所担任职位的合理理由。伯格兰先生自60年代开始就在农业部工作，他也承认农业部的低效率和无目标是出了名的。"我想看看哪些才是真正需要的，然后把剩下的统统去掉。"他说。

但是员工们并不着急。"他不会这样做的。"一位年轻的数据专家说，他的脚也摆在了桌上。"他根本没有时间去阅读这些报告。"另一人补充道。第三个人说："不用担心，伙计——那些工作量最少的人会有最充足的时间来撰写自己的评估报告。"

随便在农业部走上一圈，你就会发现这里有很多不对劲儿的地方。在主办公楼的各间办公室里，古老的钟表停留在各个不同的时间点上，一动不动。任何时间，都有数以百计的人在走廊或者阳光明媚的自助餐厅里闲逛。

游手好闲已经成了一个严重的问题。去年，农业部部长办公室向各主管部门下达了一份备忘录，要求各部门严惩"华盛顿办公大楼里消极怠工的现象"。还有一份备忘录发给了所有员工，警告他们"工作缓慢、上班报到后就赶去吃早餐、延长喝咖啡的休息时间、延长午饭时间以及迟到早退"都是"有损公共形象的行为"。

但是今天，懒惰的现象依然非常明显，而且已经成了办公室里开玩笑的话题。一位正在自助餐厅的长椅上休息的年轻员工说："我惟一关心的工作就是早餐、午餐、两个咖啡时间，并且在每天下班时第一个冲出办公大楼。"有些玩笑是无意识的。"我真希望明天生病，"一位女员工对电梯里的同伴说，"可我不能，因为和我一起工作的女同事已经计划明天请病假了……"

这种懒洋洋的态度让J.P.博尔达克（J.P.Bolduc）感到非常厌恶，他是农业部的高级行政官员。"这里到处都是没有用的人，"他说，"唯一的解决办法就是让每个主管把手下多余的人员都赶走，哪怕遭到大家的反对也不能留情。"

奖励累赘

但是事实恰恰相反，农业部非但没有去除那些累赘，反而对他们给予了奖励。一份内部的备忘录显示，去年农业部有4.9万名员工符合加薪的条件，其中44956人获得了加薪。"我们并没有那么多的杰出员工。"博尔达克自己也承认。

对于许多员工而言，要想找到工作动力真的很难，因为他们的工作看上去毫无意义。市场部的保罗·贝特（Paul Beattle）去年一年基本上都在制定西瓜的优良标准，该标准通过西瓜的形状、花纹斑点等方面来区分西瓜的好坏，但是这样的标准对于瓜农和西瓜零售商来说，毫无意义。不管怎样，他说，至少大多数消费者能够通过这个标准从外表上来判断一个西瓜的好坏。

农业部家政主管的副助理阿瓦·罗杰斯（Ava Rodgers）表示，她的工作中，有一半时间是在全国各地旅行，出席全国4000多位家政专家举办的各种活动。记者请她举一个典型的工作日来说明她在办公室里的工作，罗杰斯小姐说："我今天早上回答了十几个电话。这就是我的工作。普通的一天。"她每年的薪水是3.37万美元。

在这个部门的其他一些地方，有2000名员工正在忙碌着为新的水坝项目制定计划，尽管这样的计划在10年前就已经存在，并且一直等待着批准建设的答复。伯格兰部长表示，他已于几周前下达了一项命令，停止有关水坝建设的进一步计划工作。但是，水力资源主管助理乔·哈斯（Joe Hass）表示，他并没有接到这样的命令。所以计划还在继续。"你需要新的计划来保持工作量。"哈斯先生解释说。

这个部门如此庞大的原因之一在于这里还在不断地执行一些已经过时的任务。一个显著的例子就是农村电气化管理局（Rural Electrification Administration），这个建立于1935年的部门专门负责为美国的农村地区提供电力。今天，99%的农村家庭都已经通电，但是这个部门依然存在，而且还在不断扩大。

现在这个部门不再只是简单地出资修建输电线路。今年他们在政府借款中获得了35亿美元用于发电，这比去年的12亿美元多了不止一点。"午餐之前我们刚刚发放了一笔4000万美元的贷款，根本不知道这笔钱用在何处。"管理局的副主管戴维·阿斯克加德（David Askegaard）说。

官员们在凭空设计新的计划项目上能力超强，这种能力也导致整个农业部规模的不断扩大。在经济大萧条时期，罗斯福（Roosevelt）总统成立了重建管理局（Resettlement Administration），给农民们提供贷款，让他们继续在自己的地里种田。只有那些没有雇用帮手，最多只有两头骡子和两头牛的农民，才能获得贷款的资格。但是今天，这项贷款的申请人甚至可以不是农民。

《华尔街日报》是如何讲故事的

原因是该管理局已经和国会协商，决定把贷款的对象扩大，任何生活在人口少于5万人的社区中，生活贫困的人都可以申请贷款。而且贷款还可以资助修建给排水系统、休闲中心，以及其他商业和工业建筑。今年，这种低利息的农民住房管理局贷款（Farmers Home Administrationloans）将达到67亿美元。

"现在农村已经有了城里的所有东西，除了灰尘和犯罪以外。"密西西比的民主党人詹姆斯·惠滕（James Whitten）说，至1949年以来，他一直担任美国国会农业拨款附属委员会（House Agriculture Appropriations Subcommittee）的主席。

维持土地保护费

拥有像惠滕先生这种在国会说得上话的朋友，也是一些过时的项目依然存在还不断发展的一个重要原因。从哈里·杜鲁门（Harry Truman）以来的每一位美国总统，都在试图缩减拨给农民的土地保护费，因为农民们往往会用得到的钱去增加农产量，而不是保护耕地。但是惠滕先生总是阻止这样的缩减政策。今年，农民们将得到1.9亿美元的土地保护费。这笔费用将让土壤保持局（Soil Conservation Service）的13800名员工保持忙碌状态。

国会还会对农业部研究基金的用途施加影响，今年这笔基金有5.92亿美元。由于南方的立法者在各个农业委员会中都占据了显要的地位，农业部每年花在棉花上的研究资金比花在玉米、小麦或大豆上要多出一倍——达到了一年2200万美元。尽管在美国的农业收入上，玉米、小麦和大豆要比棉花重要得多。

还有其他一些矛盾。农业部今年将花费400万美元用于花生的研究，包括如何增加花生的产量，但是同时，该部门又为生产过量的花生支付了1.88亿美元的补贴。

另外一项令人质疑的行为是这个部门的市场研究。他们研究的内容可谓稀奇古怪。一个典型的项目是如何让橘子树上结出大小一样的橘子，以便进行统一包装。在最近的一个项目中，该部门为食品工业投资4.5万美元，用于研究美国家庭一般要花多长时间做早餐。他们还有类似的计划去研究烹饪中餐和晚餐的时间。

这个部门还花费了相当的时间和金钱用于自我推销。每年高达1600

万美元的公关预算，让这个部门的600位公关人员，每年要召开2500场新闻发布会，拍摄70部电视宣传片。另外，每年还有1600万美元专门用于印刷耗资5400万美元的书籍、手册、宣传单，用于向公众散发。

"库存"数量

这些出版物中的很大一部分是以那些国会议员的名义散发的，这些立法者非常明白在为农业部的拨款投票时，公众影响的重要性。每位议员每年要向他的选民散发1万本农业部的出版物。

这个部门里还有6名全职的工作人员，负责给每一位国会议员邮寄他们要求的宣传册，并跟踪记录他们"库存"的数量。根据那些掌管"仓库"的人的说法，有些参议员会把每年分配到的宣传册积攒起来，等到大选年的时候一股脑全部发给选民；还有些城市里的议员们用宣传册与来自农村的同事交换橄榄球比赛门票。根据法律，所有这些有关交易的记录都必须保密。

总而言之，现在的农业部和105年前成立时那个只有9个人的农业部相比，已经发生了翻天覆地的变化。当初的农业部有非常明确具体的目标："向人们宣传、推广、分发新的、有价值的种子和农作物。"

秘书长伯格兰希望裁减部门机构，把资金主要用于农村开发建设。他说，如果卡特总统要把拥有45000名员工的林业局（Forest Service）划到内政部（Interior Department）的门下，他一定不会反对。林业局负责在美国的森林里种树和砍树。而且他也同意从饲养项目中拨出70亿美元到卫生、教育、福利部（Health, Education and Welfare Department）去。这两项措施，将让伯格兰先生失去近一半的全职员工和150亿美元的年度预算中的一半经费。

但是那些熟悉农业部的人对于卡特先生和伯格兰先生究竟能够让那些已经没有用处的项目发生多大的改变，都保持高度的怀疑。"在华盛顿，生存的欲望是最强烈的。"前任农业部秘书长厄尔·巴茨（Earl Butz）说，他现在是普度大学（Purdue University）的一名教授。"卡特和伯格兰会发现重组农业部将非常困难，因为国会让他们这样做。你可以把盒子挪来挪去，但最后的结果是，增添了新的项目，但老的项目依然存在。"

图书在版编目（CIP）数据

《华尔街日报》是如何讲故事的：珍藏版 /（美）威廉·E.布隆代尔 (William E. Blundell) 著；徐扬译. —北京：华夏出版社,2018.8（2022.2 重印）

书名原文：The Art and Craft of Feature writing

ISBN 978-7-5080-9427-4

Ⅰ.①华… Ⅱ.①威… ②徐… Ⅲ.①新闻采访②新闻写作 Ⅳ.①G212

中国版本图书馆 CIP 数据核字(2018)第 022294 号

Copyright © 1986 by Dow Jones&Company,Inc

Copyright © 1988 by william E. Blundell

All rights reserved including the right of reproduction in whole or in part in any form.

This edition Published by arrangement with Plume,a member of Peguin Group(USA) Inc.

本书中文简体版由企鹅集团授予华夏出版社，版权为华夏出版社所有。未经出版者书面允许，不得以任何方式复制或抄袭本书内容。

版权所有 翻印必究

北京市版权局著作权合同登记号：图字 01-2016-9540 号

《华尔街日报》是如何讲故事的·珍藏版

作　　者	[美]威廉·E.布隆代尔
译　　者	徐　扬
策划编辑	朱　悦
责任编辑	马　颖
责任印制	刘　洋
出版发行	华夏出版社有限公司
经　　销	新华书店
印　　刷	三河市万龙印装有限公司
装　　订	三河市万龙印装有限公司
版　　次	2018 年 8 月北京第 1 版　　2022 年 2 月北京第 2 次印刷
开　　本	710×1000　1/16 开
印　　张	18.75
彩插页	2
字　　数	272 千字
定　　价	68.00 元

华夏出版社有限公司　地址：北京市东直门外香河园北里 4 号　邮编：100028
网址：www.hxph.com.cn　电话：（010）64663331（转）

若发现本版图书有印装质量问题，请与我社营销中心联系调换。